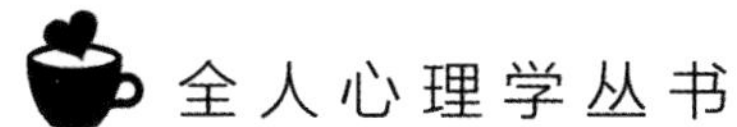

大我实现之路

——全人需要层次论

许金声 著

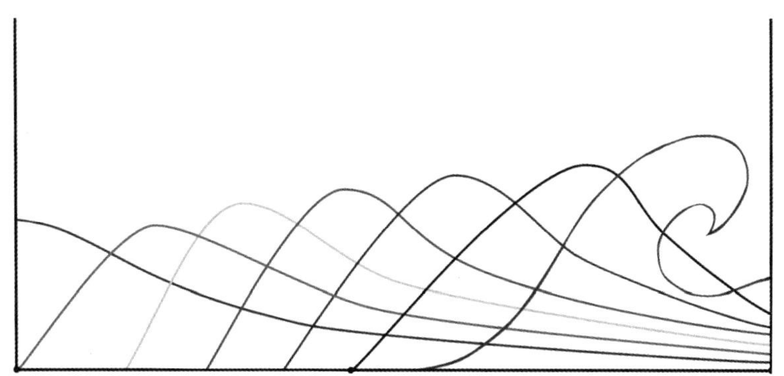

長春出版社
国家一级出版社
全国百佳图书出版单位

图书在版编目（CIP）数据

大我实现之路：全人需要层次论 / 许金声著. --
长春：长春出版社, 2021.7
（全人心理学丛书）
ISBN 978-7-5445-6206-5

Ⅰ. ①大… Ⅱ. ①许… Ⅲ. ①需要－研究 Ⅳ.
①B848.4

中国版本图书馆CIP数据核字（2020）第240789号

大我实现之路：全人需要层次论（全人心理学丛书）

著　　者 许金声
责任编辑 张中良
封面设计 楠竹文化

出版发行 長春出版社　　**总编室电话** 0431-88563443
发行部电话 0431-88561180
地　　址 吉林省长春市长春大街309号
邮　　编 130041
网　　址 www.cccbs.net
制　　版 长春出版社美术设计制作中心
印　　刷 延边星月印刷有限公司
经　　销 新华书店

开　　本 787毫米×1092毫米　1/16
字　　数 308千字
印　　张 21
版　　次 2021年7月第1版
印　　次 2021年7月第1次印刷
定　　价 128.00元

总序　什么是全人心理学?

一、全人心理学的核心理念和态度

研究心理学多年，很想用一个术语来代表自己的研究倾向和理念。“人本心理学”“后人本心理学”(transpersonal psychology)都不合适。人本心理学和后人本心理学是对我影响比较大的两个心理学流派，但就我所见，它们并没有充分表达我研究心理学的感觉。尽管人本心理学和后人本心理学是我重要的思想来源，我仍然需要用“全人心理学”这一说法来代表我所研究的心理学。

与当今世界心理学潮流对应，“全人心理学”这一术语较好地体现了人本心理学和后人本心理学的一些精髓，它的特点包括但不限于：1. 关注人的潜能的深度开发。2. 从尽量广阔的系统来看人。3. 对所有的心理学流派乃至相关学科持开放态度。

“全人心理学”这一术语，在我使用之前，已经在一定范围内被使用，大家在赋予它的含义时可能会有一些差异。如果我来给“全人心理学”下一个定义，可以是：全人心理学是以充分开发人的潜能，促进人的不断成长和全面发展为宗旨的心理学，为此，它对所有的心理学以及相关的文化持开放态度，从中汲取养料。全人心理学具有尽量彻底的开放性，同时也不乏自己的个性和特点。它有一个核心的理论、方法和技术，这就是“通心”。它所强调的“通心”的意义和重要性，使它区别于其他心理学以及文化。

我采用“全人心理学”这一术语，并不意味着我的初衷是想创立一种新的心理学流派。使用这一术语，主要是为了更好地表达我自己对心理学研究、心理学运用的开放的态度和价值取向，是想比一些已经完全“体系化”了的心理学有更加基础的、深入的探索和思考。

“全人心理学”有几个核心的理念和态度，这就是“开放性”“崇尚创造”和“通心”。就我自己来说，研究人本心理学、后人本心理学要多一些，但我对精神分析、行为主义心理学亦有较强烈的兴趣。我赞成从理论上整合心理学所有的重要的思潮和思想，并且不断地从其他学科汲取养料。我们无法学习所有的心理学和其他学科，但我们可以有一种相对来说最佳的对待心理学和其他学科的理念和态度。这就是“开放性”。

要理解这个态度，可以体会一下歌德在《浮士德》中讲述的一个寓意非常深刻的故事：魔鬼靡非斯特和浮士德打赌，假如浮士德说出了：“太美了，请停一下吧！”那么他的灵魂就输给了魔鬼靡非斯特。歌德借此表达人类有一种永不满足、不断进取的精神。所谓“请停一下”，就是想背离宇宙的“大精神（spirit）”，终止时间与生命的流动。由此，我们可以引出“全人心理学”又一核心理念和态度：崇尚创造，避免执着。

那么，怎么才能够保持“开放性”，做到“崇尚创造，避免执着”呢？这又引出了全人心理学又一个核心的理念和态度，这就是“通心”。人活在世界上，不是一个孤立的存在，他总要与其他的人、生物、环境发生关系，而在这些关系中能够相对自由地生存，就需要我们不断地与其他的人、生物、环境保持一种适当的关系。这种适当的关系就是“通心”，包括狭义的通心和广义的通心。

有鉴于此，“全人心理学”强调自己只是一种对待心理学的价值取向和态度，而并不是一种心理学的流派。它尊重任何一种心理学的流派，但并不在意自己是不是一种流派。它不排斥任何有用的心理学理论和方法，但反对过分夸大任何一种心理学理论和方法的作用。它不反对心理学可以有自然形成的“主流”，但并不欣赏任何刻意声称自己是主流的心理学理论和方法。很简单，当人们想要夸大某种心理学理论和方法的时候，他就相当于浮士德说：“太美了，请停一下吧！”那么他的灵魂也就输给了魔鬼靡非斯特。

长期以来，我面对全社会举办全人心理学·通心工作坊，同时也做个体心理咨询，在这方面，也形成了自己的特点。那么，“全人心理学”进行心理服务、心理调整、心理辅导的特点是什么呢？它与各种各样的心理服务、心理调整、心理辅导方法有什么关系？

“全人心理学”进行心理服务、心理调整、心理辅导是以“通心”的理论、方法为核心，由此，导致它与众多的理论、方法相比，有一些独特的地方。它在进行心理服务、心理调整、心理辅导时，其指导思想就是“通心”。以“通心”为指导的含义，可以借用佛教关于“八万四千法门”的说法来说明。佛教讲方法有八万四千个，这不是在强调有一个具体的数字，而是讲法门是不可穷尽的、不断发展的。常言道：“不管黑猫白猫，能抓住老鼠的就是好猫。”全人心理学非常欣赏这句朴实而深刻的话。它尊重任何流派的任何方法，乐于从任何流派的任何方法中吸取养料，但不迷信任何一种流派和方法。不管有什么背景，不管声称受了什么训练，“能抓住老鼠”才是衡量其价值的最重要的标准。还应该注意的是，没有什么“猫”能够保证自己一辈子都是好猫，因为“道高一尺，魔高一丈”。老鼠在变异，老鼠越来越聪明。今天你抓住了老鼠，如果不进步，再过一段时间难保还能抓住。因此，全人心理学在进行心理调整、心理辅导时，是根据具体的情况，来决定所使用的方法、技术。全人心理学虽然有自己常规的方法和技术，这些方法和技术已经能够直接处理大多数的问题，但仍然强调，要根据现实情况的需要，对现有的方法和技术进行适当的调整和改进。

我感觉，卡尔·罗杰斯关于“美好人生”（good life）的理念，也可以用来说明全人心理学对待心理服务的态度。卡尔·罗杰斯认为：

1. 美好人生是一个发展的过程，而不是一种固定状态。

2. 美好人生是一种趋势（direction），而不是一个一次达到的目的地。

卡尔·罗杰斯的这一看法，与佛教的“无所住而生其心”“活在当下”也是一致的。当然，我们并非只有在佛教中才能够发现类似观念。它们应该是世界长青哲学的共识。

“美好人生”是一种放下执着后的心灵自由，它并不是一种可以固定下来的、绝对的自由。这种“心灵自由”状态，正是佛家所说的“空”。我发现，“活在当下”这个概念也非常好。罗杰斯的思想在这里与佛教的思想达成了一致。凡是活在当下的，就是流动的、时时常新的、破除执着的、摈弃妄念的。而如果我们想把这一过程固定下来，它就变成了执着或者妄念，因为它已经僵化、停滞。

只要有这种态度和精神，并且持之以恒地学习和成长，从事心理辅导、心理调整，就能够产生一种大自信：只要当事人的神志是清楚的，总能够帮助他解决任何问题。没有不能够突破的心理障碍，除非你自己的心中有障碍。心理辅导师要努力做到，当“魔高一丈”之时，自己所体悟的“道”又高了一尺……

二、什么是“全人”？

什么是“全人”？简单地说，是指全面发展的人，或者潜能得到充分发挥的人。再具体、丰富一些来说，做到下面任何一条，都可以称为“全人”。以下10条，我们在此先只是简单地提出概念，不做详细解释。

1．“全人心理学”从尽量开放、广阔的心态理解人性，赞同这样一种越来越被普遍认同的看法，认为人有四种性质：物质性、动物性、人性、灵性。灵性的开发是人的潜能的深度开发，只有通过对灵性的开发，人的潜能才能够得到全面的发挥。对灵性的开发与人的其他性质并不冲突，人可以通过不断整合自身的性质和能量越来越向“全人”接近。

2．“全人心理学”提倡一种“大健康”观念，认为健康可以分三种：身体健康、心理健康、灵性健康。所谓“全人”就是具有三种健康整合的大健康的人。具有大健康的人同时也就是过着最丰盛的人生的人。

3．“全人心理学”在人的动力结构上把马斯洛需要层次论的五个层次扩展为七个层次，即：生理需要、安全需要、归属需要、尊重需要、自我实现需要，再加上“自我超越需要”“大我实现需要”。人的需要满足的优势，应该发展为自我超越需要、大我实现需要满足的优势。如果说动物也多多少少有自我实现的话，自我超越、大我实现才是体现人之为人的最本质的特征。人类能够达到的能量最畅通的状态是大我实现的状态。所谓“全人”就是“大我实现需要”已经成为其优势需要的人。在一定时期内，人同时在满足多种需要，所谓优势需要，是指在这个时期对人的行为最具支配地位的需要。“全人”的优势需要是大我实现需要，这并不是说他只满足这种需要，而是指其他需要也要满足，只是不占优势而已。或者说，他很好地整合了所有需要的满足。

4．“全人心理学”认为人类迄今为止有四种死亡方式：“生物学死亡”“社会学死亡”“人本心理学死亡”“全人心理学死亡”（或者“后人本心理学死亡”）。所谓“全人”，就是超越了这四种死亡的人。所谓人的“生物学死亡”，一般是指脑死亡，即医学意义上的死亡。所谓人的“社会学死亡”，一般是指在生物学死亡的意义上还活着，但并不能够创造任何社会价值和财富，只能够靠社会的力量来维持生命。所谓“人本心理学死亡”，一般是指人在生物学死亡、社会学死亡的意义上还活着，尽管也能够创造社会财富和一定价值，但却不能够有任何创新。所谓“全人心理学死亡”是指在生物学死亡、社会学死亡、人本心理学死亡的意义上都还活着，但并不能够有任何终极关怀的活动，或者没有行大道的感觉。所谓“全人”，就是超越了这四种死亡的人，或者说在“生物学”“社会学”“人本心理学”“全人心理学”的意义上同时都活着的人。

5.“全人心理学”认为人有两次出生：第一次是经由父母的出生。也就是说，通过父母的精子和卵子的结合，母亲经过十月怀胎后的出生；第二次是经由自己心灵成长后的出生。所谓“全人”就是完成了第二次出生的人。也就是说，通过成长，超越小我，成为具有“大我”人格的人。

6.从“全人心理学”的基本生存状态理论来看，人有两种基本生存状态，一是独处，一是交往。独处可以分为：匮乏性独处、维持性独处、充实性独处。交往可以分为：纠缠性交往、维持性交往、通心性交往。所谓“全人”就是独处时匮乏性独处、维持性独处较少，充实性独处最多，在交往时具有纠缠性交往、维持性交往最少，通心性交往最多的人。

7.从“全人心理学”的人格三要素理论看，人的基本心理素质可以分为智慧力、情感力、意志力，即人格三要素。所谓“全人”就是人格三要素平衡发展、发挥，表现出最大心理能量和效能的人。

8.从“全人心理学”的通心理论来看，“通则不痛，痛则不通”。“全人”就是做到了在身心灵三个层面最大限度通透的人。他们即使有短暂的“不通”，也能够通过自我调节机制，相对较快地解决，变得通畅。从“全人心理学”的实践看，通心的理论、方法和技术，迄今已经能够有效地帮助他人不断成长，向“全人”迈进。

9.“全人心理学”认为心理咨询最根本的作用是帮助人们成长，没有人是完美无缺的，人的成长无止境，在这个意义上，可以说“人人需要心理调整，人人可以终身成长”。

10.全人心理学认为，所有助人理论的精髓可以概括为两大意识，即“成长意识”和“通心意识”。这两大意识提纲挈领地表达了活出“大我”，走向“大我实现”，走向“全人”的途径。

以上的理念至少部分是我的原创，即使不是原创，但我对它们的诠释，有我自己的体会和发挥。

三、全人心理学的实践

为了向以上描述的“全人”接近，全人心理学提倡两大意识，即“成长意识”和“通心意识”。成长意识用“心灵成长，活得更爽”的口号来简单表达。通心意识用“心灵相通，一通百通”的口号来简单表达。同时，全人心理学借用自然科学的“公式”的概念，提出了两大公式：“成长公式”和“通心公式”。这两大公式成了统领全人心理学运用的指南针。

与上述理念相应，我认为心理服务最根本的作用是帮助人们成长，没有人是完美无缺的人，在这个意义上，可以说“人人需要心理调整”。另外，成长以及成为一个“全人”，是一个连续不断、永无止境的过程，在这个意义上“人人可以终身成长”。

“全人心理学·通心工作坊”(原称“全人心理学·心灵成长工作坊”)是全人心理学为全社会提供服务的重要方式。该工作坊自2003年成立，到2019年为止，已经在全国60多个城市，共举办了600多场活动。全人心理学主张，“通心”是所有心理服务的一条红线，应该贯穿在整个心理服务过程之中。在全人心理学·通心工作坊上做个案，已经能够做到越来越治本、高效、精准。它在帮助人的实践上，正在向潜能的深度开发方向发展。可以把一个有严重心理问题的人、人格扭曲的人，引导为获得犹如新生的感觉，活得更加舒畅，走向“身、心、灵”的“大健康”。而对于那些本来状态就不错的人，也可以帮助他们发现自己的某些盲点，更上一层楼。“人类交往将经历第三次革命：通心”，这是全人心理学研究关于未来的一个重要理念。因此，为了推广通心的理论、方法和技术，让更多人受益，我们曾在2017年推出了“通心辅导师”的培训项目。

目　录

第一部分　“全人”与“大我”

第一章　“全人”与“理想人格设计”

一、什么是“全人”？

我是谁？

我从哪里来？又向何处去？

人生的意义是什么？

活着有什么价值？

我如何生活得更好，更有幸福感、意义感、丰富感？

人性的发展有没有止境？迄今为止能够达到什么最高状态？

人类与大自然，乃至宇宙是什么关系？

我与他人、家庭、社会，乃至宇宙究竟是什么关系？

我活一辈子能够活到什么程度？

……

你思考过以上问题或者类似的问题吗？如果你思考过，你很快就能够进入本书的语境。

从2003年开始，我一直面向全社会，举办全人心理学·心灵成长工作坊（后称“全人心理学·通心工作坊”），接触过不少人。我不时会发现，一些人从小就多多少少思考过上面这样一些问题。

对于我来说，这些问题的困扰最早可以追溯到少年时期，当时，面对无边无际的星空，我有一种莫名的震撼。在漫长的人生旅途中，我曾经苦苦求索，后来才慢慢清晰……直到前几年，才逐渐有了比较通透的感觉。这并不是说我已经找到什么标准答案，而是发现了一些方向、方法，沿着这些方向、方法，不仅使我自己的状态越来越好，而且也能够用其有效地帮助他人。

那么，我找到的方向、方法是什么？关于人生意义、个人成长的理论、方法很多，我与这些理论、方法的关系又是什么样的呢？

我在丛书总序中已经说明：我之所以把自己研究的心理学称为“全人心理学”，就是因为它创造了一个开放的语境，使我能够尽量汲取和力所能及地去整合迄今人类的有关心理学研究成果。在这里,有一个关键词“全人”。那么，什么是“全人”呢？

所谓“全人”，简单地说，就是指全面发展的人，或者潜能正在得到充分实现和发挥的人。在丛书的总序中，一共列出了 10 条关于全人的理念和看法。其中每一条都浓缩了比较丰富的含义，它们既是“全人心理学”的重要理念，同时又彰显了“全人”的含义。

按照本书的主题来说，“全人”就是活出了“大我”，“大我实现需要”的满足能够长期占优势的人。

以上这些理念，是我在长期探索人生意义、个人不断成长，研究心理学以及其他相关学科，从事心理健康服务工作的过程中逐渐形成的，其中，面对社会举办“全人心理学・心灵成长工作坊”（“全人心理学・通心工作坊”），以及做个体咨询起了关键的促进作用。

以上这些理念，也可以看成是我个人对于人的成长的一种理想人格的设计。

二、什么是“理想人格设计”？

关于“理想人格设计”的理论，是我在 1985 年起就公开发表的。（参阅《人格三因素论》,《学习与探索》，1985 年第 4 期；《从人格三要素看中国传统文化与人格》,《学习与探索》，1986 年第 4 期；《从人格三要素看西方近现代文化与人格》,《学习与探索》，1987 年第 5 期。)

其主要思想概括如下：

所谓“理想”，是指具有一定根据的对未来人生以及事物的美好想象和希望。理想不同于“妄念”“幻想”，它具有一定的现实依据，满足了一定条件，就能够得以实现，或者部分得以实现。

一般来说，大多数人都有自己的理想。理想是一个成熟的人的世界观、价值观和人生观的集中体现。

所谓理想人格设计，是指一种文化的人生哲学、宗教、伦理学、心理学以及健康人格理论对于最健康的人格，或最值得追求和向往的人格的看法。一种文化的理想人格设计常常体现了这种文化的核心精神，它往往只能部分地、现实地体现在极少数的精英身上。在一种文化里，往往有不止一种关于理想人格的设计。全人心理学从一定角度也可以看成是一种大健康人格理论，它也有自己的理想人格设计。大凡涉及人生、社会的理论，如果要比较完整，一般都应该具有“理想人格设计”的内容。从这个意义来看，我所研究的全人心理学也有自己的理想人格设计。

理想人格设计大体可以分为“终极描述”与“过程描述”两大内容。

所谓“终极描述”，是理想人格设计对个体所能够达到最高境界的描述。

所谓“过程描述”，是理想人格设计对于个体达到最高境界所要经历的过程的描述，以及具体的建议。

“终极描述”偏重于心理体验和精神体验，“过程描述”偏重于实际的处世和交往。在研究理想人格设计时如果不加以区分，常常会引起一些混乱。

关于“全人”的看法，在某种程度上包含有“终极描述”与“过程描述”两个方面。

在全人心理学丛书之《人格三要素》一书中，我利用关于“理想人格设计”的理论，对东西方文化进行了比较，尤其是分析了中国传统文化与人格，以及西方近现代文化与人格。进而，对中国人人格的发展乃至世界人格的发展的趋势，进行了描述和预测。

迄今为止，在“终极描述”与“过程描述”两方面都清晰、实用的理想人格设计之一，就是我在马斯洛需要层次理论基础上，兼收并蓄而发展出来的“全人需要层次理论”。

如果以全人需要层次论为参考构架，来看理想人格设计的终极描述，“全人”就是“大我实现需要”已经成为其优势需要的人，或者正在进行大我实现的人。

如果以全人需要层次论为参考构架，来看理想人格设计的过程，即：为了达到这个大我实现需要占优势的状态，个体的需要满足，一般必须经历一个生理需要、安全需要、归属需要、尊重需要、自我实现需要、自我超越需要依次占优势的发展过程以及动力结构变化过程。

第二章　什么是“大健康”？

一、关于“身体健康”

“健康”，是全人类共有的、认同度最高的价值观念之一。“健康”是一个历史范畴，其含义随着社会的发展、文明的进步而不断地丰富和完善。当前，一种新的“大健康”的观念正在逐渐地传播开来，被越来越多的人接受。

“健康”首先是指身体健康。谈到健康问题，有的人也许会说：“我什么病都没有，我很健康。”如果再问：“你怎么知道自己没病？”他会进一步解释：“我最近在医院做过体检，什么病都没有。”

其实，他所说的“什么病都没有”，最多只是他所做的那些体检项目指标正常而已，并不等于身体没有问题。第一，体检的项目是有限的。第二，体检的手段是有限的。体检指标都在正常范围，并不等于身体没有疾病。

即使我们把体检的项目尽量扩大，检查尽量准确，指标正常，最多也只是身体方面的健康，而且这只是部分西医的观点。只从身体方面来看健康，仅仅从体检指标来看，是远远不够的，是不全面的。许多人都有这样的经验，我们常常感到这里不舒服，那里不舒服，但到医院去检查，却无法检查出问题。排除心理因素之外，与我们目前的检测水平有关。在看待身体健康方面，中医在这方面显示了它的优势，它可以处理和改进不少西医难以处理的身体不适的状态。

把健康局限于身体健康，这是传统的影响仍然较大的健康观。

二、关于“心理健康”

我们可以继续发问：“你每天全部的真实的心情如何？”“你能够经常保持一种好心情吗？”“你没有任何内心冲突吗？”“你经常感觉充实、愉快、有意义吗？”“你发自内心地对自己的人生感到满意、有幸福感吗？”“你有过什么样的美好体验？”“你觉得自己的潜能得到最大限度地发挥了吗？”“你有投身于甚至献身于一种事业的感觉吗？”与关于身体的问题不一样，对于这样一些问题，人们往往都不能够马上回答。长期以来，我举办工作坊、做个体咨询，对人们的压抑、隔离、麻木有深刻体会。

无可非议，对于人生以及生活的感觉，特别是谈到“幸福感”的时候，“如人饮水，冷暖自知”。但是，在当今社会里，绝大多数人都有心情不好的时候，都有自己的烦恼，正所谓“人人都有一本难念的经”。如果一个人对自己足够诚实、真诚，他就会觉察到自己的烦恼。这些烦恼，在相当长的时间里一直都没有解决，一想起来，就感到不愉快，甚至勾起负面情绪。

以上是我们假设的一般情况。在日常生活中，人们一般是不承认自己有心理健康方面的问题的。

我面向全社会举办“全人心理学·通心工作坊”的目的，是推广通心的理论和方法，促进和普及成长意识，帮助学员解决烦恼、问题，促进其心理健康。每次工作坊都会现场做一些个案。在工作坊的环境里，学员的状态会与平时不一样，尤其是从封闭变得开放。

工作坊开始之前，学员都需要在一份印有对他人的隐私保密等条款的承诺书上签字。工作坊一开始，一般就是学员自我介绍的环节。大家主要讲自己的姓名、职业、对心理学以及全人心理学有什么了解，这次参加工作坊想达到什么目的、有什么期待等。

值得注意的是，在很多次工作坊（也不是每次），在这个自我介绍阶段，都有学员强调，自己没有什么需要处理的烦恼、问题，他（她）只是来学习方法的。几乎每一次工作坊快结束的时候，属于这种情况的学员，大多数都承认自己有这样或那样烦恼和问题，或者有不能够通心的对象等。

之所以出现这种情况，是因为在工作坊的环境里，我们能够利用团体的、集体的智慧，采用各种各样的方法，有效地使学员变得更加真实，取下自己的面具，卸下自己的盔甲，逐渐变得更加开放。

如果一个人有一些烦恼已经严重到经常困扰自己，于是想要回避，那么这说明他已经有明显的心理健康问题。

如果一个人对上面任何一个问题的回答是否定的，那么这个人的心理健康或多或少有一定问题。对于“你有过什么样的美好体验”这样的问题，有的人回答起来十分困难，常常要通过放松和暗示，才能够回忆起一些事情。

当我们问以上问题的时候，已经涉及心理健康和灵性健康的问题。完整的健康，应该是“身、心、灵”的“大健康”。

为什么人们往往只注重身体健康，不注重心理健康，更谈不上灵性健康呢？

简单地回答：缺乏心理健康、灵性健康没有缺乏身体健康那样带给人们那么大的压力感、紧迫感。

身体没有疾病，并不等于就有幸福感，也不等于健康。

大家不难注意到，有不少身体非常健康的人，没有患什么疾病，看起来也非常结实，甚至称得上“健壮”，但他们自己却感到非常不幸福，均有困扰自己的心理问题。健康，是和心理分不开的。健康问题应该扩大到身体和心理两个方面。

三、关于“灵性健康”

关于什么是“灵性”，一般可以做出以下解释：

1. 指人的精神、精气。

2. 指人所具有的聪明、智慧，对事物具有敏锐的感受和灵活于深刻理解的能力。

3. 指人的灵魂。

本书对关于灵性的以上几种理解互相并不排斥。

“灵性”可以这样来定义：灵性是人类的最深层的潜能，它在人类的进化过程中逐渐显现和发展。在本书的语境中，它体现为人类追求和满足自我超越需要和大我实现需要的能力，在这一过程中，人类对于终极关切的追求至关重要。

一个人身体健康，心理也没有明显的问题，是不是就算健康了呢？后人本心理学（超个人心理学）以及我提出的全人心理学对这一点提出了强烈的质疑。

一个人身体健康，心理也没有明显问题，仍然可能存在较强的乏味感、无聊感、欠缺感、不完善感、无意义感、无丰富感等。在更高的意义上，如果只是身心健康，仍然不算健康，还应该加上“灵性健康”。在人生的追求目标上，除了“幸福感”以外，还应该有意义感、丰富感。

世界卫生组织有一个著名的关于健康的概念：“健康，不只是身体上没有疾病，而且还要在心理上、社会上适应良好。”应该说这一定义扩大了传统的健康概念。但在心理学第四思潮兴起后，似乎还应该有一些新的进一步的理解。

“心理上适应良好”，很明显指的就是心理健康。那么，什么叫“社会上适应良好”呢？在这里，“社会上适应良好”可以有丰富的含义。它应该区别于“心理上适应良好”。尽管心理健康与适应社会是分不开的，但是，“社会上适应良好”还应该有一些超出心理健康的内容，这就是更丰富的意义感、丰富感、价值感、幸福感。它们不仅仅来源于对于所在的社会乃至整个人类社会的关心，而且包括大自然、地球，乃至整个宇宙。“社会上适应良好”，其深层的含义是对人类命运的一种关心，这种把自己的人生的意义、生命的意义，与人类、地球，乃至宇宙相连接的一种关心，我们可以使用“终极关切”这个词语来表达。

有的人似乎在社会上适应得很好，身体和心理都没有明显问题，经济富裕，有配偶有孩子，可仍然缺乏幸福感，更谈不上意义感、丰富感，其根本原因之一，就是缺少了“终极关切”。

四、关于“大健康”

所谓“身”，主要是指身体方面的健康；“心”，主要是指心理方面的健康；“灵”，主要是指灵性方面的健康。

身体健康、心理健康、灵性健康既各自具有一定的独立性，又互相影响、互相制约。

从发展心理学的角度看，身体健康、心理健康、灵性健康三种健康，就像全人需要层次的七个层次一样，有一个大体的发生的优先顺序。一般是先有身体健康、心理健康，再有灵性健康。

这就是说，一个人可以在一定程度上做到在身体方面、心理方面或者灵性方面相对健康，而在其他方面相对不健康。也就是说，如果一个人在身体方面是健康的，并不说明他在心理方面、灵性方面也是健康的。心理方面的健康以及灵性方面的健康情况也是如此。

一个人可以在完全不顾心理健康和灵性健康的情况下追求身体健康，他也的确可以把身体健康保持得很好。

例如，前世界拳王泰森，他的身体异常强壮、健康，但在生活中却不断出现问题，尤其是在获得拳王称号后，甚至因为强奸罪被送进了监狱。这说明他至少在当时具有明显的心理健康问题，也没有表现出什么灵性健康的状态。一般来说，除非他的先天因素非常好，他身体健康的情况难免受到心理健康，甚至灵性健康情况的影响。

一个人可以在身体健康和灵性健康都一般的情况下追求心理健康，他也的确能够在一定情况下做到一定意义和程度上的心理健康，但他的这种心理健康状态是不稳定的，容易受到身体健康、灵性健康方面的影响。他在生活中难免出现这样的情况：当他所面临的挑战是需要身体健康和灵性健康达到一定水平，光有心理健康不够用的时候，他的总体仅健康水平就会大幅度下降。或者可以这样说：在很多时候，我们无法在不顾身体健康和灵性健康的情况下直接追求心理健康，身体健康和灵性健康方面的问题经常会干扰我们的心理健康。

缺乏灵性健康又是怎样的情况呢？

一个人可以在身体健康和心理健康都一般，甚至在身体健康或者心理健康都有明显问题的情况下追求灵性健康，的确在一定情况下他也会有灵性体验，但这种体验是极不稳定的，在极少的情况下，他才会有灵性健康。因为现实的问题往往需要借助他的身体健康和心理健康来解决。一旦情景更多地是向身体健康和心理健康提出挑战，灵性健康用不上的时候，他的总体健康水平会下降到一般人之下。

说到灵性健康突出，而身体健康、心理健康却有问题的人，哲学家尼采就是一个突出的例子。他关心人类终极问题，独步天宇，但身患诸多疾病，人际关系中存在的问题也很多，最后得了精神病，死于精神病院。

说到身体健康、灵性健康，心理健康却有一定问题的人，也能够找到一些突出的例子。按照马斯洛的理论，“天才”和“自我实现”不是一个概念，为此他提出了“天才的创造力”和“自我实现的创造力”是有区分的。马斯洛注意到“有一些最富有才华的人类天才肯定不是心理健康的人”。他列举的人物包括：瓦格纳（德国作曲家，1813—1883）、凡·高（荷兰画家，1853—1890）、拜伦（英国诗人，1788—1824）等。

关于瓦格纳，且不谈他的反犹主义、种族主义。他的傲慢自大是很明显的，有极强的负面情绪。他对德国诗人海因里希·海涅、作曲家费利克斯·门德尔松、勃拉姆斯等都进行过不切实际的贬低。瓦格纳与尼采曾经是知己。尼采曾经想改变瓦格纳，使瓦格纳变得更加纯净。一次见面时，他故意带去瓦格纳所嫉恨的勃拉姆斯的乐谱，并且故意显露给瓦格纳看。“这下这位大人发作了，他高声诅咒，大发雷霆，唾沫四溅，砰的一声关上房门。”（丹尼尔·哈列维:《尼采传》，谈蓓芳译，百花洲文艺出版社 1996 年版，第 126 页）他与尼采一旦反目成仇，则毫不留情地对尼采给予攻击。

关于凡·高，有一个著名的关于他割自己耳朵的故事。这个故事，至少有两个版本:一个版本是他与高更发生冲突、打架，高更挥刀砍向凡·高，凡·高的左耳被割掉。另一个版本是妓女拉舍尔与凡·高开玩笑，说喜欢他的耳朵，要凡·高割下来送她，于是凡·高在一次喝酒后，就割下了一只耳朵。不管是从哪个版本来说，我们都可以体会到凡·高的心理有问题。据说，凡·高是在 1890 年 7 月的一个下午自杀的。那天他来到荒郊的一个公墓附近，对着夕阳，在金色的麦野里坐了下来，用左轮手枪抵住了腹部，扣动了扳机……

关于拜伦，光是他的出身就充满了悲剧的元素。1788 年的冬日，乔治·拜伦出生在一个蕴藏着无数悲剧元素的家庭。他的父亲是一个酗酒、贪财的上尉，人称“疯子杰克（Mad Jack）”。拜伦的母亲凯瑟琳是他的第二任妻子，在她之前，疯子杰克成功诱骗了一位贵族夫人并生下女儿奥古斯塔。不久，前妻去世，为了继续骗钱，疯子杰克又娶了贵族出身的凯瑟琳。这一次，两人生下儿子拜伦。但拜伦出生时右足畸形，终生跛足。有人说他的足疾是小儿麻痹导致，也有说是先天发育不良。总之，残疾给拜伦造成了不可愈合的心理创伤。他天性敏感，性格易怒，从幼年起就对女性抱有狂热的幻想。导致他这一性格的原因并不完全是畸形的右足，有相当一部分来自这个悲剧的家庭。父亲杰克债台高筑，全部由妻子买单。夫妻关系相当紧张，拜伦出生后不久两人便分居，3 岁时父亲离世。

著名歌手迈克·杰克逊也应该是才华卓越但心理健康不足的典型。

迈克·杰克逊的事业异常成功。在他之前，欧美流行乐坛一直是白人的天下。如猫王（Presley）、列农（Lennon）、加方克（Kafunke1）、卡宾特（Carpenter）等人，都曾经叱咤风云，雄踞欧美流行乐坛。迈克·杰克逊的出现，打破了白人一统天下的局面。迈克·杰克逊的影响力，已经超越了他们所有人。接踵而至的荣誉，使迈克·杰克逊的事业如日中天。但令人吃惊的是，就在他作为一位美国黑人获得巨大荣誉与成就之时，他却强烈地表达了对自己黑人外表的不认同。他漂白了皮肤，拉直了头发，让鼻子挺直、下端变小，他使自己的整个外貌摇身一变，成为白人。他为了换面容，忍受了巨大痛苦。其中，仅仅是鼻子的手术就一连做了好几次，而且都不够成功，使得他在外出时不得不戴口罩。“有 2360 万的观众在美国电视里看过一部关于他做手术的纪录片。他至少做过 7 次鼻子手术和 50 次其他的脸部手术。”（博尔温 · 班德洛 :《隐疾——名人与人格障碍》，麦湛雄译，三联书店 2008 年版，第 140 页）——一般远离常规的事情，常常都有异乎寻常的动力。迈克 · 杰克逊在接受美国一家电视台采访时曾经透露，父亲在他儿时经常大声责骂，嘲笑他的鼻子太大。这一信息提示我们，他对自己外貌不接纳的自卑，乃至不断整容的缘由至少可以追溯到他儿时就形成的诸如此类的心理情结。

没有身体健康，甚至还是严重残疾的情况下，却有一定的心理健康、灵性健康，这种情况较为罕见，但应该也能够找到一些例子，例如，2018 年 3 月 14 日去世的著名物理学家霍金就是这样。

马斯洛是极为重要的关于心理健康问题的研究者，他拓展了心理健康的概念。可以说，他关于自我实现人的描述，以及关于超越性的论述，已经使“大健康”的概念具备雏形。一定意义上，自我实现的人就是“身、心、灵”都健康的人。但马斯洛关于自我实现的人的描述主要是偏重于心理健康和灵性健康，这些描述共有 15 条。其中“欣赏的时时常新”“高峰体验”等，描述的是灵性健康。（详见本书有关章节）

第三章 “大健康”与创造力

一、从拉赫玛尼诺夫到 W

（一）从拉赫玛尼诺夫谈起

拉赫玛尼诺夫（Sergei Vassilievitch Rachmaninoff，1873—1943），20

世纪杰出的作曲家、钢琴家、指挥家。拉赫玛尼诺夫的创作风格深受柴可夫斯基影响，有深厚的俄罗斯民族音乐的基础，他的作品旋律丰富，擅长史诗一样壮阔的音乐风格。主要作品包括《第二钢琴协奏曲》《第三钢琴协奏曲》《帕格尼尼主题狂想曲》、歌剧《阿列科》《里米尼的弗兰切斯卡》《第二交响曲》以及管弦乐《死岛》《钟》等。

拉赫玛尼诺夫是19世纪多姿多彩的俄罗斯音乐大师中的最后一位，他以悠长宽广而又充满深沉忧郁的旋律表现了有别于欧洲音乐的独到才华，展现了俄罗斯的景色气象和俄罗斯民族的精神气质。

他是一位天才的音乐家，但他的心理健康却曾经出现严重问题。

（二）拉赫玛尼诺夫患上抑郁症

拉赫玛尼诺夫从莫斯科音乐学院毕业后，就以青年作曲家、钢琴演奏家的身份展露出了才华。但他的《第一交响曲》的问世，却遭到重创。该交响曲的演奏由同样是作曲家、指挥家的格拉祖诺夫担任指挥，他擅自删除、修改了一些乐段，并且在配器方面越俎代庖。这部作品于1896年3月15日首演失败。“据拉赫玛尼诺夫回忆，当演出到最后几小节，他从音乐厅逃了出来，漫无目的地在街头徘徊，陷入愤怒和绝望之中。”（尹子：《拉赫玛尼诺夫》，人民音乐出版社1998年版，第23页）可见他的心情何等糟糕。他隐居了一个夏天。之后，尽管他恢复了工作，但经常情绪不好。“作为一名钢琴家、指挥家所经历的艺术生涯常常使他惶惶不安，而作为一名作曲家的处境及其苦恼也好像上了断头台一样。这种莫名其妙的恐惧与负担，初次出现而且不停在纠缠他。”（尹子：《拉赫玛尼诺夫》，人民音乐出版社1998年版，第27页）这段时间，他还得了肺病。他给伦敦演出机构承诺写的一部协奏曲，成了忧心忡忡的负担，无力完成。除此之外，他与童年时的钢琴老师的关系也不愉快。

后来，虽然拉赫玛尼诺夫的肺病好了，但由于心理原因，仍然无法进行创作。

（三）向托尔斯泰寻求帮助

这个时候，经过亚历山德鲁·莱芙公主的引荐，他两次会见了列夫·托尔斯泰。但伟大的作家、世界罕见的大师，尽管洞悉人类灵魂，却并不是专业的心理治疗师，他没有专业的处理和解决人的心理问题的能力。

拉赫玛尼诺夫这样回忆："……他看我像是患神经质的人。他坐在桌旁对我说：'你必须写作，你想不到这对我是多么愉快的事情！写作，我每天都必须写作！'他反复对我说这样的话。"仅仅就给拉赫玛尼诺夫留下的印象，以及就现在的心理治疗观念来看，托尔斯泰所做的，只不过是简单鼓励甚至说教而已。从通心理论的角度看，这里有明显的不通心。托尔斯泰强调自己喜欢写作，拉赫玛尼诺夫何尝不是？关键他是力不从心，无能为力啊！托尔斯泰这样强调最多也只能起到一点安慰作用，甚至有可能使拉赫玛尼诺夫更加自卑。

但是，文学大师没有做到的事情，心理学家却做到了。

（四）心理学家调整好了作曲家的心态

经朋友介绍，拉赫玛尼诺夫找到了精神病医生、心理学家尼古拉·达尔。十分凑巧的是，达尔热爱音乐，对拉赫玛尼诺夫也有一定了解。据称，他一连给拉赫玛尼诺夫"治疗了几个月的病"。他具体用的什么方法，有关资料没有详细介绍，只提到其中包括催眠疗法。据拉赫玛尼诺夫回忆，尼古拉·达尔总是让他半醒半睡地躺在躺椅上，达尔引导他放松。然后对他说："你将开始写你的协奏曲……你一定会用你最熟练的技巧进行创作，……这部协奏曲将是非常优秀的……"（尹子：《拉赫玛尼诺夫》，人民音乐出版社 1998 年版，第 29 页）

拉赫玛尼诺夫自己也承认，达尔帮助他恢复了创造力："达尔的治疗挽救了我，刚在夏季的开始，我就在创作了，材料渐渐地多了起来，而新的乐思在我的内心中激动着——这是我的协奏曲的根源"。（转引自吕维梅编：《现代派管弦乐曲详解》，上海音乐出版社 1949 年版，第 36 页）

了解心理治疗过程的人都知道，达尔对拉赫玛尼诺夫所做的不仅仅是进行催眠，还一定与他有非常好的沟通，建立了良好的关系，或者说进行通心辅导。

后来，拉赫玛尼诺夫完成了《第二钢琴协奏曲》，并且演出获得了成功。这部作品后来长演不衰，如今仍然常常被演奏。为了感谢尼古拉·达尔的帮助，拉赫玛尼诺夫把这部作品题献给了他。

《第二钢琴协奏曲》的初次演奏，是在 1901 年 10 月 14 日，由莫斯科交响会社所演奏，拉赫玛尼诺夫亲自担任独奏。

（五）第二钢琴协奏曲

拉赫玛尼诺夫的 C 小调《第二钢琴协奏曲》被公认为钢琴协奏曲的杰作。有评价说："其艺术形象特别丰富，它兼备严峻的戏剧性和明朗而愤激的抒情性，这种对比用两组不同的音乐形象来体现：其中一个是充满意志力的主题，它的节奏明晰，但似有阴暗而严厉的色调，另一个则是情绪激昂、宽广自由流转的歌曲性旋律。"这一乐曲广受世人的喜爱和欢迎。在所有俄罗斯作曲家所作的钢琴协奏曲中，本曲或为首屈一指的名作。本曲除了在构造上的完满妥善之外，同时充分发挥了抒情性和钢琴化的效果，而且把这些做了绝佳的统一。（参考吕维梅编：《现代派管弦乐曲详解》，上海音乐出版社 1949 年版，第 36 页）

"拉氏作于 1900—1901 年间的《第二钢琴协奏曲》，不但是本世纪第一部问世的'钢琴协奏曲'杰作（该曲由作者本人主奏钢琴，于 1901 年 10 月 26 日在莫斯科首演），且经过近一个世纪的考验，它也许仍是音乐爱好者心目中高居'排行榜首'之作。虽然拉氏本人的《第三钢琴协奏曲》，或尔后普罗科菲耶夫、巴托克、拉威尔等作曲家的'钢琴协奏曲'也都是鼎力之作，但受欢迎的程度恐怕还没有可以与'拉二'相比的。'拉二'对于任何一位音乐爱好者几乎都是耳熟能详的，多余的介绍已无必要。第一乐章的阴郁深沉，第二乐章的柔美悠远，以及第三乐章的狂热辉煌，无不令人为之动容。"（高为杰：《20 世纪音乐名著导读・协奏曲卷》，上海音乐出版社 2001 年版，第 209 页）

我对这首钢琴协奏曲的影响力也深有所感。四川音乐学院教授，著名钢琴家郑大昕也很喜欢弹奏这支曲子。多年前，我曾经在郑大昕教授的琴房中聆听他弹奏钢琴协奏曲《黄河》和拉氏《第二钢琴协奏曲》。他边弹边讲解，认为《黄河》的开头有对"拉二"引子的模仿，并且把它们进行了对比。《第二钢琴协奏曲》流传很广，一些钢琴爱好者很喜欢，甚至也能够弹奏。

有评论说，在这首协奏曲中，拉赫玛尼诺夫一方面以深沉的音调抒

拉赫玛尼诺夫在演奏中

发他内心的忧郁与悲伤，另一方面通过气势磅礴的高潮来表达他满腔的激愤。

（六）中央音乐学院教授 W 跳楼身亡

W 是中央音乐学院教授，是业内有一定声望的钢琴家和声乐艺术指导。他 5 岁就开始学琴，19 岁考入总政歌舞团。1989 年，W 赴美留学，攻读音乐硕士学位和博士学位，主修钢琴伴奏和歌剧声乐艺术指导。这期间，W 曾任布法罗歌剧院艺术指导，与世界著名指挥家、歌唱家合作排演了 20 多部歌剧，赢得歌剧界权威人士赞誉，被称为“学者型钢琴演奏家”，后在波士顿大学歌剧学院任教。

一位音乐界的杰出人士却以跳楼结束了自己的生命。

对于 W 的意外辞世，各界人士纷纷表示惋惜。歌唱家范竞马发微博说：“我无从去追究它的因由，只有沉郁的心痛和惋惜。W 是我在国内合作过最敬业、最认真负责的音乐人，也是国内少有的有实力和经验的声乐教授。”

有人反映，W 有时会感叹：“这些年很累”“就像是走钢丝”。

创作歌剧非常累。W 的学生郭佳音和徐薇薇说，声乐艺术指导要负责挑选剧本、演员、曲目，声乐和舞美的配合。一部歌剧里有二重唱、三重唱、咏叹调，都得他指导排练，每部歌剧的排练需三个月到半年时间。

W 的妻子杨女士说，W 希望达到完美，稍有不满意的地方，他就一遍遍重新再来，“国内很少有人像他这样了解声乐艺术指导，都是无序的，他自己在其中摸索，陶醉在里面”。

2008 年，曹群从英国回来，陪同英国专业学院的教授去看 W 排练的歌剧，对方大赞 W 专业。但曹群说，据他观察，在国内，声乐艺术指导还没有得到足够的重视，钢琴伴奏还处于从属地位。

接近 W 的人称，有些微妙的事情 W 不是很能理解。就拿选择演员来说，让谁上场不让谁上场，有时并不取决于演员的实力。每每遇到这样的事情，W 在内心里是固执的，也是痛苦的。

W 有时会到国外去听歌剧和音乐会，找人交流。在杨女士看来，“他在内心是孤独的”。他的生活就是弹琴、排练、研究乐谱，很少在午夜前睡觉。然而，钢琴和音乐之外的世界，对 W 来说是陌生的。

据杨女士说，W 确实不擅长经营人际关系，他出事半个多月了，“系里只有一个他多年前就认识的同事来家里慰问”。自杀前，他面临一个和中央音乐学院继续签约的问题。“如果不续约，他就要面临出境。W 很着急，我让他去问，他说人家告诉他要等”。杨女士认为，合同的悬而未决让 W 焦躁。劝他说，连学生都能找到工作，他还担心什么？就算学校不能续约，教学生学琴收入也不少，“但这种挣钱方式他感觉耻辱”。有朋友说，“他很爱面子，他希望继续在中央音乐学院干下去，如果不干了，他会觉得很没面子”。

他得了糖尿病和抑郁症。逐渐很少弹琴。据杨女士说，她看丈夫情绪低落，精神恍惚，鼓励他去看心理医生。“他觉得难为情，还说医生解决不了问题”。2012 年 6 月 2 日，杨女士硬拉着 W 去看心理医生，可他不愿说话，“还是我替他回答问题”。医生给他开了一周的药，11 日，W 又去看了一次，这次挂的神经内科，“他担心和医生交谈会被别人听到，就用英语讲”。这一次，他被确诊为抑郁症，抑郁原因和状态待查。医生让他 6 月 17 日再去复查，但他显然不想再去。

两天后，他选择从窗口跳楼结束生命。

（以上资料来源于《52 岁钢琴家 W 坠楼自杀身亡，妻子称其内心孤独》，

2012 年 7 月 10 日《京华时报》等。文字有一定修改。W 为化名。）

令人哀叹、令人深思的是："窗后就是他最心爱的钢琴，钢琴上放着拉赫玛尼诺夫的《第二钢琴协奏曲》曲谱，这是他计划 11 月份开办个人音乐会选的曲目。"拉赫玛尼诺夫战胜了抑郁症，创作了《第二钢琴协奏曲》，W 却陷入抑郁症，没有走出来，再也不能够演奏《第二钢琴协奏曲》这支他非常喜爱的曲子了。

中国音乐人中心理出问题的人当然不只是一两位。还有陈琳的自杀事件、窦唯的烧车事件等，都是众所周知的。但没有听说他们曾经寻求过心理学家的帮助。当然也有其他领域的名人。著名主持人崔永元没有隐瞒，他承认自己得了抑郁症，接受了治疗。

当然，不仅是中国音乐人，还包括许多国民对于心理健康服务的态度都需要改变。

当时的 W 已经寻求帮助了呀！问题是，他是去医院看"医生"，医生的治疗方法似乎主要是开药。看来 W 的运气不好，他的问题应该主要是心病，他找的可能是在心理治疗方面经验不够，甚至缺乏直接的心理调整能力的医生。同时，医生的处理也是值得讨论的，不一定妥当，他们似乎并没有立即对 W 的明显的抑郁情绪进行非医疗的调整，也没有对 W 的妻子进行适当的心理调整指导，使他的病情更加严重了。

据报道："当他的妻子杨女士和 7 岁的女儿回到家中发现，丈夫把家里的水、电、煤气卡和重要证件都整理好放在桌上，沙发上放着 W 的手提包，里面有他的钱包。在琴房，窗户内侧是 W 留下的一双拖鞋，摆放有序，就像他要上床睡觉一样。现场勘查的警察告诉杨女士，'窗户两边留下很多 W 的手印，他应该是扒着窗户一点点滑溜下去的，一定是犹豫了很久。'"这至少说明，他自杀前的神智是清醒的。

在这里，由于缺乏材料，我不便对当时的处理进行分析、评价。但有一点大致可以肯定，如果 W 找的医生有足够的经验，会开药也会做心理调整。或者找的是富有经验的心理咨询师，他们没有处方权，但却有处理各种心理问题的丰富经验，至少可以大大减少他自杀的可能性。W 在寻求治疗前，情况其实并不是很严重。如果是有经验的心理专家，很快就可以使他的情况发生变化。其处理方案，可以首先对他的负面情绪进行调整，让其正能量上升。另外，有经验的心理专家，会抓住机会，请其妻子做一些配合。他的情况完全有可能只需要处理一次，情况就会大大改变。——当然，我也并不是说，有处方权的医生不能够处理好他的问题。懂得，甚至精通心理调整技术的医生也有的是。我相信他们也会关注处理他的情绪问题，而不仅仅是吃药。

从全人需要层次论来看，W 在年富力强的时候英年早逝，很可能与他早年形成的自卑情结等有关，使他连自我实现都不充分，更谈不上自我超越和大我实现了。

二、摇滚乐需要心理健康吗?

创造力，是人类生存质量的一个重要标准。富有创造力，是生存质量高的一种标志。

具有“身、心、灵”的大健康，一个人就具有很好的创造力。身体健康、心理健康、灵性健康任何一方面的缺乏，都会影响一个人的创造力，或者说，他的创造力都不能够持久。

马斯洛把创造力分为“原发性创造力”和“继发性创造力”，他的这个区分，可以帮助我们理解大健康对于创造力的作用。马斯洛说：“托尔斯泰的《战争与和平》，从灵感到书，中间是令人生畏的巨大的劳动。在这里，托尔斯泰关于《战争与和平》的创作，有他的灵感做基础，这灵感就是原发性创造力，但他如果没有继发性创造力，他就不可能完成这样一部巨著。”所谓“继发性创造力”是指在灵感的高潮过去之后，仍然保持的一种创造力。“原发性创造力”和“继发性创造力”这一对概念，又恰恰可以与马斯洛关于“高峰体验”和“高原体验”的这一对概念对应。强烈的灵感状态可以理解为高峰体验，是“原发性创造力”。而持续的相对弱一些的灵感则是高原体验，可以理解为“继发性创造力”。

创造力往往是通过灵感来推动的。缺乏灵感和灵性健康，肯定谈不上创造力。如果我们把灵感看成是创造力的短暂时刻的话，缺乏心理健康、身体健康，即使有灵感，也难以保持最佳状态，甚至有时候灵感闪现也难以准确捕捉。

例如，在艺术界，许多艺术家靠吸毒来维持灵感，这是一个世界性的普遍的问题。据报道，在我国，不少明星都曾经吸过毒。

想要经常产生和维持灵感，其实保持身体健康、心理健康和灵性健康整合的大健康才是唯一好的路径。

10 多年前，《北京科技日报》曾经就窦唯烧车事件，邀请我写一篇评论文章。我在文中着重谈到了这个问题。

下面是文章的主要内容：

> 窦唯烧车这一事件，使我感觉他的心里似乎积压了很多负面的情绪，包括委屈和愤怒，一旦遇到一个缺口，就像洪水泛滥，不可遏制地爆发出来。在当时的情况下，窦唯是非要发泄出来的。不发泄不行，不发泄就无法忍受。从这个意义上看，我觉得他烧车是可以理解的，甚至可以说，这车烧得还划算。在积压了很多很多的委屈和愤怒的情况下，如果找不到这样的宣泄渠道，很可能就精神崩溃了。——或者他会对人攻击，对人造成伤害。这两种情况都比烧车还严重。

摇滚乐也是一种艺术。摇滚乐的精神也是艺术的精神。艺术的精神就是热爱生命和不断创新。摇滚乐和其他艺术一样需要不断地突破自我。但摇滚乐的特色是更强调求新求异，强调直觉、激情。这就要求搞摇滚艺术的人有更多的原发性创造力，更充沛的能量状态，更强的即兴演唱和演奏的能力。

从这个意义上来看，其实每个人都具有一定的摇滚乐的潜力。如果谁有过状态极佳的时候，曾经扯开嗓子自由地吼过几句，那么他就或多或少地体验过摇滚精神。如果他吼的几句是即兴创作的，那么就更表达了摇滚的创造力。

那么，搞摇滚的人如何才能够获得和保持这些能力呢？要保持这种摇滚能力，就需要让自己的人格至少进入和保持在自我实现阶段。摇滚乐不过是自我实现人格状态的一种副产品。简单地说，摇滚乐者也需要成长。而成长需要修炼。

某些摇滚音乐人是极有天赋的，他们对音乐的感觉也很好，但他们的智慧和创造力的瓶颈，或者说木桶的短板恰巧是他们自身的人格。他们的心理有各种各样的问题（当然不是说其他人就没有问题），但由于他们职业的特点，他们很可能比一般人更不重视这些问题。

从 1998 年开始，我把心理学研究的重点从理论转移到应用，办工作坊、搞个体咨询。不时听到一些艺术界的朋友对我感叹："艺术界有的人的心理问题太大了！"这些人活得很痛苦，但他们中很少有人会去寻求心理咨询。原因在于，艺术创作需要有良好的自我感觉，而在当前中国心理咨询还不是很普及的情况下，去咨询很可能会影响他们的自我形象，挫伤他们的自信心。更简单一些说，他们很难放下自己的面子。

这些人也许有自我实现的闪光，但其需要满足的优势还没有真正上升到自我实现需要阶段，而是停留在自尊需要。殊不知，把自己豁出去，超越自尊才是自我实现。

非自我实现的摇滚是生命短暂的摇滚，它没有后劲，所以摇滚乐音乐人也需要修炼自己，把自己理顺了，才更能突破创新和求新求异。

有不少的摇滚音乐人靠酗酒、吸毒等刺激来寻求灵感，这是一种饮鸩止渴的做法。1977 年 8 月 16 日，流行了 20 年之久，被称为"摇滚乐之王"的猫王埃尔维斯·普雷斯利死在家中浴室的地板上，年仅 42 岁。医生在他的体内检测出了 14 种毒品。

关于身体健康、心理健康、灵性健康，摇滚音乐人也要追求三种统一的大健康，才会有持续不断的创新能力，长久地闪耀摇滚乐的精神。

三者有不一致的情况。一个人可以在身体不健康，甚至心理也不健康的情况下搞创作，但其创作是不可能持久的。例如凡·高、贝多芬都有一定的身体健康、心理健康的问题，他们也有创作状态不稳定的时候，如果他们的身体、心理更健康，其能量就会更畅通，就会有更多的创作激情，会创作出更多的伟大作品。

作为摇滚音乐人，如果没有心理健康，去片面追求情绪的宣泄、灵性的发挥，他的艺术生命是不会长久的，要么很快就会江郎才尽，要么精神崩溃。极端者，就像凡·高那样在精神分裂的情况下自杀了。

关于摇滚乐有一个错误的观点，认为摇滚音乐人没有必要追求心理健康，偏激、歇斯底里、病态有助于创作摇滚乐作品。我不同意这个观点，这是对心理健康的误解。心理健康并不意味着不偏不倚、正经八百，心理健康最重要的标志之一是能量畅通，有高度的觉察力和自主性。摇滚乐作品也并不意味着一定要离经叛道、另辟蹊径。我在欣赏刀郎的演唱时注意到,在他唱的一些歌里面,其中也发挥了一定的摇滚乐精神。例如，演唱《怀念战友》时的激情的爆发，音量的强烈对比就多少传出一些摇滚的元素。

对于摇滚音乐人来说，其音乐是他们的人格状态的自然的外化。不管什么艺术家，保持能量畅通的状态是至关重要的。只有把自己的心理障碍和心理情结解决得尽量干净，甚至达到“空”的状态才是最好的。“空”的含义不是什么都没有，而是不执着，能够活在当下，该干什么，就能够干什么；只要愿意，什么都有可能。能够放空的艺术家，在需要状态的时候，常常可以把自己的状态调整出来；需要幻想和想象的时候，幻想和想象得比其他人更好；需要发挥创造力的时候，比其他人发挥得更好。

说到心理健康、能量畅通的重要性，最典型的例子是莫拉赫玛尼诺夫。他创作的《第一钢琴协奏曲》的首演很不成功，重挫之下得了抑郁症，但是通过心理学家的治疗和调整得到了恢复，创造力开始迸发，之后写出了《第二钢琴协奏曲》等诸多著名作品。不少艺术家的创造力比一般的艺术家更加持久、旺盛，其原因之一也在于他们的人格相对更健康。

20 世纪 80 年代，伴随着中国改革开放的深入，摇滚音乐在唤起人们的激情方面，起过一些冲击作用。但随着改革开放的深入，形势变了，摇滚曾经有过的一些冲击力似乎也衰落了。我从 1987 年开始注意摇滚音乐。尤其深刻感受过崔健的《一无所有》等歌曲的呐喊在当时所具有震撼力，那种使人耳目一新的感觉。现在摇滚音乐我听得很少，不知道现在是否有人还能够从当前的摇滚音乐中体会到这种力量？其实，社会什么时候都是可以有摇滚音乐的，问题在于摇滚音乐人能不能跟上时代发展的步伐。

三、忽略心理健康就不能充分实现自己

（一）北极熊的故事

有一个关于生活在北极的因纽特人与北极熊的故事很值得人们仔细咀嚼和深思。据说，因纽特人为了捕获强壮的北极熊，他们在雪地上立起一根根棍子，棍子的上端有一把极其锋利的双刃刀。在双刃刀的周围，冻上一层层动物血，这样就形成了一个“血冰棍”。北极熊闻到“血冰棍”的气味，就会被吸引过来，用舌头去舔“血冰棍”。当“血冰棍”上面的血被舔完过后，北极熊的舌头就会开始接触双刃刀，并且被割破，这样它们自己的血开始流出来。但由于北极温度极低，新鲜的血一流出来，马上就被冻在刀刃上，这样新的“血冰棍”又形成了。“血冰棍”老也舔不完，直到它们流血过多，倒在地上。

人们也许觉得因纽特人对北极熊很残忍。但有没有觉得，我们对待自己，也常常如因纽特人对待北极熊一样残忍呢？这种残忍，不光是指我们对自己的身体，也包括对自己的心灵。北极熊之所以会倒在地上，是因为它的舌头早已被冻得麻木了，同时由于吮吸得津津有味，即使有一点痛，它也不会觉察到。我们难道不常常也是这样失去了对身体乃至心理的觉察力吗！

毫无疑问，北极熊式的悲剧正不断在人类中重演。

有人也许会问：人活着是为了什么呢？不就是为了从事这样一些可以使自己忘我投入的事业吗？这句话没错，但关键是如何理解“忘我”。应该把“忘我”与“缺乏自知”“迷失自我”“忙而失去觉察力”等情况区分开。真正的忘我是全心全意地投入一种事业，抛弃以小我为中心，从全人需要层次来看，应该以大我为指导。在这种对于事业的投入中，当事人是活在当下，而不是迷失在事业中。在这过程中，当事人对自己的状态以及自己所做的事情有高度的觉察力，而“缺乏自知”者的情况正是上面所谈的北极熊。其实，真正的忘我除了旺盛的事业心和工作热情外，还应该有

一种平常心。事业心和平常心就像鸟的飞翔需要两只翅膀一样，缺少一只都不行。在身体方面，衡量是否有平常心的标准之一，是看能不能避免身体处于疲乏状态。所谓“疲乏”，是指具有长期的难以恢复的劳累状态。人在这种状态中，已经不能做到可持续发展。

（二）C 先生是累死的

2005 年 4 月 10 日，著名画家和企业家 C 先生在上海华山医院逝世。得知这一消息时我感到有些意外。C 先生是我喜爱和尊敬的一位画家，在我的印象中，他还年轻。据媒体报道，他时年 59 岁。在我家的客厅里，从 1996 年起就一直挂着他的一幅油画。画中是一位典雅的西方美女在吹奏长笛，金发披肩，身姿优美，表情中散发出一种专注、宁静。这幅画是一个缘分，他的去世引起了我的诸多思考。

C 先生走了，留下了正在发展中的 ×× 集团；留下了至少 1 亿元的财产；留下了一部正在拍摄中的影片《理发师》；留下了两套来不及居住的豪华别墅；留下了比自己小 20 多岁的模特妻子；留下了年方 5 岁的小儿子……看看他留下的这些人和物，无可非议，他是多么热爱生活！

但是，热爱生活的人未必就能珍惜生命！追究 C 先生的死因，从医学上看，他患有肝硬化。大家知道，肝病最忌讳的就是劳累和生气。他却长期超负荷运转，最后导致食管胃底静脉曲张破裂而大出血。可以说，他是累死的。（注：本章节资料来源于杨彬彬等《著名画家导演 C 因胃出血在上海去世》,《新京报》2005 年 4 月 11 日;《新闻晨报》2005 年 4 月 11 日；卫昕《C 壮志未酬身先死剧组上下泪满襟》,《成都日报》2005 年 4 月 11 日；楼乘震：《C 本身就是神话——忆对 C 的最后采访》,《世纪杂志》2005 年第 3 期，等。C 为化名。）

C 先生去世前，作为投资者和导演，正在拍摄电影《理发师》。作为一个肝硬化患者，光是选择拍电影这件事情就是成问题的。据 C 先生的秘书江慧芬说，由于劳累导致肝病复发，C 先生在一个月中曾数次住院。每次有一点好转，还未痊愈，他就飞也似的“逃”回拍摄现场，“玩命地干活”。另据 C 先生的妻子说，C 在工作中“经常半夜起来修改剧本”，“一双演员的鞋也要亲自过问几次”。这些过分“使劲”的情况，都是有一定心理情结的征兆。

众所周知，拍电影是一个人际关系特别复杂的事情，需要大量的沟通，他选择做这一事情本身就存在极大问题。但麻烦之处还在于，恰恰就在剧本、选择主演等重要问题上，他曾与人发生过严重冲突。

C 先生同时还要做很多事情。有人说：他的两只手是右手画画，左手一根指头做一件事，即广告、杂志、模特、环境艺术、网络共 5 个产业。C 先生常常和一些同样忙的人说："等我忙完现在手头的事，我就会去休息了。"可是，他连正在拍摄的电影《理发师》都没有忙碌完，人就不在了。如果一个人对自己的身体情况的把控已经到了这种完全失控的地步，那他显然需要心理咨询，至少有焦虑的负面情绪需要处理。

C 先生需要心理咨询。C 有典型的焦虑感、过强的压力感，心理咨询、心理治疗可以平复他的焦虑感，至少减少他的压力感，减少他不必要的心理负担，可以使他正确地对待疾病。这样，他的企业集团可以继续发展下去了；《理发师》早就上映了；两套豪华别墅也不至于人去楼空了；还可以和年轻的妻子及幼小的儿子共享天伦之乐……可是，正如大多数的中国人还没有心理咨询的习惯一样，C 先生也如此，他的情况，很像前面的关于缺乏自知的"北极熊"的故事。

C 先生在心理方面可能有什么样的问题？他已去世，许多问题只能够是猜想。在媒体上看到，有人猜测他具有"恋母弑父情结"。他的父亲是一位化学工程师，对他管教很严格。这使他从小就形成一种逆反心理，习惯以不断的追求和拼搏来向父亲证明自己的能力。他所做的事情范围过广，长期处于超负荷运转状态。C 所有的努力其实都是为了向父亲证明：我能干，我聪明，我比你强，我超过你了，我打败你了！

有评价说，C 先生是"美术界最优秀的企业家；企业界最优秀的美术家"。这句话从褒义来看，似乎表现了他自己的某种超越性。

从全人需要层次论的角度看，C 先生是一种什么情况呢？

C 先生似乎只是一位自尊需要、自我实现需要占优势的人，他恰恰缺乏的就是自我超越和大我实现的精神（参阅本书第三部分《大我实现的路径》）。就拿"美术界最优秀的企业家；企业界最优秀的美术家"这句话来看，恰恰反映了他过于争强好胜的一面。是否正是由于无论在美术界还是企业界都拿不到第一，他就全面开花，希望总分第一呢？如果能够如此，当然不错。问题是，他忽略了自己的身体等条件。他在事业上的拼搏，已经使他失去了对自己健康状况的觉察。

以我的经验，如果 C 先生能够寻求心理咨询和心理治疗的帮助，一般有水平的心理专家，都是能够处理他的问题的。例如，首先处理他的原生家庭的问题，尤其是他与父亲的关系，有可能一两次就能够使他的问题得到突破，情况大为改观。以 C 先生的基础，他完全可以更加充分地发挥自己的潜能，在全人需要层次的满足上，走得更远。

一个心理健康的人，应该知道如何保持身体健康。这里说的"知道"，不光是指了解关于身体健康的知识，而且包括对自己的实际身心健康状况具有较强的觉察力，能够保持自己的可持续成长。对身体保持觉察力的一个重要方面是应该避免疲乏状态。"疲劳"与"疲乏"说的都是累的感觉，但两者区别很大。"疲劳"的累，是累了以后能够很快地恢复精力；而"疲乏"是难以恢复精力，人就像是一根被拉长后难以恢复的弹簧。

在通心工作坊上，我有时配合课程的练习，给学员们讲北极熊的故事。有一些学员常常感叹："哎，我就是北极熊！"这些人中，不乏事业有成的人。

第四章　"灵性"与"灵性健康"

大健康是身体健康、心理健康、灵性健康三个方面整合的健康。关于身体健康、心理健康的问题，在社会上已经有一定程度的普及，但关于"灵性健康"的介绍还不多，而且有诸多分歧，因此在理解上会有一定的困难。

先看看什么是"灵性"？

关于"灵性"的说法有很多，全人心理学采用下面的说法：

所谓“灵性”是人的性质的一部分，是人的深层次的潜能，是潜能开发达到较高阶段后（哪怕是暂时达到较高阶段）出现的能量畅通的状态。灵性意味着有更高的效能，能做到平时难以做到的事情。我们常常说某人有“悟性”“灵气”“灵感”等，这些都与“灵性”有一定的关系。但是，这里所说的“灵性”，还有更多的含义。灵性也意味着对本原的、终极的东西的追求，或者某些情况下对本原的、终极的东西的自然表达。“灵性”可以理解为人追求、表达、实践自己“终极关切”以及最深潜能的一种能力。

“灵性”与“终极关切”之间有密切关系。那么什么是“终极关切”？

在这里，“终极”既是指关切的对象，又是指关切的状态。它作为关切的对象，是指在宇宙中和现实中，“无条件地与我们有关”的、起着我们难以解释的神秘作用的那种不可思议的力量。终极关切就是对这种力量的体悟、探究。这种力量有各种各样的称呼，包括“道”“规律”“自性”“真我”“大我”等。

终极关切作为一种状态，它具有贯通能量、摈弃偶像崇拜、放弃执着、放下所有包袱、活在当下、不断追求创造性和超越性的理想等特征。如果我们崇拜偶像，执着活在妄念之中，或者故步自封，我们也就停止了终极关切。由于“终极”含有无法穷尽的意思，终极关切也是一种永远没有尽头的活动和过程。

说到“灵性”与“终极关切”，有必要把“灵性”与“宗教”做一个区分。

肯·威尔伯论述这一问题时说：“今天，很多人都会说自己是‘有灵性，不宗教’。大概意思就是，‘宗教的’意味着宗教机构，其中包括教义、神话、基本信仰、古老过时的仪式；而‘灵性的’则意味着个人价值、当下觉知，内在现实以及直接体验。当然，宗教的某些方面也具有灵性，但大多数宗教组织确实看起来已经过时、衰败，是古代的遗迹，或者起码是发展的前理性阶段。”“灵性意味着对存在之基础的直接体会，它可以是表达个人终极关怀的任何东西。只要能够赋予生活以完整或超越意义的，都可以叫作灵性。它也可以意味着一个人最深处的本质和境况。我们对这一议题进行了颇多的探索。但事实是，你要么相信‘存在’的灵性维度，要么就不信。

核心灵性模块着重冥想或沉思练习，用意是为了容纳尽可能广的导向，从更‘科学的’（冥想是一种放松体验）到更‘灵性的’（冥想让我们体会到存在的终极基础或上帝，或任何名字）。只要你觉得舒服，使用哪一种都可以。”（肯·威尔伯:《全观的视野》,王行坤译,同心出版社 2013 年第 1 版，第 180—182 页）

那么，什么是“灵性健康”呢？“灵性健康”就是我们灵性的潜能得到有效的、合理的开发和发挥的一种状态。

具有“灵性健康”的人,比较能够更连续、长时间地“活在当下”。但“活在当下”不一定是指高峰状态和灵感状态，它也可以体现为高原体验以及平常心。

著名人本心理学家罗杰斯关于“美好人生（good life）”的理念和“活在当下”很相似。他认为：

1. 美好人生是一个发展的过程，而不是一种固定状态。

2. 美好人生是一种趋势（direction），而不是一次达到的目的地。

罗杰斯把美好人生看作一个“过程”，而不是一种“固定状态”，这很重要。他打破了一般人的习惯性思维和期待，一般人总有一种“从此就一直过着幸福生活”的妄念。一旦有妄念，就不是活在当下了。

活在当下并不意味着无所作为，或者停留于志得意满。恰恰相反，凡活在当下，就是流动的、时时常新的、破除执着的、摈弃妄念的，——如果我们想把这一过程固定下来，也会变成执着或者妄念，开始僵化、停滞。歌德的《浮士德》非常深刻地表达了这个意思。假如浮士德说出：“太美了，请停一下吧！”那么他的灵魂就输给了魔鬼靡非斯特。歌德借此表达了人类一种永不满足、不断进取的精神。所谓“请停一下”，就是想活在过去，就是想与“大精神”（spirit）对立，终止时间与生命的流动。

从全人需要层次论看，所谓“灵性健康”，简单说就是人在追求自我超越需要、大我实现需要过程中体现出来的能量畅通的健康状况。——关于自我超越需要、大我实现需要的概念，详细的讨论请看以后的章节。

“灵性健康”的概念可以从多学科、多角度来理解。例如，数学精神在某种意义上就是一种终极关切的精神，典型地体现了灵性健康。我们可以通过数学精神来加深对终极关切的理解。

数学家们通过对数学精神的表述体现了灵性健康。

希尔伯特说 :“没有任何问题可以像无穷那样深深地触动人的情感，很少有别的观念能像无穷那样激励理智产生富有成果的思想，然而也没有任何其他概念能像无穷那样需要加以阐明。”

应该说，这种“阐明”是永远也不可能完成的。在这个意义上，数学家颇有点知其不可为而为之的意味。

康托尔说 :“数学的本质在于它的自由。”

这种自由首先是思想的自由，无穷的自由的探索。有自由就有无穷的问题。或者说，因为有无穷的问题，所以有自由。

哈默斯说 :“问题是数学的心脏。”希尔伯特也说 :“只要一门科学分支能提出大量的问题，它就充满着生命力，而问题缺乏则预示着独立发展的终止或衰亡。”他们的说法，与马斯洛的说法如出一辙。他说 :“科学，就是解决问题。”问题无穷无尽，科学的发展也无穷无尽。（参阅《数学文化欣赏》，科学出版社 2016 年版，第八章）

从我提出的人格三要素理论的角度，即从基础心理素质的角度看终极关切和灵性状态，它不只是一种认知的活动，也是情感的活动和意志的活动，是整个生命的活动。终极关切不仅是一种智慧力的作用，也是情感力和意志力的作用，是人的全部心理素质的高扬与发挥（许金声 :《人格三要素改变命运》，北京航空航天大学出版社 2008 年版）。

第五章　如何体验到“灵性”？

肯 · 威尔伯说 :“灵性和神性早已经存在于每个人的心中，但也许亮度不够，也许还没有被仔细注意：虽然关怀这个世界，在匆忙中也会遗忘。”（肯·威尔伯：《一味》，胡因梦译，先验文化事业有限公司，2000 年版，第 6 页）

提到“灵性”，有的人也许会觉得十分陌生，甚至感到望而生畏。其实，“灵性”离我们并不陌生，更谈不上遥远，它已经在许多人的生活中或多或少地发生过，也许是“亮度”不够，或者没有被仔细注意。如果我们在任何活动中体验到超越我们自身的能量状态或者超越我们自身局限的一个时刻，我们就会在不同程度上体验到灵性状态。

说到“灵性”，一般不如“灵感”那么熟悉。“灵感”的希腊文原意是指“神赐的灵气”。柏拉图说：“凡是高明的诗人，无论在史诗或抒情诗方面，都不是凭技艺来做成他们优美的诗歌，而是因为他们得到灵感，有神力凭附着。”他认为，创作过程就是神操纵诗人的过程。神力凭附在诗人身上，把启示、灵感输送给诗人，使其陷入如醉如痴的迷狂状态。

我们可以通过“灵感”来了解“灵性”。

陆游在《文章》一诗中写道：

文章本天成，妙手偶得之。

这两句诗的意思是说，真正的好文章本来就是存在的，但这种“天成”的好文章只有“妙手”才能偶然得到。陆游在这里所描述的“妙手”，可以感受为超越了我们平时局限的“大我”之手、灵性之手。这种写文章犹如一位神仙写作时得心应手的情况，也就是灵性状态。文章本来就是存在的，天才的“妙手”之所以能够得到它，是因为体验到了“大我”。其实，这种感觉在不同的时代，不同的国度都是存在的。

与陆游的意思相近，捷克著名诗人杨·斯卡瑟写道：

诗人并不发明诗，
诗就在那后面的某个地方。
许久许久以来它就在那里，

诗人只是找出它而已。

（米兰·昆德拉：《小说的艺术》，董强译，上海译文出版社 2004 年版，第 123 页）

我们的诗意能不能得到满意的表达，取决于我们自身的状态，我们能不能全然地放空，进入遵循某种规律的灵性状态，是一个关键。

唐代诗人贾岛的《寻隐者不遇》一诗，描写得十分美妙：

松下问童子，言师采药去。
只在此山中，云深不知处。

我们可以说，能够写出流传百世的诗句的诗人，在一定意义上都是对“灵性”，乃至“大我”有所体悟的诗人。至少在他们的创作期间是这样。

杜甫是具有“安得广厦千万间，大庇天下寒士俱欢颜”胸怀的诗人。他对灵性深有体会：

读书破万卷，下笔如有神。（《奉赠韦左丞丈二十二韵》）

他在这里所谈到的下笔犹如神助的情况，就含有一种“灵性”的味道。正如唐代诗僧皎然所说：

有时意静神王，佳句纵横，若不可遏，宛如神助。（《诗式》卷一）

1976 年我曾经写过一篇文章《真诚，以及对真善美的追求》。当时是凌晨 2 点忽然来了灵感，起床后开始写作，其感觉就类似“下笔如有神”，到吃早饭时，已经写了 1 万多字。

写作、创作，都是容易体验到灵性的活动。灵性的状态，当然不仅表现在写作、创作、写诗等活动中，它可以表现在各种各样的活动中，包括体育活动、劳动。

例如，有的时候我们观看足球比赛，都会遇见这样的情况，某队的一个队员越打越好，最后“打疯了”。——这时候，好像已经不是他们自己在踢球，而是一种难以言喻的无形的力量在推动他们踢球，所有的队员不过是这种力量表达的工具、管道或者说显现。

有不少人都曾经体验过在劳动中，甚至在做家务事中，得心应手的情况，这些情况，多多少少都属于灵性状态。

我想起自己在农村插队时的一次经历。当时的劳动是挖地，刚开始觉得有一些乏味，后来一转念，既来之则安之，不如把挖地当作一种乐趣，还可以锻炼身体。我越挖越来劲，锄头飞一样地举起、甩下，眼神很好，总是挖在最恰当的地方，一大块、一大块的泥土被我翻起来，我把原来齐头并进的一些农民远远抛在后面。我的身体上、精神上都有一种畅快感。我在割麦子等劳动上，也有类似体验。我观察到，个别农民，在劳动中有时候也会出现类似状态。

认真回忆，学生时代，在考试中，也不时出现过灵性状态。例如，在中学初二时学习平面几何，期末考试就出现了这种情况。那次考试，全部是证明题。学习平面几何，我由于贪玩，作业做得很少，两个作业本只写了两页。不过，在考试前，我认真地背下了定理。考试时，我注意力集中，思维敏捷，逻辑清晰，犹如“神助”，很快就全部证明完毕，还提前交卷，结果竟得了满分。

体验过灵性状态，也就是灵性潜能已经有所开发。应该说，有许多人都体验过这种状态。

著名人本心理学家马斯洛的“高峰体验”可以说是灵性状态之一。所谓高峰体验，是指人的生活中最美好的一种体验。在这种体验中，人有极大的自身整合感，以及与万物的融合感。关于高峰体验，后面我们还将详细讨论。

灵性的开发是人的潜能的深度开发，只有通过灵性的开发，人的潜能才能够得到全面的开发。灵性的开发与人的其他性质并不冲突，通过不断整合自身的能量，就越来越成为一个真正健全的人。

你有过灵性体验吗？

你的灵性体验是什么呢？

第六章　什么是“高峰体验”？

“高峰体验（peak experiences）”是马斯洛独创的一个概念。什么是高峰体验？高峰体验有什么意义？高峰体验与大我以及大我实现有什么关系？

马斯洛说：“几乎每个人都有过高峰体验，但并非人人都了解这一点。不少人对这些细微的神秘体验置之不理。在它们发生后，帮助人们认识这些微妙的心醉神迷的时刻是心理咨询师或超越性心理咨询家的任务之一。但是，一个人的心灵怎样窥入另一个隐秘的心灵，然后再努力进行交流呢？心灵的秘密是不能写在黑板上叫人一目了然的。我们必须找到一种新的交流方式。我已经做过一种尝试。在《宗教、价值和高峰体验》一书的附录中，我以‘狂喜的交流’为题，对一种方法做了描述。我认为从教育、咨询、以及帮助成人充分发展自己这一方面来看，这种交流方式也许比通常教师利用黑板与我们进行的交流更为合适。假如我热爱贝多芬，我在他的四重奏中听到了你没有听到的东西，我如何来教你倾听呢？显然，声响就在这里，但是我听到非常非常美妙的旋律而你却很茫然，你只听到了声音，怎样才能使你领会其中的美呢？这是教育中更困难的问题，比教你ABC或在黑板上演算数学题或解剖一只青蛙更困难。这一类事情对于教学双方都是外在的，一个拿着教鞭，一个学习，两个人同时都能看到目的物。尽管另一种教育更加困难，它却是心理咨询师工作的一部分。这种咨询就是超越性咨询。”

马斯洛的这段话，说出了描述、转达和讨论高峰体验的困难。但是，马斯洛的担心也许是多余的。

高峰体验这一概念正在走出心理学的殿堂，开始进入到日常生活的领域。这个概念在中国也逐渐有越来越多的人开始使用。

例如，“星期天我去爬香山了，感觉棒极了，简直是高峰体验！”很可能你就会在什么时候，听到某一位朋友这样说。也许他并没有专门学习过心理学，只是偶然阅读过什么心理学的书籍。

人们对高峰体验这一概念的关注，反映了生活质量的提高。但是，这一概念并不是轻易就可以弄懂的，其原因在于，有这种体验的人还不是太多。但按照马斯洛的说法，一般一个人一生至少有一次。

所谓高峰体验并不限于指登山时产生的一种体验，尽管这种体验有可能在登上高峰时产生。这里的“高峰”，指的是人很少达到、超越自己平常情况的一种状态。正因如此，具有这种体验的人们当时常常有这样的感觉：“在某些方面好像摇身一变，成了另外一个人。”（马斯洛：《自我实现的人》，许金声等译，三联书店 1987 年版，第 273 页）

高峰体验显然是和人的最佳状态联系在一起的。马斯洛在多种著作里都提到高峰体验，从很多方面描述过这一概念。例如，他认为高峰体验是人“最美好的时刻”“令人心荡神游的时刻”“销魂夺魄的时刻”“最幸福的时刻”。至于这种体验的特征，他首先强调的是高峰体验的整体性和整合性的性质。例如，他在《高峰体验中的存在认知》一文中，从 19 个不同的角度描述了在高峰体验中的认知的特点，而被他列为第一的特点是整体性：

> “体验或者对象倾向于被看成是一个整体，一个完整的单位，超越了任何关系，任何可能的实用性、方便和目的。我们将它看成是宇宙中的一切，存在的一切，是宇宙的同义语。”（马斯洛：《自我实现的人》，许金声等译，三联书店 1987 年版，第 278 页）

又如，他在《高峰体验——强烈的同一体验》一文中，从 16 个不同的角度描述了高峰体验。整体性也是其中第一个特点：

> “处于高峰体验中的人有一种比其他任何时候更加整合（统一、完整、浑然一体）的自我感觉。旁观者从外部各个方面来观察，也可以得出同一印象。例如，他们更少分裂或者分离，更少内心冲突，对

自己更加心平气和，体验我与观察我之间更加一致，目标更加集中，更加协调有机化，自身各部分更加有效地组织起来良好地运作，更少内在的摩擦等等。”（马斯洛：《自我实现的人》，许金声等译，三联书店 1987 年版，第 257 页）

高峰体验这一特征，也许与它是一种同一性体验有关。所谓同一性体验，是指我们对某一对象认同时产生的体验。例如，我们认同某一个人，会产生爱的体验；认同一个团体，会产生归属这个团体的体验；认同一个国家，会产生爱国主义的体验。而马斯洛对高峰体验提出的要求是认同全部的存在或者说整个宇宙。抓住这一特征，我们可以区别高峰体验和其他一些体验。

2005 年我在北京林业大学上心理课，在引导学生放松约 6 分钟后，我用了这样的暗示语：“你回忆起了自己曾经经历过的最美好的体验，这体验是在大自然中旅游的时候，或者是在人际关系中，或者在欣赏艺术的时候产生的。”下面是几位学生书面的回忆：

一位学生写道：“大一的时候，夏天去北戴河旅游，我们踏海浪，踩沙滩，光着脚跑回住处，从没有这样疯狂地开心过，每餐都吃海鲜。晚上去沙滩散步，吹海风。细沙从脚趾缝中流过，像温柔的抚摩。我们随意购物、砍价，特别有成就感。总之，阳光、大海、沙滩，还有度假、爱情都是让我快乐的重要因素。”

这位学生所叙述的只是旅游时在大自然中的一些一般的快乐和美好体验，离马斯洛说的高峰体验的那种整合感还有一定的距离，也许还不能称为高峰体验。

又一位同学也写的是旅游的感受：“放松之后，我想到了登山看日出，当太阳一点、一点从云海中升起来的时候，心理也好像随着周围的光线一样慢慢亮起来，接着感到胸中有股气流在涌动，我不知道怎么样让自己平静下来，其他的感觉通通消失，既没有痛苦也没有快乐，只是感觉自己在膨胀，过了一阵子之后才体会到那种快乐，这种快乐在慢慢增加，渐渐扩大。”

这位同学谈到“感到胸中有股气流在涌动”，“感觉自己在膨胀”，“渐渐扩大”，这里有高峰体验的重要特征之一：能量的上升。但这位学生叙述的能量上升的强度和分量似乎还不够，也许只能够算“准高峰体验”吧。只有能量的上升达到足够的强度和分量，才能够产生融合感，以至于扩展为整合感，这样才接近马斯洛所的高峰体验。

又一位学生谈的是在人际关系中的体验：“我想到了和男友的第一次拥抱，这是我一生中最美好的记忆，时间似乎就在那一刻停滞，世界中只有我们两个。我回忆起那种感觉，他的体温，那么真切，我又感受到了那种温暖。”

这位学生谈到的虽然是一般的爱情体验，但她写道：“时间似乎就在那一刻停滞……”也有一些高峰体验的元素。马斯洛说，“在我所研究的高峰体验中，可以看到一种时空莫辨的特征。在这样的时刻，人在主观上已经脱离了时空。在创造的迷狂中，诗人或者艺术家全然没有意识到他周围的环境以及时间的流逝。当他如梦初醒时，他绝不可能判断到底逝去了多少时光。他经常不得不摇摇头，好像刚刚从迷乱中清醒一样，现在必须重新找到自己的位置。”（马斯洛：《自我实现的人》，许金声等译，三联书店 1987 年版，第 289 页）高峰体验有可能是在人际关系体验中发生的，但这位学生在回忆“那种感觉”时，强调的只是“体温”“真切”“温暖”，尽管也有关于时间的异样的感觉，但并没有认同整个世界的感觉，似乎仍然不算是马斯洛意义上的高峰体验，只是归属需要和性爱需要得到满足时的一种状态。

人们当然可以在不同的层次上使用“高峰体验”这一词语，人生的确有不少健康的、积极的体验。我们强调马斯洛原意的目的在于，高峰体验是一个极有价值的概念，它可以表达超出人的身体健康和心理健康之上的灵性健康，传达出人之所以为人最闪光的性质，也为人的潜能的充分发挥提供一个参照系。如果一个人有过高峰体验，就意味着他多少有灵性的开发。如果我们身体和心理都健康，同时也有过高峰体验，就多少算是具有“身、心、灵”大健康。正如马斯洛所论述的，高峰体验是一种超越性体验。高峰体验意味着一种对自我的超越。但由于高峰体验主要是一种主体性的体验，我认为可以说至少在高峰体验的时刻，个体进入了自我超越需要的满足。由于大我实现是一种更加圆满的主体间性，或者个体与环境的圆满的互动，所以高峰体验应该与大我实现有别。

肯·威尔伯在《没有疆界》一书中提供的关于一体意识的一个例子，也可以用来说明高峰体验的整合性和整体性：

> “街道上的尘土、石头都如黄金一般贵重，世界的最初就是它的最终。当我透过一扇门初次看见那些绿树的时候，我感到欣喜若狂、心醉神迷……在街头奔走嬉笑的小伙子和姑娘洋溢着青春活力，弥足珍贵。……芸芸众生都各得其所、天长地久地生存。在阳光下，永恒清清楚楚地显现出来……街道属于我，神庙属于我，人群属于我，天空属于我，太阳、月亮、星星，整个宇宙都属于我，我是其中的观赏者，陶醉于其中。我不在意那些烦琐的条条框框，不在意什么是边界，什么是疆界……”（肯·威尔伯：《没有疆界》，许金声译，中国人民大学出版社 2012 年版，第 1 页）

这个例子当然不能够概括高峰体验所有的特征，高峰体验是丰富多彩的。但在高峰体验中，人之所以有最广阔的认同范围，是因为高峰体验往往和终极关切联系在一起的。在上面的描述中，我们可以看到，这位高峰体验的描述者对“芸芸众生”以及“整个宇宙”都是认同的。“街道上的尘土、石头都如黄金一般贵重”，人一般只有在进入终极关切状态后，才会有这样的心态和接纳精神。

如何才能够产生高峰体验？

尽管高峰体验常常不期而至，在一定程度上也是可以创造条件的。马斯洛说：“高峰体验是自我实现的短暂时刻，是一些心醉神迷的时刻。这种时刻是不可能买到、不可能保证，甚至是不可能有意寻求的。你只可能像 C.S. 刘易斯所说的那样‘喜出望外’。不过，一个人可以创造条件，使高峰体验更可能发生，也可以固执地设置障碍，使它出现的可能性减少。破除一种错觉，摆脱一种虚假的观念、了解自己不擅长什么，知道自己没有哪种潜能，这样做也是在发现自己到底是什么。”（马斯洛：《自我实现的人》，许金声等译，三联书店 1987 年版，第 120 页）

所谓“一个人可以创造条件，使高峰体验更可能发生”，这些条件可以有哪些呢?

我自己也有过一些高峰体验甚至神秘体验，根据我的体会，以及对马斯洛等人的研究的体会，至少有以下一些途径容易产生高峰体验：

1. 真诚地面对自己，面对自己真实的自我；对待人生，经常应该有终极关切状态。也就是说，要经常问自己从哪里来，向哪里去，或者类似的问题。

2. 真诚地对待人生，就可以不怕挫折，在生活中不断地聚积能量，就具有在尽量大的范围内产生同一性的内在条件。高峰体验也可以说是一种意义感的高涨和能量爆发。

3. 开放自己的心灵去感受大自然与艺术。在这种感受中，你又会有新的能量积聚。当你对待人生已经足够真诚，能量的积聚已经充足之后，高峰体验常常会不期而遇。

4. 著名诗人纪伯伦说：“灵魂是火焰，其灰烬是肉体。”当一个人有勇气彻底燃烧自己，他就有可能“凤凰涅槃”，产生高峰体验或者说巅峰体验。

从全人需要层次论看，如果把人生比作登高，对于攀登人生的最高境界，高峰体验可以看成一种向巅峰的冲击。当然，有高峰体验并不等于终极的大我实现需要的满足，大我实现需要的满足，还具有诸多条件，但有了高峰体验之后，至少大我实现就增加了可能性。

第七章 “大健康”与“亚健康”

一、从“亚健康”到“大健康”

我主张的健康，是“全人身心灵大健康”，其主要内容包括：

所谓“大健康”，是指身体健康、心理健康、灵性健康三方面整合的状态。“大健康”是一种理想的状态，在这种状态下，人能够地接受适当的挑战，并且战胜这些挑战，不断地发挥潜能，不断地成长，不断地有所创新和创造。这样，人就能够过一种最为丰盛的、充实的人生。

身体方面的健康问题大家都很熟悉，就是指身体方面的疾病不断，主要是由医生来解决这些问题。

心理方面的健康问题，是指心理情结、心理障碍、心理疾病，主要是由心理咨询师、精神病医生来解决这些问题。

灵性方面的健康问题，是指潜能的深度开发和发挥。随着潜能的充分开发和发挥，我们不仅能体验到生活的幸福感，而且能更多体验到生命的充实感、完满感、丰盛感、丰富感等，在以前，它们主要是通过哲学，或者与哲学有关的修养、静修来达到。

要做到身体、心理、灵性三方面都健康，并不是一件容易的事情，大多数人都或多或少在某一个方面有问题，也就是说，至少有一个方面不健康。这三个方面是相互影响的，在一定情况下可以互相转化。例如，在长期患病以后，容易产生抑郁情绪，这是身体健康对心理的影响；在经历一场灾难后如果不能够大哭一场，皮肤就容易生疹子，人的心理长期有负面情绪，就容易得各种各样的疾病，这是心理健康对身体的影响。

身、心、灵的大健康观一方面对人生的质量提出了更高的要求，有更高的健康标准，另一方面把一些习以为常，但并不令人满意的状态看成“亚健康”状态。

所谓“亚健康”，一般是指介于健康与疾病之间的边缘状态，无器质性病变，但功能性不足。在这种状态下，人仍然能正常地生活，但却有明显的不自在、不满意的感觉。亚健康状态并不是人们所希望的，但由于它并不影响人们维持日常的生存，所以也不会引起充分注意，人们往往也就没有强烈的动机去改变它。但是，要进入大健康状态，却需要超越亚健康。

大健康观念提高了健康的标准，也扩大了亚健康的范围。从大健康的角度，三种健康缺一不可，在大健康之外，有不少状态都可以称为“亚健康”，这些状态情况各异、程度不一。亚健康具体有哪些呢？

（一）精力不充沛，容易感到疲劳，容易患感冒，稍微运动则出虚汗，食欲不振，经常失眠或者睡眠质量不好，健忘，经常闹一些小毛病，甚至有一定性功能障碍等。

（二）有明显的不正常的强迫倾向。例如，经常控制不住自己不断地洗手，爱干净爱到反常的程度。如果这些行为已经影响到了自己的日常生活，就是心理疾病状态了。

（三）有明显的不正常的抑郁倾向。经常感到心情不好，情绪波动大，心理脆弱，经不起挫折，不想与人交往。如果这些情况已经影响到了自己的日常生活，就是心理疾病状态了。

（四）有明显的不正常的恐惧倾向。例如，一见陌生人就脸红，在公共场合或者对特定的人讲话紧张、出汗、哆嗦等。如果这些行为已经影响到了自己的日常生活，就是心理疾病状态了。

（五）经常有明显的其他负面情绪。这些情绪包括焦虑、紧张、抑郁、愤怒、委屈、内疚等。偶尔有一些负面情绪都是正常的。如果这些负面情绪频繁出现，那就有问题了。如果这些负面情绪已经影响到了自己的日常生活，就是心理疾病状态了。

（六）纯粹是为了寻求刺激，或者是为了赌博，长久地沉溺于玩游戏机、打麻将等行为。玩过之后，不是精力的恢复，而是更加疲惫和麻木不仁。追求刺激、沉溺的另外一种表现是热衷于谈恋爱，谈了一个又一个，用此来证明自己的价值。

（七）无论是在工作中，还是在生活中，经常有无聊、无意义的感觉。长时间地处于无所适从、无所事事的状态，做什么都很难提起精神、激起兴趣，做什么都容易觉得麻烦，喜欢睡懒觉。在空闲时，看一些无聊的电视剧，一混就是半天。

（八）过分的“善适应”状态。毫无疑问，适应环境是非常重要的，但正是由于适应的重要性，使一些人忘记了适应本身不是目的，而只是手段，人适应环境的目的是为了成长。在现实中，不难看到这样的人，他们过多地把精力消耗在人际关系中，一味地讲究适应，而不是创造性地影响环境。他们在人际关系的周旋中，丧失了个性。一些被称为“老油条”“滑头”的人，就属于这种情况。他们津津乐道于拉关系、钻空子，却又不愿意承担责任。还有一些人缺乏骨气，完全被人际关系所支配，没有独立人格的人，也是这种状态。

（九）缺乏好奇心、求知欲。对于有关人生意义、宇宙真谛等问题没有兴趣。这种人常常借口讲求实际，说"不谈虚的"。如果你想谈这些话题，他们可能会问："关心这些有什么用啊？"或者说："我没有悟性，那是哲学家的事情……"这些人的误区在于给自己设立限制。如果你提出一个兴致勃勃的计划，他们常常给你泼凉水："那有什么用啊！"他们对"高峰体验""灵感体验"等概念没有什么感觉，也没有什么兴趣。对于所有这些现象，他们抱一种封闭的心态，甚至只是简单贴上"幻觉""不科学""伪科学""魔术"等标签。或者只是公式般地简单强调："这不科学！""这不符合唯物主义！""这不符合什么、什么……"马斯洛对于这些情况有两个概念来概括：一个是"低俗化"，一个是"约拿情结"。所谓"低俗化"，是指把高级的神圣的东西还原为低级的平庸的东西。人的需要的满足不是向上发展，而是停留在较低的阶段，让需要的满足横向发展。所谓"约拿情结"是指逃避神圣、崇高的一种倾向。这样一些人的人生至少缺乏意义感、丰富感。

（十）对于美、艺术、大自然等感觉迟钝，体会不到美感，或者感觉十分淡漠。这一条看起来似乎要求太高，其实，所谓觉得"太高"，只是没有认识到甚至隔离了自己的潜能而已。人能达到的高度和丰富程度本来就是难以估量的。至于艺术创作和写诗，我们常常会听见人说："我没有这个细胞，那是艺术家和诗人的事情。""我这个人追求实在，不搞这些。"这些说法，都是一种遁词，是一种自我设限和贬低。其实每个人都有创造艺术和写诗的潜能，开发出这些潜能，人生就会多一些意义感、丰富感，这与当不当艺术家、诗人不是一回事情。就算不能够创造艺术、写诗，当面对美的事物的时候，至少要有诗意，乐于欣赏。这种人或者对旅游兴趣淡漠，或者即使也偶然旅游，却不能够深度地欣赏大自然。他们如果到了什么名胜古迹，一般就像完成了一个什么任务而已，谈不上尽兴，也谈不上什么超越性的体验以及高峰体验。要改变这些情况，人生才会有意义感、丰富感。

以上这些亚健康状态。其中（一）主要是指身体健康;（二）（三）（四）（五）（六）（七）（八）主要是指心理健康；值得注意的是，（九）（十）主要是指灵性健康。（九）（十）的情况，在以前是不被认为有健康问题的，“大健康”的概念提出后，如果显示有（九）（十）的情况，也可以被认为是“亚健康”。属于（九）（十）的人，如果对他们进行，问：“你感到幸福吗？”他们有可能做肯定的回答。其实，即使他们有一定的“幸福感”，但谈不上“意义感”“丰富感”。

从对“大健康”的追求来看，你的健康情况如何呢？可以比照一下上述十条。按照“大健康”的要求，其中一条有问题，你都没有完全达到“大健康”，还有一定的“亚健康”状态。

缺乏灵性健康的表现之一就是从来没有过超越性体验以及高峰体验。

人们会有这样的问题：一些诗人、艺术家写了那么多诗歌，创作了那么多的艺术品，他们都具有灵性健康吗？

灵感、灵性、灵性健康，三者具有关联，但并不能够画等号。艺术创作需要灵感，灵感的迸发常常来自灵性，但并不总是来自灵性。有灵性也并不意味着有灵性健康。一个人有持久的灵性以及灵性状态，才能够算有灵性健康。

艺术品和灵感、灵性、灵性健康之间不能够画等号。好的艺术品都需要灵感，但并不意味着灵性、灵性健康的开发与发挥。例如，我们从一些工笔画、行画以及流行音乐中，就较难看到灵性和灵性健康。

世界卫生组织曾经搞过一个全球性调查，结论是75%的人都处于亚健康状态。考虑到这项调查主要是针对身体和部分心理，不包括上述（九）（十）的情况，可以说亚健康状态的人所占的比例还要更高，绝大多数的人都处于亚健康状态。

“大健康”问题的提出，是为了适应人类需要满足水平的不断提高的现实。大健康问题，在很大程度上就是需要满足的问题，也就是人类如何有更加完满的、丰富的生活的问题。

二、“灵性健康”与“超越性病态”

要理解什么是灵性健康，我们还可以从理解马斯洛在晚期提出的一些概念入手。这些概念是：“超越性需要”（mataneeds）、“超越性价值”（matavalues）和“超越性病态”（matapathologies）等。关于这些概念，这里只是先简单涉及，以后还将详细讨论。

所谓“超越性需要”，是指人从生理需要、安全需要、归属需要、自尊需要、自我实现需要满足之后出现的需要，它超出了日常生活的一般需要，是人的潜能的深度开发和发挥的需要。

所谓“超越性价值”，是对于超越性需要追求以及得到满足时产生的价值。

如果“超越性需要”和“超越性价值”没有得到满足，就会出现“超越性病态”。所谓“超越性病态”是指当人的基本需要得到满足后，人的需要的满足没有继续向更高的层次发展，向精神的深度发展，这样就会产生无意义感、无聊感、枯燥感、空虚感等感觉。如果经常有这些感觉，就是处于“超越性病态”。

“超越性病态”之所以会出现，其原因之一在于，人的基本需要的满足对超越性需要的出现只是一个必要条件，而不是充分条件。

马斯洛指出：“一般说来，这些问题多少世纪以来一直是由宗教学家、史学家和哲学家把它作为精神上的或者宗教上的缺陷来探讨的，而不是由生理学家、科学家或者心理学家作为精神病上的、心理上的或者生理上的‘病态’、发育不全或者萎缩来研究的。”（马斯洛：《人性发展能达到的境界》，转引自林方主编：《人的潜能和价值》，华夏出版社 1987 年版，第 219 页）

当代社会，超越性的问题开始得到科学乃至心理学的重视，无疑是社会的一种进步。马斯洛进而把“超越性病态”理解为“心理上的或者生理上的‘病态’、发育不全或者萎缩”。也就是说，“超越性病态”可以看成是没有达到大健康的一种亚健康状态。

“超越性病态”或者说灵性的亚健康状态常常通过心理情结和心理障碍表现出来。

关于阻碍人达到灵性健康的心理障碍，或者说“超越性病态”，马斯洛提出的“约拿情结”这一概念具有深远意义。这个概念的主要含义是：人不仅害怕自己丑恶的、渺小的东西，也害怕自己美好的、神圣的东西。如果有人在前八个方面都是健康的，但没有后两个方面的健康，仍然不算真正的健康。只有同时具备了后两方面的健康，才能够打破循环，走向全面健康。

第二部分　自我实现的路线：马斯洛需要层次论

第一章　马斯洛需要层次论为什么重要?

马斯洛需要层次论有什么重要性？为什么它应该得到高度重视？如何全面地、准确地理解马斯洛需要层次论？它的这一理论在当今还可以有什么样的创造性的发展？

马斯洛（1908—1970）是当代最伟大的心理学家之一，曾当选美国心理学会主席。他是人本心理学的奠基者之一，有“人本心理学之父”之称。马斯洛留下的心理学遗产非常丰富，但论影响，他的需要层次论当属最大。需要层次论可以说是在心理学领域中，对于社会影响最深远、应用范围最大的理论之一，它被广泛地运用于心理咨询、管理、教育等诸多方面，至今有增无减。这一理论在价值观、人生观、世界观等方面，还有着更重要的意义。也就是说，如果对它进行创造性的发展，它可以回答当今世界在价值观、人生观、幸福观以及信仰方面的一些难题。

本书的宗旨，正是在马斯洛需要层次论的基础上，发展出“全人需要层次论”，并且对“大我实现”这一人类个体的终极价值和意义进行探讨。

关于马斯洛需要层次论的重要意义，甚至超个人心理学、整合学大师肯·威尔伯都没有充分认识到。从肯·威尔伯的整合学的视野来看，在心理学领域，迄今已经有诸多发展和成长的路线、模式或者模型，马斯洛的需要层次论不过是其中之一。

需要层次论是一种关于人的成长和发展的路线、模式或者模型。

关于人的成长、发展的路线、模式或者模型，肯·威尔伯在《灵性的觉醒》一书中列出了十种，为了读者阅读方便，把它做成了表格。发展路线及对应的人生问题和典型研究者见下表：

	路线	人生问题	典型研究者
1	认知	我知道什么？	皮亚杰·基根
2	自我	我是谁？	洛文杰
3	价值	什么对我重要？	格雷夫斯； 斯皮尔·戴拿米
4	道德	我应该做什么？	科尔伯格
5	人际	我们应该如何交往？	塞尔曼；佩里
6	灵性	终极关怀是什么？	福勒
7	需要	我需要什么？	马斯洛
8	运动	我应该如何用身体做到这件事？	加德纳
9	情感	我对此感觉如何？	高曼
10	美学	什么对我有魅力？	豪森

（参阅肯·威尔伯:《灵性的觉醒》，金凡译，中国文联出版社 2015 年版，第 66 页）

它们彼此关系如何？有没有更基本的路线呢？

肯·威尔伯提出："多数发展学家接受的理论认为，认知路线是基本标准，因为在所有的路线中，似乎只有它具有某种机制使它和其他机制联系起来。"（肯·威尔伯：《灵性的觉醒》，金凡译，中国文联出版社 2015 年版，第 70 页）

肯·威尔伯也是持有这个观点的。他为此论证说："你完全可能认知路线高度发展，道德路线发展很低（非常聪明，但是非常不道德：纳粹医生），但没有发现相反情况（智商低，道德高）。"（肯·威尔伯：《灵性的觉醒》，金凡译，中国文联出版社 2015 年版，第 70 页）

对于这一看法，我是不同意的。我认为，需要层次路线，才是更基本的路线。这里的"需要"是马斯洛需要层次理论意义上的"需要"，而不是一般的需要，更不是大多数人使用的"动机"。

如果说，一个人的需要满足水平很高，例如大我实现需要占优势，那么，他的认知水平，"我知道什么"也很高。此外，他的自我水平，即"我是谁"；价值水平，即"什么对我重要"；道德水平，即"我应该做什么"；人际关系水平，即"我们应该如何交往"；灵性水平，即"终极关怀是什么"；运动水平，即"我应该如何用身体做到这件事"；情感水平，即"我对此感觉如何"；美学水平，即"什么对我有魅力"等等。——所有这些路线的发展，都应该处于高水平。从我的人格三要素理论看，在高级需要满足阶段，人们的智慧力、情感力、意志力都必须处于高度发达和发挥状态。

肯·威尔伯还认为，认知路线是其他路线的必要不充分条件。他说："认知路线成为其他路线的必要不充分条件的主要原因就是：为了改变、感觉、认同或者需要某物，我们必须首先意识到它。"（肯·威尔伯：《灵性的觉醒》，金凡译，中国文联出版社 2015 年版，第 71 页）

肯·威尔伯说："为了改变、感觉、认同或者需要某物，我们必须首先意识到它。"这句话有一些似是而非。这样说应该更加准确：我们活在世界上，不可避免地要与万事万物发生联系。如果我们要对万事万物具有一定的立场、态度，才可以说“必须首先意识到它”。——肯·威尔伯在这里犯了一个明显的错误。其错误在于：我们能否意识到某物，如何意识到，这并不是首先由我们的认知所决定的。我们的意识指向、意识活动，包括认知，首先是要受潜意识影响的，其中最重要的是需要满足状况。（参阅本书第二部分第四章“什么是‘基本需要’？”）

马斯洛引证了弗洛伊德的观点：“与这个问题相关联的，是现实对于无意识冲动的影响。在弗洛伊德看来，一个本我冲动（idimpulse）是一种分离的存在，与世界上任何其他事物都没有内在的联系，甚至与其他本我冲动也没有联系。”正如弗洛伊德认为，潜意识处于心理结构的最底层，是一切原始欲望的策源地，也是心理系统最根本的动力。我们可以用意象来近似地说明本我，我们称它为一种混乱的状况，就像一口充满了沸腾着兴奋物（excitations）的大锅……这些本能给本我以能量。但本我没有组织，没有统一的意志，只有遵循快乐原则的追求本能需要的满足的冲动。逻辑规律——首先是矛盾律——不适合本我的进程。相互矛盾的冲动并列存在，并不相互抵消或者分离，最多它们只是在强大的经济法则下折衷地联合起来，释放它们的能量。绝不能将本我比作虚无，并且我们惊异地发现，本我还违背了哲学家们的断言，即，时间和空间是我们心理活动的必要形式……很自然，本我不懂得价值、善恶、道德。与快乐原则非常紧密相连的经济或数量的因素控制了本我的全部进程。本能的精力投入寻求发泄，——按我们的观点，这就是本我的全部内涵。”（弗洛伊德：《新心理分析引论》，1933 版，第 103—105 页，转引自马斯洛：《动机与人格》，许金声等译，中国人民大学出版社 2007 年版，第 15 页）

弗洛伊德说的“本我”，可以理解为一种总体的需要满足（或者未满足）状态。这种状态在现实生活中，必然呈现出来，它被意识到或者没有被意识到，它都首先呈现为需要层次系列上的需要。

马斯洛雄辩地指出：“毋庸置疑，这些生理需要在所有需要中占绝对优势。具体说，假如一个人在生活中所有需要都没有得到满足，那么是生理需要而不是其他需要最有可能成为他的主要动机。一个同时缺乏食物、安全、爱和尊重的人，对于食物的渴望可能最为强烈。如果所有的需要都没有得到满足，并且机体因此而受生理需要的主宰，那么，其他需要可能变得似乎全然消失，或者退居幕后。”（马斯洛：《动机与人格》，许金声等译，中国人民大学出版社 2007 年版，第 5 页）

在人类心理的动力结构理论方面，马斯洛需要层次理论是论述最好的之一。马斯洛需要层次论把需要满足状态置于一个基础地位。需要的满足状态意味着，我们生存在世界上，此时此刻我们的一种先在的状态。这种状态决定了我们与这个世界的关系。需要，以及需要的满足是最基本的人类活动，它影响人的全部活动，包括知情意的全部活动。马斯洛为此论证：需要的存在，意味着“个人是一个一体化的、有组织的整体。”（马斯洛：《动机与人格》，许金声等译，中国人民大学出版社 2007 年版，第 4 页）

马斯洛进一步以对于食物的需要为例：“当一个人感到饥饿时，他不仅在肠胃功能方面有所变化，而且在许多方面，或许甚至在他所具有的大部分功能方面都有所变化。他的感知改变了（他会比其他时候更容易发现食物）。他的记忆改变了（他会比其他时候更容易回忆起一顿美餐）。他的情绪改变了（他比其他时候更紧张、激动）。他思想活动的内容改变了（他更倾向于考虑获得食物，而不是解一道代数题）。这些现象可以扩展到生理和心理方面的所有其他的官能（faculty）、能力（capacity）和功能（function）。换句话说，当约翰·史密斯感到饥饿时，他被饥饿所主宰，他是一个不同于其他时刻的人。”（马斯洛：《动机与人格》，许金声等译，中国人民大学出版社 2007 年版，第 4 页）

马斯洛需要层次理论（以及全人需要层次论）意义上的需要满足层次，应该是一种更基本的路线。在不同的需要满足层次上，我们有不同的意识状态，包括认知状态。肯·威尔伯在上述表格中所说的“需要”，实际上相当于现实生活中的“动机”。马斯洛需要层次理论（以及全人需要层次论）意义上的“需要”，是有特定的含义的，不应该从日常的角度来理解，也不应该理解为“动机”。

马斯洛需要层次理论（以及全人需要层次论）意义上的需要，是指基本需要。它的一个基本性质可以称为“类本能”。

“类本能”的概念与荣格的“原型”的概念有什么关系？有什么相同和区别？对于这些问题，还有待深入研究，这里暂时不谈。

第二章　如何更客观、全面地评价马斯洛需要层次论？

早在我国春秋时期，辅佐齐桓公的管仲就提出了“仓廪实而知礼节，衣食足而知荣辱”的思想。这一思想，已经具有现代马斯洛需要层次理论的一些元素。但这只是管仲对管理国家，对社会和人民生活的一种观察和洞见，它与有着一定心理科学依据的马斯洛的需要层次论是不同的。

马斯洛认为，他的需要层次论“最主要是由临床经验直接导出的。……这个理论符合詹姆士（James）和杜威（Dewey）的机能主义传统，并且与韦特海默（Wertheimer）、戈尔茨坦（Goldstein）和格式塔心理学的整体论，以及弗洛伊德（Freud）、弗洛姆（Fromm）、霍妮（Horney）、赖希（Reich）、荣格（Jung）和阿德勒（Adler）的心理动力学相融合。这种融合或综合可以称为整体动力理论。”（马斯洛《动机与人格》，许金声等译，中国人民大学出版社 2007 年版，第 18 页）

自从马斯洛需要层次论提出以后，一方面不断得到引用、引证、应用，另一方面也不断遭到各种各样的批评。尽管有的批评者试图提出更好更完整的需要理论，但迄今仍没有一种需要理论能够取代它的位置。可以说，马斯洛需要层次论是一个已经经历了一定时间的考验、具有相当重要价值的心理学理论。

如何看待马斯洛需要层次论？站在不同的立场上，有不同看法。例如，从传统的实验心理学的立场，或者行为主义心理学的立场，会认为他的理论缺乏精确性和可验证性，不是心理学，而是一种哲学。

美国心理学家雷克曼（Richard M. Ryckman，1937—2017）是著名美

国心理学教科书《人格理论》的作者，他的这本书，在美国一共出了 9 版。他在此书中提出了一个“对科学的理论进行评判的标准”，他一共提出了六条标准或者六个维度。他所提出的标准也适用于衡量人格理论。

这六条标准或者六个维度是：

（1）涵盖面（comprehensiveness）。它是指一个人格理论能够在多大范围内解释有关人的事实、现象以及有关资料、数据。例如，一个能够解释成熟和浪漫(不成熟)爱情的理论,优于那些仅仅能够解释浪漫爱情的理论。

（2）精确性（precision）和可验证性（testability）。它是指一个好的人格理论所提出的概念的定义应该具有相当的清晰度和精确度，容易测量，容易得到验证，否则，它会减少科学家之间进行有效交流的机会。

（3）简约性（parsimony）。它是指一个好的人格理论应该只包括那些在这一领域内所解释现象必要的概念、相关论述和假设等。或者说，好的理论应该以尽量少的概念和尽量简约的方法来解释各种不同的现象，把不必要的重复、自相矛盾减少到最低限度。

（4）实证效度（empiricalvalidity）。它是指一个好的人格理论应该具有实证效度，它必须要有数据的支持。也就是说，它必须在实践中得到证实。好的人格理论应该对人的行为具有预测力。

（5）启发价值（heuristicvalues）。它是指一个好的人格理论应该具有启发性，能够激励、推动研究者做进一步的推理和研究，进而产生一些新的成果。

（6）实用价值（appliedvalues）。它是指一个好的人格理论应该得到实际的应用，对人们所关心的问题能够提出创造性的解决方案。或者说，能够直接或者间接地带来一定效益。

（参阅美国雷克曼《人格理论》（*Theories of Personality*）第 8 版，高峰强等译，陕西师大出版社 2005 年版，第 10—11 页）

这六条标准或者六个维度是一个可以参考的思想方法，启示我们如何评价一种理论，以及使一种理论更加完善。

如果用这六条标准来衡量，马斯洛需要层次论在精确性和可验证性、实证效度方面的确有明显的不足，尤其是精确性和可验证性方面，但这很大程度上是由他研究的主题决定的。对于人的动力结构的研究，应该有与传统科学研究范式不同的标准。马斯洛需要层次论在启发价值、实用价值、简约性、涵盖面等方面的优点是相当突出的。相对于同一领域的其他理论，具有不可替代的价值。

马斯洛需要层次论还可以按照以上六条标准的要求进一步改进。在这里，我仅准备就马斯洛需要层次论中一些重要的、但不够清晰的地方做一些探讨。为了把问题说得更清楚，我尝试运用诠释学的一些方法。

按照学者傅伟勋的说法，创造性的诠释学认为诠释可以分为五个层次。第一是“实谓”层次，即原典实际上说了什么话，为诠释的展开提供较为真实可靠的材料。第二是“意谓”层次，即原典想要表达的是什么（或它所说的意思到底是什么），通过语义澄清、脉络分析、前后文意的贯通、时代背景的考察等功夫。尽量“客观忠实地”了解并诠释原典的意思，探问其意向、意指如何。第三是“蕴谓”层次，即考究原思想家可能要说什么（或他所说的可能蕴含的是什么）。这一层面已跳出文本本身，而进入所谓“历史意识”的领域。第四是“应谓”层次，即追究原思想家本来应当说些什么（或诠释者应当为原思想家说出什么）。到这一层面。诠释者的洞见和诠释的力度已完全穿透了原有思想结构的表层，而掘发出更为深刻的内涵，从中显现出最有诠释理据或强度的深层意蕴和根本义理。第五是“必谓”层次，即思虑原思想家现在必须说出什么（或为了解决原思想家未能完成的思想课题，诠释者现在必须践行什么）。“必谓”层次最能体现诠释学的创造。（参阅《全人心理学丛书》之《通心的理论与方法》）

第三章　马斯洛的需要层次论缺乏精确性吗?

对于马斯洛需要层次论，一个最常见的批评，就是认为它缺乏精确性。

有的文献批评马斯洛，说马斯洛没有指出低一层的需要究竟要满足多少，高一层的需要才能够出现。例如，美国心理学家理查德·里赫曼就认为："在下一个较高的需要出现之前，一个人必须体验到多少满足，马斯洛对此缺乏精确的说明。"（理查德·里赫曼：《人格理论》第 8 版，高峰强等译，陕西师范大学出版社 2005 年版，第 243 页）

关于需要与需要之间满足的互相影响，马斯洛曾经明确指出，优势需要的更替取决于很多因素。其中，需要层次中的其他需要的满足状况仅仅是其中一个因素。

我们在引证马斯洛的一段话："关于一个新的需要在优势需要满足后出现这一观念，这种出现并不是一种突然的、跳跃的现象，而是缓慢地从无逐渐到有。例如，如果优势需要 A 仅满足了 10%，那么需要 B 可能还杳无踪影。然而，当需要 A 得到 25% 的满足时，需要 B 可能显露出 5%；当需要 A 满足了 75% 时，需要 B 也许显露出 50%，等等。"在需要层次系列中的需要与需要之间的关系，之所以会这样，正是由于人的行为决定于很多因素，需要满足状况只是其中一种。

再从马斯洛"类本能"这一概念来看，正是由于基本需要的性质是类本能的，它们在满足的过程中尽管有先天的一些遗传因素，但更受诸多后天因素的影响。这些影响分为两类，一类是家庭、社会，一类是自身的努力。正因为如此，需要的满足具有极大的可塑性。所谓"在下一个较高的需要出现之前，一个人必须体验到多少满足"，这种说法本身就是错误的。它隐含着这样一个前提：优势需要的更替只取决于一种因素，就是前一种较低的需要的满足状况。或者说，如果我们把优势需要的更替看成"函数"，它的"因变量"只有一个，即前一种需要满足的情况。其实并不是这样。新的优势的需要的出现，取决于很多因素，前一种需要满足的情况，只是其中一种。也就是说，即使能够精确地说明一个人"体验到多少满足"，我们还是无法预知下一个较高的需要什么时候出现。

正是在《动机与人格》的第二章，马斯洛又接着讨论了"需要层次中的例外"的情况。他列举了诸多例外的情况。我所提出的"人格三要素"理论，可以用来解释需要满足上升的个体心理素质因素。该理论认为，人的智慧力、情感力、意志力是三种基础的能力素质，它们的存在和表达对人的需要的满足具有重大影响。简单说，一个人的三种人格力越是强大，对人的需要满足状态的影响就是越大。例如，在相同的环境条件下，一个人的人格力越强，就越是能够超越低级需要的匮乏追求高级需要。（参阅《全人心理学丛书》之《人格三要素》）从人格三要素理论，可以很好地解释只是单纯的马斯洛需要层次理论所不能够解释的情况。

马斯洛指出："对于有些人来说，自尊似乎就比爱（归属）更重要。层次序列中的这种最普通的等级颠倒通常起因于这样一种观念的发展：最有可能获得爱的人是一些意志坚定的人或者有权威的人，他们令人尊敬或者敬畏，他们充满自信或者敢作敢为。因此，缺乏爱并且寻求爱的人可能竭力表现得具有进攻性和自信心。然而实质上，他们寻求高度的自尊以及自尊在行为上的表现方式与其说是为了自尊本身，不如说是将它作为达到一种目的的手段，他们的自我表现（self-assertion）是为了爱，而不是自尊本身。"（马斯洛：《动机与人格》，许金声等译，中国人民大学出版社2007年版，第34页）

马斯洛所说的这些"意志坚定""充满自信""敢作敢为"等的人，他们更能够超越爱的匮乏而追求自尊。这些人，也是意志力强大的人。

正如马斯洛所说："一些显然是天生具有创造性的人，他们的创造驱力似乎比其他任何一种反向决定因素（counter-determinant）都重要。他们的创造性的出现不是作为由于基本需要的满足释放出的自我实现，而是作为不顾基本需要满足的匮乏的自我实现。"（马斯洛：《动机与人格》，许金声等译，中国人民大学出版社2007年版，第34页）

马斯洛所说的这些"天生具有创造性的人"，可以归为智慧力强大的人。当然，智慧力，乃至意志力、情感力的强大，除了先天的因素外，还有后天的因素。

马斯洛指出：有一些人具有高尚的社会准则和价值观。他们"会成为殉道者，他们为追求某个理想或价值可以放弃一切"。他们"对于不同意见或者对立观点能够泰然处之，他们能够抗拒公众舆论的潮流，能够为坚持真理而付出个人的巨大代价"……（马斯洛：《动机与人格》，许金声等

译，中国人民大学出版社 2007 年版，第 35 页）

马斯洛所说的这些人，显然具有突出的情感力、意志力，甚至包括智慧力。

马斯洛指出："有一些人的志向水平可能永远处于压低或者压抑状态，也就是说，在层次序列中占劣势的目标可能干脆被丢失，并且可能永远消失，结果，这个在一种很低的生活水平上度日（如长期失业）的人，可能在余生中继续仅仅满足于获取足够的食物。"（马斯洛：《动机与人格》，许金声等译，中国人民大学出版社 2007 年版，第 35 页）

"所谓心理变态人格是永久丧失爱的需要的另一个例证。根据掌握的很多材料来看，这些人从生命的头几个月开始就缺乏爱的哺育，现在已经永远丧失了爱的需要和给予爱的能力以及接受感情的能力（就像动物因出生后并未立即锻炼而丧失了吸吮或者啄食的反应能力一样）。"（马斯洛：《动机与人格》，许金声等译，中国人民大学出版社 2007 年版，第 35 页）

马斯洛所说的这两种情况，都是属于后天造成的心理病态。马斯洛说"永远丧失"，也未必。它们都是可以改变的。在我的心理咨询、心理治疗或者说"通心辅导"的实践中，遇见过许多这样的案例。经过调整，他们的情况可以大大改变。从人格三要素理论来看，他们的三种人格力处于比较低的水平。

接下来，马斯洛在第三章《基本需要的满足》中，又说道：

> "满足理论明显地是一个特殊的、有限的或不完整的理论。它不能单独存在，不具有独立的合理性。至少，只有与下列理论结合，它才可能是合理的：挫折理论；学习理论；神经症理论；心理健康理论；价值理论；约束理论；等等。"（马斯洛：《动机与人格》，许金声等译，中国人民大学出版社 2007 年版，第 42 页）

我所提出的"人格三要素"理论与上述六种理论都有一定关系。这六种理论都不可避免地要涉及人的素质问题，而"智慧力""情感力""意志力”是人的基础心理素质。所以，马斯洛说，需要满足理论需要有这六方面的结合，我们可以简单地用人格三要素理论来替代这六种理论，把人格三要素作为影响需要满足、上升的主体因素。（参阅《全人心理学丛书》之《人格三要素》）

第四章　什么是“基本需要”？

这些不清晰与错误观点来源于一些人可能没有深入地研究马斯洛的原著，部分来源于马斯洛的论述本身就有不足和模糊之处。在我们力图推陈出新，提出“全人需要层次论”之前，必须对他的这一理论的一些关键部分进行梳理。

首先，我们来看看什么是“基本需要（basic needs）”。

马斯洛需要层次论中的“需要”，是什么意义上的“需要”？它具有什么特殊的含义呢？

在现实生活中，人们有这样、那样的需要，有这样、那样的动机，有这样、那样的行动，做着这样、那样的事情，在这里，有没有什么规律可以把握呢？

马斯洛为什么要提出“基本需要”的问题？正是由于他准备研究人类各种不同的需要之间的关系，在这个意义上，“基本需要”是需要层次理论中“需要”的基本单位。

马斯洛指出：“人是一种不断需求的动物，除短暂的时间外，极少达到完全满足的状态。一个欲望满足后，另一个迅速出现并取代它的位置，当这个被满足了，又会有新的一个站到突出位置上来。人总是在希望着什么，这是贯穿他整个一生的特点。这样，我们就有必要研究所有动机彼此之间的关系……”

“对于某种东西的需求本身就意味着已经有其他需要的满足。假如大部分时间我们都饥肠辘辘，假如我们不断地为干渴所困扰，假如我们连续地受到一个始终迫在眉睫的灾难的威胁，或者，假如所有人都恨我们，我们就不会有去作曲、发明数学方法、装饰房间或者打扮自己的欲望。动机理论的创立者们对于以下两个事实从未给予过适当的尊重：第一，人类只能以相对或者递进（one-step-along-the-path-fashion）的方式得到满足；第二，需求似乎按某种优势等级、层次自动排列。”

马斯洛已经觉察到，人类的动力结构具有某种规律性。马斯洛为什么会选择生理需要、安全需要、归属需要、自尊需要、自我实现需要作为需要层次论中的需要呢？这是因为，它们具有他所定义的基本需要的性质。

在这里我们要注意，马斯洛曾经在两种含义上使用过“基本需要”（basic needs）这个概念。

其中，第一种含义是最重要的。在第一种含义中，“基本需要”是指最根本的需要。它们是构成需要层次系列中的需要的基本单位，在层次系列里具有按顺序优势递进的性质。

马斯洛说：“现在已有的证据似乎大都表明，任何动机生活分类所能依据的唯一可靠和根本性的基础是基本的目标或需要，而不是任何一般的刺激物意义上的内驱力罗列（是‘吸引’而不是‘推动’）。动力原则在心理学的理论建设中强调不断变化，而只有基本的目的才在这种不断变化中保持不变。既然我们已经看到有动机的行为可以表示很多东西，它自然就不是分类的一个良好基础。同理，特殊的目的物也不是分类的良好基础。一个对食物有欲望的人，以适当方式来获取食物，然后咀嚼食物，这实际上可能是在寻求安全而不是食物。一个正在经历性欲、求爱、完成性行为的全部过程的人，也许实际上是在寻求尊重，而不是性的满足。内省地出现在意识中的内驱力、动机行为，甚至被明确追求的目的物或结果，它们没有一个可作为人类动机生活的动力分类的坚实基础。仅靠逻辑的排除过程，最后就给我们留下主要为无意识的基本的目的或需要，以作为动机理论分类的坚实基础。”（马斯洛：《动机与人格》，许金声等译，中国人民大学出版社 2007 年版，第 5 页）

马斯洛在这里区分了“基本的目的”和“有动机的行为”，体现了他使用了所谓哲学上“奥卡姆剃刀原理”，他的天才的直觉。

“基本需要具有不同于一般的欲望、冲动等的特征。当我们对一般的欲望、冲突、想法、意图等进行追溯的时候，总会发现它们还有另外的根源，即另外的欲望、冲动、想法、意图等。当我们不断追溯，直到最后不能够再追溯下去的时候，这个时候的欲望、冲动、想法、意图才是‘基本需要’。例如，马斯洛写道：如果我们仔细审视日常生活中的普通欲望，就会发现它们至少有一个重要的特点，即，它们通常是达到目的的手段而非目的本身。我们需要钱，目的是买一辆汽车。因为邻居有汽车而我们又不愿意感到低人一等，所以我们也需要一辆，这样我们就可以维护自尊心并且得到别人的爱和尊重。当分析一个人有意识的欲望时，我们往往发现可以追溯其根源，即追溯该人其他更基本的目的’。”（见本书第一章）“这种更深入的分析有个特点，它最终总是会导致一些我们不能再追究的目标或者需要，这些需要的满足似乎本身就是目的，不必再进一步地证明或者辨析。……也就是说，动机的研究在某种程度上必须是人类的终极目的、欲望或需要的研究。”（马斯洛：《动机与人格》，许金声等译，中国人民大学出版社 2007 年版，第 5 页）

马斯洛以买汽车为例说明，首先我们需要钱，这是一种需要。但钱只是一种手段，我们的目的是买一辆汽车。我们不愿意低人一等。这样追溯的结果是发现最终的需要实际上是自尊需要。这样，实际上最后追溯到自尊需要才是“基本需要”。

马斯洛还论述道，从文化与日常欲望的角度来看，“基本需要”可以看成相对于日常欲望的一个概念，它是产生日常欲望的主体因素，是更根本的东西。人的“基本需要”是一种“类本能”，是由人种遗传先天因素所决定的。人的“基本需要”的满足，则要取决于后天的文化条件和社会环境，它总是要表现为一定的日常欲望。人类的“基本需要”不像“有意识的欲望”那样个人化、区域化，“其主要原因在于，两种不同的文化可能提供两种完全不同的方式来满足某一特定的欲望。以自尊为例，在一个社会里，一个人靠成为好猎手来满足自尊，而在另外一个社会，却要靠当一个伟大的医生”。（马斯洛：《动机与人格》，许金声等译，中国人民大学出版社 2007 年版，第 6 页）

基本需要的第二种含义：马斯洛使用“基本需要”这一概念，还有这样的含义，它是指自我实现以下的需要，即生理需要、安全需要、归属需要、自尊需要。这些需要之所以被称为“基本需要”,是因为自我实现的“高级需要”的出现是以它们的相对满足为必要条件的，自我实现需要占优势，是在它们占优势之后。关于生理需要、安全需要、归属需要、自尊需要，马斯洛还有一个说法是“匮乏性需要”。所谓“匮乏性需要”，是与“成长性需要”相对的一个概念，它们的相对满足，是成长性需要出现和占优势的必要条件。成长性需要在早期是指自我实现需要，在晚期也包括“超越性需要”。匮乏性需要和成长性需要这两种需要具有重要的区别。在与外界的关系上,“匮乏性需要”的满足在很大程度上依赖于他人和环境,而“成长性需要”则能够在相当程度上独立于他人和环境。在满足的效应上，“匮乏性需要”的满足主要是可以避免疾病，而“成长性需要”的满足，导致更积极的健康状态。

本书所提出的“全人需要层次论”是在第一种意义上使用“基本需要”这一概念的，即：“基本需要”是指最根本的需要。它们是构成需要层次系列的“基本单位”，在层次系列里具有优势递进的性质。

第五章　人的基本需要有哪些?

马斯洛的需要层次论有很高的知名度。本书为了更深入探讨，首先根据他的叙述，做一个尽量详细的介绍，再适当地解释。

一、什么是“生理需要”？

马斯洛认为，关于生理需要（physiological needs），有两项研究很重要。

（一）关于体内平衡概念的发展。“体内平衡指的是身体维持血液的经常和正常状态的一种无意识的努力。坎农（Cannon，1932）描述了这一过程。其内容有：（1）血液的水含量，（2）盐含量，（3）糖含量，（4）蛋白质含量，（5）脂肪含量，（6）钙含量，（7）氧含量，（8）恒定的氢离子标准（酸碱平衡），（9）血液的常温。很明显，其内容还可以包括其他无机物，以及荷尔蒙、维生素等等。”（马斯洛：《动机与人格》，许金声等译，中国人民大学出版社 2007 年版，第 18 页）

（二）关于口味的研究相当有效地指明了体内实际的需要或者匮乏。所谓口味，是指“在食物中进行的优先选择”。“杨（Young，1941，1948）对口味与身体需要之间的关系的研究作了如下概括：如果身体缺乏某种化学物质，人就会趋向于（以一种不完善的方式）发展出针对那种缺少的食物成分的专门口味或癖好。”（马斯洛：《动机与人格》，许金声等译，中国人民大学出版社 2007 年版，第 6 页）

马斯洛补充说：“我们不能确定是否所有的生理需要都是满足体内平衡的需要。”“在许多情况下都可能为这种驱力找到一个局部的、潜藏的躯体基础。”（马斯洛：《动机与人格》，许金声等译，中国人民大学出版社 2007 年版，第 19 页）他的这些说法，是较为精准而富有分寸感的。

马斯洛所引证的这两项研究，似乎现在也并没有过时。接下来就是可以波称为马斯洛需要层次理论中十分精彩的内容之一：

马斯洛指出：“毋庸置疑，这些生理需要在所有需要中占绝对优势。具体说，假如一个人在生活中所有需要都没有得到满足，那么是生理需要而不是其他需要最有可能成为他的主要动机。一个同时缺乏食物、安全、爱和尊重的人，对于食物的渴望可能最为强烈。

“如果所有的需要都没有得到满足，并且机体因此而受生理需要的主宰，那么，其他需要可能变得似乎全然消失，或者退居幕后。这时就可以公正地说，整个有机体的特点就是饥饿，因为意识几乎完全被饥饿所控制。此时，全部能力都被投入到满足饥饿的活动中去。这些能力的状态几乎完全为满足饥饿这一目的所决定。感受器、效应器、智力、记忆、习惯，这一切现在可能仅限于是满足饥饿的工具。对于达到这一目的没有用处的能力则处于休眠状态或者隐蔽起来。在这种极端的情况下，写诗的冲动、买汽车的欲望、对美国历史的兴趣、对一双新鞋的需求等等，都被忘记，或者变得只具有第二位的重要性。对于一个饥饿已经达到危险程度的人，除了食物，其他任何兴趣都不存在了。他的梦境里是食物，记忆里是食物，思想活动的中心是食物，感情的对象是食物。他只感知到食物，只想获得食物。在组织平稳地进食、饮水或性行为的过程中，通常与生理驱力融合在一起的更为微妙的决定因素现在可以被吞没得如此干净彻底，以至于我们可以在此时（但仅仅在此时）带着解除痛苦这一绝对目的来谈论纯粹的饥饿驱力和行为。”（马斯洛：《动机与人格》，许金声等译，中国人民大学出版社 2007 年版，第 19 页）

马斯洛的以上论述，雄辩地表达了需要层次论的基础，在人类的各种各样的需要中，存在着一个层次优先的问题。

马斯洛进一步论述：“当人的机体被某种需要主宰时，还会显示出另一个奇异的特性：人关于未来的人生观也有变化的趋势。对于一个长期极度饥饿的人来说，乌托邦就是一个食物充足的地方。他往往会这样想，假如确保他余生的食物来源，他就会感到绝对幸福并且不再有任何其他奢望。对他来说，生活本身的意义就是吃，其他任何东西都不重要。自由、爱、公众感情、尊重、哲学，都被当作无用的奢侈品放在一旁，因为它们不能填饱肚子。可以说，这种人此时仅仅是为了面包而活着。”（马斯洛：《动机与人格》，许金声等译，中国人民大学出版社 2007 年版，第 19 页）

美国著名作家杰克·伦敦在小说《热爱生命》中，描写了一个有趣的故事：一个因轮船失事，漂泊到一荒岛上求生的水手的故事。由于长期饥饿，他不管一切要寻找食物，后来他盯上了一只同样也十分饥饿而衰弱的老狼，他想吃掉这只狼，狼也想吃掉他，但他最终获胜。再后来，他被偶然乘船来到这个小岛的人们救起。在获救之后，人们偶然在他的房间的床铺下面，发现了许多干硬的面包，原来是他为了防止再次遭遇饥饿，偷偷积攒起来的。

马斯洛的这一思想，对当今的心理咨询、心理治疗也具有重要参考意义。早年的低级需要满足的匮乏，会深刻地影响人们的心理健康。

马斯洛说：“当我们沿着种系阶梯上升时，口味变得越来越重要，饥饿变得越来越不重要。例如，对于食物的选择，在白鼠那里的变异性比在猴子那里的变异性小得多，而在猴子那里又比在人那里小得多（Maslow，1935）。最后，当我们沿种系的阶梯上升，本能逐渐减退，对作为适应工具的文化的依赖将越来越大。”（马斯洛：《动机与人格》，许金声等译，中国人民大学出版社 2007 年版，第 11 页）

马斯洛在 1935 年亲自做过关于猴子的实验，该论点正是他研究的成果之一。他的这一论述，暗含着随着需要满足层次的上升，更高的需要的满足也会回过头影响更低需要满足的思想。

马斯洛说：“在大多数已知的社会里，经常处于危急状态中的极度饥饿是罕见的，而不是普遍的。至少这在美国是事实。当一个普通的美国公民说‘我饿了’之时，他是在感受食欲而不是饥饿。他最多只可能偶然遭遇生死攸关的饥饿，一生中不过有几次。”（马斯洛：《动机与人格》，许金声等译，中国人民大学出版社 2007 年版，第 6 页）在马斯洛看来，对于食物的需要恐怕对美国人民来说都已经极少是“优势需要”了。

二、什么是“安全需要”？

马斯洛指出：“如果生理需要相对充分地得到了满足，接着就会出现一整套新的需要，我们可以把它们大致归纳为安全类型的需要（安全、稳定、依赖、保护、免受恐吓、焦躁和混乱的折磨、对体制的需要、对秩序的需要、对法律的需要、对界限的需要以及对保护者实力的要求等等）。上面谈到的生理需要的所有特点同样适合这些欲望，不过程度稍弱。它们同样可能完全控制机体，几乎可能成为行为的唯一的组织者，调动机体的全部能力来为其服务。”（马斯洛：《动机与人格》，许金声等译，中国人民大学出版社 2007 年版，第 21 页）

马斯洛认为，由于安全需要的重要性，它就像前面谈到的饥饿一样，它在早年的满足情况，对其未来的世界观、人生观、价值观都是强有力的决定因素。

马斯洛认为，可以通过观察幼儿以及儿童来更有效地获得对成年人的安全需要的理解。这是因为，在幼儿以及儿童身上，这些安全需要更单纯、明显得多。“幼儿对于威胁或者危险的反应更为明显，原因之一在于，他们根本不抑制这个反应。而我们社会中的成年人却学会不惜任何代价压抑它。因此，当成年人真正感觉到安全受到威胁时，我们可能在表面上看不出这一点。假如幼儿突然受到干扰，或者跌倒，或者受到高声喧闹、闪电以及其他异常的感官刺激的威吓，或者受到粗鲁的对待，或者在母亲怀中失去支持，或者感到食物不足，等等，他们就会全力以赴地做出反应，仿佛遭遇了危险。”（马斯洛：《动机与人格》，许金声等译，中国人民大学出版社 2007 年版，第 22 页）

马斯洛还谈到了安全需要对未来世界观的影响：“我们在幼儿身上还能看到他们对各式各样的身体不适的更直接的反应。有时，这些不适似乎立即具有本质上的威胁，使幼儿感觉不安全。例如，呕吐、腹痛或者其他剧烈的疼痛会使孩子用不同方式看待整个世界。可以假设，这类痛苦的时刻，在孩子看来，整个世界突然从阳光灿烂变得暗无天日，仿佛变成一个任何事情都可能发生的地方，在这里，一切过去曾是稳定的东西现在变得不稳定了。这样一个因为吃不好食物致病的孩子有一两天会感到害怕，夜里做噩梦，并且还有一种他病前从未出现过的情况，要求保护和一再的保证。最近，一些关于外科手术对儿童心理上的影响的论著充分地证明了这一点。

“儿童的安全需要还表现在他喜欢一种安稳的程序或节奏。他似乎需要一个可以预见的有秩序的世界。例如，父母方面的非正义、不公正或相互矛盾似乎使孩子感到焦虑和不安全。这种态度与其说是来源于不公正本身，或者由不公正造成的某些痛苦，不如说这样的待遇是世界变得不可靠、不安全、不可预见的凶兆。在一个至少有一种骨架轮廓的系统里面，儿童似乎能更健壮地成长，在这种系统里，不仅对于现在，而且对于将来，都有某种程序和常规，某些可以依靠的东西。儿童心理学家，教师和心理治疗师发现，有限度的许可，而不是不受限制的许可更为儿童欢迎和需要。也许可以这样更精确地来表达这一意思：儿童需要一种有组织、有结构的世界，而不是无组织、无结构的世界。”（马斯洛：《动机与人格》，许金声等译，中国人民大学出版社 2007 年版，第 22 页）

马斯洛通过幼儿和儿童来论述安全需要，强调了父母对于孩子的作用。这些论述对于当今成为社会热点的中国的亲子教育，也有极大的参考价值。

马斯洛认为："家庭内部的争吵，动手打架，分居，离婚或死亡往往是特别可怕的。同样，父母对孩子大发脾气，吓唬说要惩罚他，对他进行谩骂，粗声粗气地对他讲话，粗暴地对待他，或者对他实行体罚，这一切有时竟会使孩子惊慌失措，惶恐万分，因此，我们可以假设，这里面所包含的绝不仅仅是皮肉之苦。的确，在某些孩子身上，这种恐惧同时也是害怕失去父爱或者母爱的表现，然而，它也可以发生在被完全抛弃的孩子身上，这样的孩子依附于仇视他们的父母似乎不是出于对爱的希望，而纯粹是为了求得安全和保护。"（马斯洛：《动机与人格》，许金声等译，中国人民大学出版社 2007 年版，第 20 页）

这些论述对于研究心理问题和情结的成因，都是具有一定启发性的。

马斯洛在描述当年的美国社会时认为："在我们的文化中，健康或者幸运的成年人在安全需要方面享有很大程度的满足。安全、运转顺利、稳定、健全的社会通常都会使自己的成员感到不受野兽、严寒酷暑、非法攻击、谋杀、动乱、暴政等的威胁。因此，从一种非常现实的意义上看，不会再有什么安全需要能成为他的有效（active）动机。正如一位吃饱了的人不再感到饥饿，一个身处安全之中的人不会感到危险。"（马斯洛：《动机与人格》，许金声等译，中国人民大学出版社 2007 年版，第 20 页）

他还说："在我们的社会里，一些患神经症的成年人在对于安全的渴望上，有很多方面都与感到不安全的儿童一样，只是这种现象在成年人身上表现得更特殊罢了。他们的反应往往是由巨大的、心理上的威胁所引起的，这些威胁存在于一个被认为是敌对的、势不可挡的、充满着威胁的世界之中。这种人的一举一动都表现得好像每时每刻都将有大难临头，也就是说，他随时都好像是在对危急情况做出反应。他的安全需要往往有着独特的表达方式，往往会寻求一位保护人，或者一位可以依赖的更强大的人，或许是一位搞独裁的元首。可以极为有用地将神经症患者描述为保留着童年时世界观的成年人。也就是说，一个患神经症的成年人，其一举一动都仿佛是真的害怕要被打屁股，或者惹母亲不高兴，或者被父母抛弃，或者

被夺走食物。”（马斯洛 :《动机与人格》，许金声等译，中国人民大学出版社 2007 年版，第 20 页）

马斯洛的这一看法，主要是指 20 世纪五六十年代美国的情况。当年的情况究竟如何，我对此缺乏研究。我也不知道现在美国社会有什么变化。

马斯洛还认为 :“在存在着对法律、秩序、社会权威的真实威胁的社会环境中，对安全的需要可能会变得非常急迫。混乱或极端怀疑的威胁会导致大部分人出现退化现象 : 从高级需要向更加急迫的安全需要退化。一个常见的、几乎是预料之中的反应，是更容易接受独裁或军事统治。这一点对所有的人都是成立的，包括健康的人，因为他们在对危险做出反应时，也倾向于现实主义地向安全需要的层次退化，以备防御。但这似乎最有可能发生在生存在安全线附近的人身上。对权威、合法性、法律的象征的威胁特别能使他们感到不安。”马斯洛的这些话不乏对社会的真知灼见，甚至可以作为观察当今世界的参考。

从大卫 · 霍金斯的能量级别理论来看，如果一个人主要是在追求安全需要，这意味着他的能量常常为 100 的第五层级或者以下。也就是说，他的能量级别可能在恐惧、悲伤、冷漠、内疚，一直到最低的羞耻之间波动，而其中最为常见的能量状态是“恐惧”。

三、什么是“归属需要”？

马斯洛指出 :“如果生理需要和安全需要都很好地得到了满足，爱、感情和归属的需要就会产生，并且以此为中心，重复着已描述过的整个环节。对爱的需要包括感情的付出和接受。如果这不能得到满足，个人会空前强烈地感到缺乏朋友、心爱的人、配偶或孩子。这样的一个人会渴望同人们建立一种关系，渴望在他的团体和家庭中有一个位置，他将为达到这个目标而做出努力。他将希望获得一个位置，胜过希望获得世界上的任何其他东西，他甚至可以忘记 : 当他感到饥饿的时候，他把爱看得不现实、不必需和不重要了。此时，他强烈地感到孤独，感到在遭受抛弃、遭受拒绝，举目无亲、浪迹人间的痛苦。”（马斯洛 :《动机与人格》，许金声等译，中

国人民大学出版社 2007 年版，第 20 页）

马斯洛在这里所说的“归属与爱的需要”，我在有关的论述中，简称为“归属需要”。原因在于，这里所谓的“爱”一般是指匮乏性的、不通心的，而不是生产性的、通心的，它是出自于建立和获得一种关系，得到一个身份、位置等。“爱”是一个极为笼统和模糊的字眼，这里所说的“爱”，本质上其实是“缺爱”。因此，它可以用“归属需要”来概括。

马斯洛指出：“借助文学作品我们大致了解了工业化社会引起的频繁迁徙、漫无目标、流动性过大给儿童身心带来的损害；儿童们变得没有根基或蔑视自己的根基，蔑视自己的出身及自己所在的团体，他们被迫同自己的亲朋好友分离、同父母姐弟分离、体会到作为一名过客、一名新来乍到者，而不是作为一名本地人的滋味。我们还低估了邻里、乡土、族系、同类、同阶层、同伙、熟人同事等种种关系所具有的深刻意义。”（马斯洛：《动机与人格》，许金声等译，中国人民大学出版社 2007 年版，第 26 页）

马斯洛还具有洞察力地指出：“我相信，训练小组（T-groups）、个人成长组织、专门性社群的大规模和迅速的增加，也许部分地是由于受到了这种没有得到满足的对接触、亲密、归属的需要的推动。这种社会现象的出现，可能是为了抵消广泛存在的疏离感、陌生感、孤独感等，这些感受由于社会流动性增强、传统社群的瓦解、家庭活动的分散化、代沟和持续的城市化而变得更加恶化。我还强烈地感到，一部分的青年反叛组织——我不知道有多少或在什么程度上——是起因于在面对共同的敌人时，对群体感、对接触、对真实的归属感的深刻渴望。无论这种共同的敌人是什么，它仅仅通过设置一个外来的威胁，就能够形成一个亲善的组织。类似的情形曾发生在士兵之间，他们被共同的外来危险推入一种非同寻常的亲密的兄弟关系，结果往往是整个一生他们都会紧密相依。如果一个好的社会要发展、要健全，它就必须满足人们的这一渴望。”（马斯洛：《动机与人格》，许金声等译，中国人民大学出版社 2007 年版，第 26 页）

马斯洛所提到的“一部分的青年反叛组织”，使我想到曾经在培训界的一位践行者。他所举办的工作坊，在一部分中青年人中相当受欢迎。它的流行，反映了这部分中青年人对某些社会的不满和压抑，追求个性解放。

这里说是“组织”并不妥当,因为他并没有搞什么组织。但在他的工作坊中,大家都满足了相当的归属感是确实的。

从大卫·霍金斯的能量级别理论来看,如果一个人主要是在追求归属需要,他的能量常常为125的第七个层级的“欲望”(尤其是“缺爱”的欲望)或者以下。也就是说,个体的能量级别可以在欲望、恐惧、悲伤、冷漠、内疚,一直到最低的羞耻之间波动。

四、什么是“自尊需要”?

马斯洛指出:“除了少数病态的人之外,社会上所有的人都有一种获得对自己的稳定的、牢固不变的、通常较高的评价的需要或欲望,即一种对于自尊、自重和来自他人的尊重的需要或欲望。这种需要可以分为两类:第一,对于实力、成就、权能、优势、胜任、面对世界时的自信、独立和自由等的欲望。第二,对于名誉或威信(来自他人对自己的尊敬或尊重)的欲望。对于地位、声望、荣誉、支配、公认、被关注、重要性、高贵或赞赏等的欲望。”(马斯洛:《动机与人格》,许金声等译,中国人民大学出版社2007年版,第28页)

自尊需要的实质是对于生存质量的进一步追求,其积极作用在于它能够在一定程度上使人们积极地生活和工作。如果说一般高等动物也有生理需要、安全需要、归属需要、自尊需要的话,在自尊需要的层次上,人与其他动物的差异更加显著和丰富。在一些群居的动物里,动物表现出普遍的建立优势和支配力的需要,但它们未必有下面的特征。

“自尊需要的满足导致一种自信的感情,使人觉得自己在这个世界上有价值、有力量、有能力、有位置、有用处和必不可少。然而这些需要一旦受到挫折,就会产生自卑、弱小以及无能的感觉。这些感觉又会使人丧失基本的信心,使人要求补偿或者产生神经症倾向。”(马斯洛:《动机与人格》,许金声等译,中国人民大学出版社2007年版,第28页)

在当今社会,自尊需要无可非议是一个热点。它的满足和对它的超越,是当今个体成长和发展最重要的主题之一。现代人的心理问题和心理疾患,很多也与这种需要的满足有关。

马斯洛准确地指出了自尊需要的负面作用："从神学研究者关于骄傲和傲慢的讨论，从弗洛姆关于一个人对自己天性的虚假的自我知觉的理论，从罗杰斯关于自我的研究，从像兰德（Ayn Rand，1943）这样的随笔作者以及其他来源那里，我们越来越认识到基于他人的看法而不是基于自己真实的能力、潜力和对工作的胜任的自尊的危险性。最稳定和最健康的自尊是建立在当之无愧的来自他人的尊敬之上，而不是建立在外在的名声、声望以及无根据的奉承之上。即使在这里，将基于单纯的意志力量、决心和责任感所取得的实际的胜任情况和成就，与凭借人的真正的内在天性、素质、遗传基因或者天数（或者如霍妮所说，依靠人的真实自我而不是理想化的虚假自我）非常自然、轻松地取得的成就区分开是很有帮助的（Horney，1950）。"（马斯洛：《动机与人格》，许金声等译，中国人民大学出版社2007年版，第28页）

自尊需要似乎与骄傲相联系。在大卫·霍金斯的能量级别理论里，"骄傲"只是能量为175的第八个层级。如果个体主要是在追求自尊需要的满足，他的能量常常为200的第九个层级"勇气"或者以下。也就是说，一个人的能量级别可以在勇气、骄傲、愤怒、欲望、恐惧、悲伤、冷漠、内疚，一直到最低的羞耻之间波动，而其中最为常见的能量状态是"勇气""骄傲""愤怒"。

五、什么是"自我实现需要"？

（一）"自我实现需要"的定义是什么?

马斯洛指出，即使生理需要、安全需要、归属需要、自尊需要都得到了满足，"新的不满足和不安往往又将迅速地发展起来，除非个人正在从事着自己所适合做的事情。一位作曲家必须作曲，一位画家必须绘画，一位诗人必须写诗，否则他始终都无法安静。一个人能够成为什么，他就必须成为什么，他必须忠实于他自己的本性。这一需要我们可以称之为自我实现（self-actualization）的需要。”（马斯洛：《动机与人格》，许金声等译，中国人民大学出版社 2007 年版，第 29 页）

马斯洛在这里提出了“自我实现需要”的一个基本特质：“从事自己适合做的事情”，但马斯洛在这里所举出的例子是“一位作曲家必须作曲，一位画家必须绘画，一位诗人必须写诗”，说的都是属于艺术家。但他的意思并不是说只有“作曲家”“画家”“诗人”才能够自我实现，而是以这些职业为例说明，一个人的自我实现，与他自身的特质、自身的潜能紧密相关。其实，一个人只要能够从事适合自己的职业，他就可以进入自我实现，具有自我实现的体验。所以马斯洛在同一本书中还有这样的补充：“满足这一需要所采取的方式人与人是大不相同的。有的人可能想通过成为一位理想的母亲，有的人可能想通过在体育上大显身手，还有的人可能想通过绘画或创造发明。在这一层次上，人与人之间的差异是非常大的。自我实现需要的共同之处在于，它们的明显的出现，通常要依赖于前面所说的生理、安全、爱和自尊需要的满足。”（马斯洛：《动机与人格》，许金声等译，中国人民大学出版社 2007 年版，第 29 页）

在这里，他把“成为一位理想的母亲”也看成一种自我实现的方式。在另外的著作里，马斯洛曾经把一位家庭妇女做家务事称为自我实现。

马斯洛指出，在心理学领域，“自我实现”这一术语是戈尔茨坦首创的（Goldstein，1939），他现在是在一种更加特殊和有限的意义上予以采用。“它指的是人对于自我发挥和自我完成（self-fulfillment）的欲望，也就是一种使人的潜力得以实现的倾向。这种倾向可以说成是一个人越来越成为独特的那个人，成为他所能够成为的一切。”（马斯洛：《动机与人格》，许金声等译，中国人民大学出版社 2007 年版，第 29 页）

马斯洛在晚期，仍然保留着类似的看法。他写道：“说到自我实现，那就意味着有一个‘自我’需要实现出来。人非白纸，也不是一堆泥或一团黏土。人是某种既成的东西，至少是某种软骨结构。从最低限度讲，人是他的气质、他的生化平衡等等。人们都有着一个自我，我常说‘倾听内部冲动的声音’，其含义就是要让自我出来。然而，我们绝大多数人，特别是儿童和青年，不是倾听自己的声音，而是倾听妈妈爸爸的声音，倾听权力机构的声音，倾听老人的、权威的或者传统的声音。”（马斯洛：《人性能达的境界》，见《自我实现的人》，许金声等译，三联书店 2007 年版，第 116—117 页）

所谓“倾听内部冲动的声音”“倾听自己的声音”，意味着有一个独立的人格，有一个坚固的自我，使我们不受妈妈爸爸的声音、权力机构的声音、老人的声音以及权威的或者传统的声音的影响。

（二）“自我实现需要”与“自尊需要”有什么区别?

1. 马斯洛需要层次论没有把自我实现需要与自尊需要区别的问题说清楚。在很多时候，二者之间的界限和区别是含糊不清的。他所论述的自尊需要，有时候应该归入自我实现。他所论述的自我实现需要的概念十分笼统，在后期的著作里，有时候他关于自我实现的论述已经超过了他原来关于自我实现的含义，应该归入自我超越，甚至包含有一定的大我实现的含义。全人需要层次论对于三者都作了更加详细、清楚、严格的区分和论述。

2. 从全人需要层次论看，自我实现需要的满足是以有高度的自我接纳、自信为前提的，个体虽然也有自尊的满足，虽然也需要有他人的接纳与肯定，但它们对于自我实现都不是决定性的。自我实现的人也会满足自尊，但其满足主要来源于自己对自己的肯定。自我实现的“动力”是潜能的进一步和充分的发挥。正如马斯洛所说：“他们并不需要所有的人都喜爱他们”，“他们不需要或者不追求，甚至是非常不喜欢奉承、赞扬、出名、地位、威望、金钱、荣誉等等。”（马斯洛：《人性能达的境界》，林方译，云南人民出版社 1987 年版，第 302 页）在自尊需要的层次上，尽管已经不像归属需要那样完全依赖于他人的肯定和接纳，但仍然是十分重要甚至是决定性的。在自尊需要的层次上，一个人与他人相处，十分在意他人的评价，他人的评价具有对于他具有根本的“动力”的意义，影响他的自信，影响他的情绪和行为。在自尊需要的层次上，虚荣心具有积极的、重大的意义，而在自我实现需要的层次上，越来越超越于虚荣心。

3. 从通心理论的角度看，自尊需要意味着对归属需要的超越，对于所归属的对象和关系从依赖逐渐变得能够通心。在归属需要的层次上，我们主要是抱着“补爱”的心态，或者“缺爱”的潜意识与他人进行交往。他人、家人、亲密关系、团体等主要是我们依赖的对象。当我们只有完全放弃

“补爱”和依赖的心态，处理好“缺爱”和依赖的潜意识和心结，放弃、放下对他人、家庭、团体的依赖之时，我们才具有了人格的独立性。而树立这个“独立人格”的过程，就是自尊需要的满足。从通心的黄金三要件看，这是一个不断清晰自己，分清楚自己与他人、家庭、亲密关系、团体等的界限和区别的过程，在这一过程中，我们也逐渐变得能够摆脱依赖，与他人、家庭、团体多多少少能够通心，进而在社会上、人生中找到自己的位置，取得自己一定的地位。

4. 自我实现需要和自尊需要都与“独立人格”有关，但它们是有本质差异的。自我实现需要与自尊需要的差异在于，自我实现是在具有了独立的人格，已经找到了自己的定位、明确了并且找到自己想要的职业之后，通过潜能和通心力的发挥，不断地把自己的职业与工作做得更好，把生活的其他方面也安排得更加协调的过程。在这一过程之中，我们不断与他人以及环境通心，前者常常会有“忘我”的感觉。而自尊需要的满足是建立“独立人格”的过程，在这一过程之中，我们逐渐能够与他人以及环境通心，逐渐找到自己在社会中的定位，明确最适合自己的职业，力争在自己的工作中赢得人们的尊重，关注自己的面子和他人的评价。一旦他人评价低，便会感觉到自我价值不足。

自我实现需要与“自我超越需要”“大我实现需要”有什么关系和区别？为什么要进一步提出“自我超越需要”和“大我实现需要”？

在我们正式提出“自我超越需要”和“大我实现需要”的概念之前，我们还应该对需要层次理论的一些要点做进一步的探讨。

第六章　表达需要层次性的一个关键概念：“优势需要”

如何理解基本需要之间的相互关系？马斯洛需要层次论所说的动力结构究竟是怎么一回事？

关于“优势需要”的问题，对于理解马斯洛需要层次理论的动力结构极为重要，甚至可以说，不懂得什么是“优势需要”，就没有真正搞清楚马斯洛需要层次论说的“需要的更替”究竟是指什么。

马斯洛在谈到“需要层次的动力学”时指出：在低级需要满足之后“……其他(更高级的)的需要会立即出现,这些需要(而不是生理上的饥饿)开始控制机体。当这些需要得到满足后,又有新的(更高级的)需要出现了,依次类推”。我们说人类的基本需要组成一个相对优势(prepotency)的层次,就是指这个意思。

这句话的一个重要含义是：在动机理论中，满足成为与匮乏同样重要的概念。因为它将机体从一个相对来说更强的生理需要的控制下解放出来,从而允许更加社会化的目标出现。生理需要以及它们的局部目的，在长期得到满足时，就不再是行为活跃的决定因素和组织者了。它们只是以潜能的方式存在，即，如果遭受挫折，它们会再次出现，并控制机体。然而，已得到满足的要求（want）就不再是要求。机体的控制者和行为的组织者只能是未满足的需要。如果饥饿得到满足，食物的追求在人目前的原动力中就变得无足轻重了。

这种说法可以表述为一个在后面要加以更详细讨论的假设：“正是那些某种需要一直得到满足的人最能忍受将来这种需要的匮乏，而过去一直被剥夺了这种对需要的满足的人对于目前需要的满足的反应则将与他们不同。”（马斯洛：《动机与人格》，许金声等译，中国人民大学出版社 2007 年版，第 20 页）

马斯洛需要层次论是从人类的需要来研究人类的动力结构。它所显示的需要层次的变化、发展、上升、更替究竟是什么意思？

有不少心理学书籍在介绍马斯洛的需要层次论的时候，都认为需要层次论讲的是“需要的更替”，即一种需要满足之后更高的需要产生的问题。例如：“人的需要形成一个阶梯，在较高需要产生之前，必须先满足较低需要。”（布恩：《心理学原理和应用》，知识出版社 1986 年版，第 272 页）

“在高级需要出现之前，必须先满足低级需要。只有在低级需要得到满足或者部分得到满足之后，高级需要才有可能出现。”（彭聃龄：《普通心理学》，北京师范大学出版社 2001 年版，第 324 页）“在需要等级中，某一水平的需要至少部分地得到满足，才会萌发下一水平的需要；因此只有低级需要得到满足或者部分得到满足之后，高级需要才会成为行为的重要决定因素。”（孟昭兰：《普通心理学》，北京大学出版社 1994 年版，第 31 页）

这些说法都是有问题的。它们没有准确地表达出马斯洛需要层次论应该有的意思。不过，在这里马斯洛也有部分的责任。从“实谓”的角度看，马斯洛在论述需要之间关系的时候，在不少地方本身就不够清晰。下面是他在《动机与人格》中的一些说法：

“当这些需要得到满足后，又有新的（更高级的）需要出现（emerge）了。……”（马斯洛：《动机与人格》，许金声等译，中国人民大学出版社 2007 年版，第 21 页）

“如果生理需要和安全需要都很好地得到了满足，爱、感情和归属的需要就会产生……”（马斯洛：《动机与人格》，许金声等译，中国人民大学出版社 2007 年版，第 26 页）

“人类动机生活组织的主要原理是基本需要按优势（priority）或力量的强弱排成等级。给这个组织以生命的主要动力原则是：健康人的优势需要一经满足，相对弱势的需要便会出现。”（马斯洛：《动机与人格》，许金声等译，中国人民大学出版社 2007 年版，第 42 页）

“任何需要的满足所产生的最根本的后果是这个需要被平息，一个更高级的需要出现。”（马斯洛：《动机与人格》，许金声等译，中国人民大学出版社 2007 年版，第 43 页）

上面的这些表述，容易使人认为需要层次论所讲的动力结构的变化是“需要”的更替。而需要的更替容易使人产生一种误解，即一个时候只有一种需要存在。

马斯洛对于自己的表述问题是有觉察的，他在另外的地方有更精确的说法。下面是他关于需要之间关系的表述：

“如果一个需要得到满足，则另一个需要相继产生。这个说法可能会造成这样的虚假印象：一个需要必须百分之百地得到满足，下面的需要才会出现。事实上，对于我们社会中的大多数正常人来说其全部基本需要都部分地得到了满足，同时又都在某种程度上未得到满足。要想更加真实地描述这个层次序列，就应该在这个优势层次序列中逐级减小满足的百分比。例如，为了说明情况，我可以任意假定一些数字，也许一般公民大概满足了 85% 的生理需要、70% 的安全需要、55% 的爱的需要、40% 的尊重需要、10% 的自我实现需要。”

“至于说到一个新的需要在优势需要（prepotent needs）满足后出现这一观念，这种出现并不是一种突然的、跳跃的现象，而是缓慢地从无逐渐到有。例如，如果优势需要 A 仅满足了 10%，那么需要 B 可能还杳无踪影。然而，当需要 A 得到 25% 的满足时，需要 B 可能显露出 5%，当需要 A 满足了 75% 时，需要 B 也许显露出 50%，等等。”（马斯洛：《动机与人格》，许金声等译，中国人民大学出版社，2007 年版，第 36—37 页）

“我们的一般需要通常是在优势需要得到满足后才会出现。满足问题因而在动机理论中具有重要的地位。某种需要一旦满足，就不再起积极的决定或者组织作用。”（马斯洛：《动机与人格》，许金声等译，中国人民大学出版社，2007 年版，第 39 页）

马斯洛在上述说法中，体现了他提出的“类本能”和“优势需要”（prepotent needs）的概念。所谓“类本能”（instinct-oid），是他创造的一个词语。它是在本能（instinct）之后，加一个后缀“oid”而构成。“oid”的意思是类似的、相像的、相近的等。马斯洛关于“类本能”的概念，是很有用的一个假说。基本需要是一种类本能，这意味着它在先天上有人种遗传的基础，但它的表现和满足要取决于后天的文化和环境。“类本能”这一概念也表明了基本需要的满足具有极大的可塑性，在上面的表述中，需要与需要之间的关系也具有很大的可塑性。

马斯洛提出的“优势需要”这一概念，在《动机与人格》中出现的次数不多，也没有一个严密的定义，但它对于理解需要层次论十分重要。

根据马斯洛著作的上下文，所谓的“优势需要”应该这样来理解：人同时存在多种基本需要，但在不同的时候，各种基本需要对人的行为的支配力是不同的，在所有的基本需要中，对人的行为具有最大支配力的需要就是“优势需要”。如果某一种需要成为“优势需要”的时候，它就很容易转化为现实的、具体的动机，浮现在人们的意识中，人们大量的行为开始聚焦于满足这一需要。在这个时候，其他基本需要是以潜在的形式存在的。

综上所述，如果从“意谓”的角度看，对马斯洛的表述进行改进，我们可以说马斯洛需要层次论讲的是“优势需要”的更替，而不是“需要”的更替。

对于“优势需要”的理解，还可以参考肯·威尔伯关于进化和成长的思想。进化和成长的过程既是“超越”又是“涵括”。需要满足是一个成长过程。把需要层次的上升只理解为“超越”或者“涵括”都是错误的。例如，当个体的优势需要上升到安全需要的时候，他的需要满足状态超越并且涵括了生理需要。所谓超越，是指他的生理需要已经不再占优势了。所谓涵括，是指当个体在满足需要的时候，他不仅能够满足安全需要，而且能够满足生理需要。只不过现在他在满足需要的时候，已经不用在生理需要上花费时间，而是把精力集中在安全需要上。同理，对于其他需要也是一样。马斯洛说：“爱因斯坦在他的晚年是一个高度专业化的科学家。爱因斯坦之所以成为爱因斯坦，是靠了他的妻子，靠了普林斯顿，靠了他的朋友们，等等。爱因斯坦免于面面俱到做到自我实现，是因为许多事情有别人为他代劳。如果把他抛到荒岛上，单独地，他也许还能有戈尔茨坦意义上的自我实现，即‘在环境容许的条件下尽他的所能’，但是，无论如何，这不是爱因斯坦已经达到的那种专门化的自我实现。或许，在那种情况下，自我实现根本就不可能，他或者早就死了，或者由于自己的无能而深感懊恼与无奈，或者退到匮乏性需要满足的水平上。”这段话，也可以采用优势需要的概念来理解。当爱因斯坦追求自我实现的时候，他的其他需要并不是消失了，而是处于一种维持状态。他之所以能够把精力放在自我实现和科学研究上，是因为那些更低需要的满足已经不成为问题，他已经建立了满足这些需要所必需的支持系统。

第七章　“需要”与“动机”的区别

在《动机与人格》中，马斯洛使用了“需要”（need）、“动机”（motivation）这两个不同的概念，但是马斯洛并没有对它们进行明确区分，在很多时候是混淆使用的。如果我们对这两个概念做一个明确区分，可以使马斯洛需要层次论更能够自圆其说，能够更好地解释一些问题。

苏联著名心理学家列昂捷夫曾经研究过“需要”与“动机”的区别问题。他写道：“作为个体的主体，生来就是有其天赋需要的。但是，再重复一遍，作为一种内部力量的需要，只有在活动中才能实现出来。”“只是由于对象被发现，需要才获得自己的对象性，而所感受的（想象出来的、思想上的）对象则获得了它激励和引导活动的机能，也就是说，变成了动机。”（列昂捷夫:《活动意识个性》，上海译文出版社 1980 年版，第 140 页）列昂捷夫的这种区分是有意义的，完全可以整合进马斯洛的需要层次论。

马斯洛在著作中虽然没有明确对“需要”和“动机”做出这样的区分，但根据他关于需要的诸多论述，特别是关于基本需要的类本能性质的论述，可以认为在他的理论中已经蕴含了列昂捷夫所论述的意思。可以说，“需要”与“动机”的区别，是马斯洛需要理论的必然的逻辑后果。需要层次论中的需要，其性质既然是类本能的，就意味着需要是潜在的、可塑的，必须转化为“动机”，才表现为对行为的现实支配力。

另外，马斯洛在论述“欲望与文化”关系的时候指出，“充足的人类学证据表明，全人类的基本或最终欲望并不完全像他们有意识的日常欲望那样各不相同。其主要原因在于，两种不同的文化可能提供两种完全不同的方法来满足某一特定的欲望。让我们以自尊心为例。在一个社会里，一个人靠成为好猎手来满足自尊心，而在另一个社会中，却要靠当一个伟大的医生、勇猛的武士或者一个十足铁石心肠的人，等等。因此，如果我们从根本上考虑问题，或许可以这样认为，这个人想要成为好猎手的欲望与那个人想要成为好医生的欲望有着同样的原动力和根本目的。这样我们就可以断定，把这两个看起来风马牛不相及的有意识欲望归于同一范畴，而不是以单纯的行为为根据将它们分为不同的范畴，将会有益于心理学家。很明显，目标本身远比通向这些目标的条条道路更具有普遍性，因为这些道路是由特定的局部性文化所决定的”。（马斯洛：《动机与人格》，许金声等译，中国人民大学出版社 2007 年版，第 6 页）在这里，不同文化后面的“基本或者最终欲望”“根本目的”等指的是“基本需要”，而不是现实的动机。

在需要与动机之间做了这种区分之后，我们就可以更好地回答一些难题。例如：我们可以更好地理解上一节所讨论的“优势需要”的问题。在有了“动机”与“需要”的区分，再加上“优势需要”的概念后，我们也可以说需要层次论讲的是“优势需要”的更替。那种关于是“需要”的更替的看法，实际上一般是把“需要”与“动机”混淆了。

马斯洛常常有这样的混淆。如前面所引：

当这些需要得到满足后，又有新的（更高级的）需要出现（emerge）了……

更精确的表述可以是：

当这些需要得到满足后，又有**来源于**新的需要的（更高级的）动机出现（emerge）了……（黑体字是笔者添加的）

如果生理需要和安全需要都很好地得到了满足，爱、感情和归属的需要就会产生……

更精确的表述可以是：

如果**来源于**生理需要和安全需要的动机都很好地得到了满足，**来源于**爱、感情和归属的需要的**动机**就会产生……（黑体字是笔者添加的）

任何需要的满足所产生的最根本的后果是这个需要被平息，一个更高级需要出现。

更精确的表述可以是：

任何需要的满足所产生的最根本的后果是这个需要被平息，一个更高级需要的**动机**出现。（黑体字是笔者添加的）

在马斯洛心理学传入中国以后，国内有些学者曾经提出这样的质疑：“创造需要是先天固有的吗？”（周冠生：《创造的需要是人先天所固有的吗？——评马斯洛的“自我实现”说》,《心理学探新》1983 年第 2 期）

有了“需要”和“动机”这两个概念的区分后，就可以这样回答：作为心理学水平的类本能的自我实现或者创造需要是先天固有的，即人人都有发挥自己潜力和创造力的潜能，但作为社会学或社会心理学水平的具体创造动机和欲望却是后天形成的。例如，贝多芬和陈景润都具有自我实现需要或者说创造需要，但贝多芬的创造需要或者说自我实现需要的具体化则是写作第五交响乐《命运》《D 大调小提琴协奏曲》等作品的欲望与动机，而陈景润的创造需要或者说自我实现需要则是攻克哥德巴赫猜想的欲望与动机。

第八章　马斯洛需要层次论讲的是几个层次?

在理解人的动力结构方面，马斯洛需要层次论为我们提供了一个迄今还不能够被替代的模型。尽管它被广泛引用和介绍，但其理解却有一些混乱和互相矛盾的地方，例如，马斯洛需要层次论究竟讲的是几个层次？

就我所见，国内外的心理学著作和心理学教材中，有的讲马斯洛的需要层次论是五个层次，即生理、安全、归属、自尊、自我实现的需要。有的讲是七个层次，即生理、安全、归属、自尊、自我实现、认知、审美的需要。七个层次中加入了认知和审美需要，排在自我实现需要之后，例如北京大学出版社出版的《普通心理学》（1994）就是如此。美国 D. 克雷奇等著的《心理学纲要》讲的是五个层次（1976）。美国 E.R. 加德等著的《心理学导论》（1982），也是讲七个层次，但是把认知需要和审美需要排在自我实现之前，即生理、安全、归属、自尊、认知、审美、自我实现。认为马斯洛的需要层次论是五个层次的文献，忽略了马斯洛对于认知需要和审美需要的论述；认为马斯洛的需要层次论是七个层次的，则是简单地把认知需要和审美需要也各看成一个层次。之所以出现这种情况，首要的原因应该是在诠释学的意义上对马斯洛“实谓”的情况的看法不太统一，一些概念不太清楚。

那么马斯洛需要层次论到底讲的是几个层次？马斯洛的原意是什么呢？我们对马斯洛需要层次论应该有怎样的理解？

需要层次论是马斯洛在《动机与人格》中着重提出的，我们就从这本书谈起。这本书在美国迄今共出了 3 版。1954 年第 1 版，1970 年第 2 版，1987 年第 3 版。第 3 版出版时马斯洛已经去世，编者罗伯特·弗雷格(Robert Frager) 略有删改。第 2 版是马斯洛 1969 年 8 月亲自定稿的，他根据第一版出版后心理学的一些重要发展做了适当的修改。应该说，如果要探究马斯洛的原意，研究第 2 版至关重要。

那么，马斯洛的原意究竟是什么？认知需要和审美需要应该各看成一个需要层次吗？

马斯洛是在《动机与人格》“人类动机理论”这一章中详细论述需要层次问题的。这一章在英文的第 2 版中安排为第四章，在英文的第 3 版中安排为第二章。这一章的内容在第 2 版和第 3 版中没有太大区别，只是小标题有一些改动。第一章分为几节，每一节有一个小标题。下面是该书英文第 2 版和第 3 版的“人类动机理论”一章的标题以及章内的小标题对照：

我们可以看到，马斯洛亲自定稿的第 2 版在论述从生理需要到自我实现需要时，是在“基本需要的层次”这一更大的标题下进行的。而无论是第 2 版还是第 3 版，在论述这五种基本需要后，即在“自我实现需要”这一小节之后，紧接着是“基本需要满足的先决条件”这一节。在论述完“基本需要满足的先决条件”后，才是“了解和理解的欲望”“审美需要”这两节。马斯洛为什么会这样做呢？

我们先来看看，在“基本需要满足的先决条件”一节，马斯洛说了什么？

第 2 版	第 3 版
第四章　人类动机理论	第二章　人类动机理论
引言	（第 3 版无“引言”）
基本需要的等次	基本需要的等次
生理需要	生理需要
（第 2 版无“需要层次的动力学”这一标题）	需要层次的动力学
安全需要	安全需要
归属和爱的需要	归属和爱的需要
自尊需要	自尊需要
自我实现需要	自我实现需要
满足基本需要的先决条件	满足基本需要的先决条件
（第 2 版无“基本的认知需要”这一标题）	基本的认知需要
认识和理解的欲望	认识和理解的欲望
审美需要	审美需要
………	……….

这一节很短，现摘录如下：

“基本需要的满足有一些直接的先决条件，包括在无损于他人的前提下的言论自由、行动自由、表达自由、调查研究的自由、寻求信息的自由、防御自由以及集体中的正义、公平、诚实、秩序等。这些条件不是目的本身，但它们接近目的，因为它们与基本需要的关系太密切，而基本需要明显本身就是唯一的目的。对它们的威胁会导致应激反应，似乎存在着对基本需要的直接威胁。之所以要捍卫这些条件，是因为如果没有它们，基本需要的满足就是很不可能的，至少也会是处于严重的危险之中。

假如我们没有忘记，认知能力（感性和理性学习）是一整套适应性工具，它们除了其他功能之外，还有满足我们的基本需要的作用。很明显，它们所遭遇的任何威胁，对其自由运用的任何剥夺或阻碍，一定也会直接地威胁基本需要本身。这个观点部分地解决了这样一些普遍的问题：好奇心，对于知识、真理和智慧的追求以及解释宇宙之谜的顽强的欲望。保密、新闻审查、不诚实、对交流的阻碍威胁着所有这些基本需要。”

（马斯洛：《动机与人格》，许金声等译，中国人民大学出版社2007年版，第29页）

从马斯洛的论述看，他所要谈的只是“满足基本需要的先决条件”，没有这些先决条件，“基本需要的满足就是很不可能的，至少也会是处于严重的危险之中”。

他为什么会在论述“认知需要”和“审美需要”之前，中间要隔这样一个小节呢？应该说，他是看到了这两种需要与人类基本需要的重要性而已。从章节的布局、分段以及表达的内容等看，马斯洛都没有明显地要把“认知需要”和“审美需要”纳入需要层次系列的意思。

我认为，至少在《动机与人格》中，马斯洛所谈的需要层次，应该是五个层次。在那个时候，马斯洛尚未形成充分的关于“自我超越”的思想，他谈的认知需要和审美需要的内涵，一部分可以归入自我实现需要，一部分可以归入他后来才比较明确肯定的自我超越需要。不过，马斯洛在论述需要层次理论的时候，就已经产生了关于自我超越需要思想的萌芽。

马斯洛在谈认知需要和审美需要时，是在谈五个层次之外，单独各列出一个与前面平行的节段来谈的，而且为认知需要和审美需要加了小标题，但又没有明确地指出它们在需要层次系列中各属于哪个层次，或者是更高的层次。他为什么会这样呢？这必须从马斯洛的整体思想来理解。

马斯洛强调心理学研究要以人为中心，他非常重视人类的价值，看到了认知需要和审美需要的重要性。

马斯洛首先批评了传统的心理学研究不重视认知需要的情况：“我们对于认知冲动，对于它们的动力或者在病态了解甚少的主要原因在于，它们在临床上并不重要，在由医疗系统主宰的心理诊所里当然也是如此。在这里，没有传统的神经症病例中纷繁的、谜一样的症状。认知心理学苍白无力，容易被忽略，认知的心理病态往往被解释为正常，并不迫切地需要治疗。”（马斯洛：《动机与人格》，许金声等译，中国人民大学出版社

2007 年版，第 30 页）

但他却无法把它们简单地只归入自我实现需要，而是在谈了自我实现需要之后，又接着谈认知需要和审美需要。这是为什么呢？很简单，因为这两种需要既具有自我实现的性质，也具有一些自我实现难以概括的性质。例如，马斯洛在谈认知需要时说：人类的认知是没有止境的，人们在不断地受到激励，"一方面要使认识越来越细致入微，另一方面又朝着某种宇宙哲学、神学等方向发展而使认识越来越广阔博大"。（马斯洛：《动机与人格》，许金声等译，中国人民大学出版社 2007 年版，第 33 页）

"这个过程被一些人称为寻求意义"。这一认知过程也可以说体现了人的"终极关切"，如果要把它归入自我实现需要也未尝不可，但却有言不尽意的感觉。要表达人的需要的这些性质，应该有一个新的术语，这可以用"超越性需要"来表现。马斯洛虽然也想到了这一术语，他用"mata-needs"来表示这一概念。但是，他当时并没有明确地做出细分，把自我超越需要归入需要层次系列，是自我实现之上的需要。

如果要进一步追溯原因，这大概与马斯洛早年所持有的对宗教的态度有关系。他出身于俄罗斯的犹太教家庭，由于他自身的素质和童年的一些经历，使他对宗教没有好感。这样，尽管马斯洛强调了心理学要以人为中心，强调了人性的高境界，但是他关于人性的模型仍然是不充足的。但是，马斯洛毕竟是一位富有终极关切的人。到了晚年，马斯洛关于后人本心理学的思想逐渐成熟，对于人的理解又有了进一步的发展。他对宗教的态度也发生了变化，看法更加深化，对灵性的东西更加关注，在提出"后人本心理学"的同时，也更多地使用"超越性需要"等概念，但他并没有详细论述"超越性需要"这一需要与需要层次论的关系，没有明确地把它归入需要层次系列。我认为，在诠释学"意谓"的层次上，我们可以把"超越性需要"补充进去，在自我实现需要的层次之上，再增加一个层次，称为"自我超越需要"。这样，马斯洛的需要层次系列就总共有六个层次。

在本书第五部分《大我实现的路径：全人需要层次论》，我更加详细地在"自我超越需要"之后，又加上了"大我实现需要"。这样，需要层次总共就是七个层次。我把包含这样的七个层次的需要层次理论称为"全人需要层次论”。

马斯洛所说的“认知需要”和“审美需要”与“自我超越的需要”有什么关系呢？认知需要和审美需要究竟是什么性质的需要，它们在需要层次系列中处于什么位置呢？

关于上述问题，还要结合马斯洛关于“基本需要”的概念来回答。人的需要有很多，哪些可以纳入需要层次系列呢？这要看它的性质是什么？它是不是属于基本需要？马斯洛在《动机与人格》中，区别了基本需要与一般的欲望、冲动等的差异。基本需要是指对这些欲望、冲动，不断地进行追溯，而最后不能够再追溯下去时的欲望和冲动，就是基本需要。认知和审美这两种需要不是属于基本需要的范畴，由于它们本身也有层次高低的不同，它们或者可以归入自我实现的层次，或者可以归入自我超越甚至大我实现的层次。在潜能一般发挥的意义上，我们可以把认知需要和审美需要归入自我实现的层次，在终极关切，乃至潜能更充分发挥的意义上，包括高峰体验、“开悟”等情况，应该归入自我超越甚至大我实现的层次。

第九章　马斯洛与后人本心理学的兴起

在马斯洛的晚年，他的思想又有不少发展，其中需要层次理论也有一定的发展。这些发展,与“后人本心理学”(超个人心理学)的兴起密切相关。

一、心理学的第四思潮：后人本心理学

这些问题，原来都是哲学、宗教等关注的领域，但伴随着心理学的崛起，它们逐渐受到一种新的话语的挑战。这种话语最重要的特征之一，是强调理论研究的可验证性、可重复性、精确性。

20 世纪五六十年代，美国兴起了人本心理学的新思潮，其主要代表有

马斯洛（1908—1970）、罗杰斯（1902—1987）、罗洛·梅（1909—1994）等。

人本心理学产生之前，心理学研究主要有两大思潮（或者说势力）：弗洛伊德心理学、行为主义心理学。人本心理学在批评这两大思潮的基础上，强调心理学应该研究健康的人，其典范是自我实现的人（马斯洛语）、充分发挥作用的人（罗杰斯语）。强调心理学要关注人的潜能的开发，关注人的更高价值、创造性等。

中国心理学家车文博指出："人本主义心理学不仅突破了行为主义和精神分析的理论模式，而且在心理学的研究对象、方法、内容和心理治疗诸多方面独树一帜，建构了一种新的心理学理论体系。特别是传统的真、善、美及其价值论问题，长期以来由于传统科学方法的无能为力而不得不推给非科学主要是文学与宗教作为信仰来处理。马斯洛的理想是改善科学方法和扩大科学权限，以弥合当代已发展到十分严重地步的科学与信仰的分裂，使人类的崇高抱负也能由科学的推动而获得人类的普遍认同。"（车文博：《西方心理学史》，浙江教育出版社 1998 年版，第 33 页）

人本心理学思潮的出现在一定意义上只是一个铺垫。20 世纪 70 年代，在人本心理学势头仍然强劲之际，美国又兴起了"后人本心理学"（transpersonal psychology，通常直译为"超个人心理学"）思潮，迄今方兴未艾。至此，心理学已经有四大思潮：行为主义心理学、弗洛伊德心理学、人本心理学、后人本心理学。"后人本心理学"的兴起，才开始真正起到了上述车文博所归纳的作用之一："弥合当代已发展到十分严重地步的科学与信仰的分裂，使人类的崇高抱负也能由科学的推动而获得人类的普遍认同。"可以说，后人本心理学的兴起，冲击了原来只是哲学、宗教所关注的一些根本性的问题。在某种意义上，它一方面与哲学、宗教形成了一种跨界竞争，一方面又架起了科学与哲学、宗教之间的一座桥梁。

二、为什么把"transpersonal psychology"意译为"后人本心理学"？

"后人本心理学"的英文是"transpersonal psychology"。"transpersonal"的意思是"超个人的"。"transpersonal psychology"直译就是"超个人心

理学”。

那么，我为什么要把它意译为“后人本心理学”呢？

1.“后人本心理学”的产生并非空穴来风，从起源上讲，它是“人本心理学”继续发展的必然结果，其深远的动力就是人类对于不断发挥潜能的追求。当人类在不断深入探讨自身潜能开发的时候，对于人性也就有了越来越深刻的认识。正如肯·威尔伯所言，任何进化和成长都必须有两方面，即涵括和超越。人性的发展和后人本心理学的出现都是一样的。后人本心理学并不是一种与人本心理学没有关系的新的心理学，而是一种在人本心理学的基础上有着更加丰富的人性观、更广阔的视野的心理学的研究取向。

2.“transpersonal psychology”的中文译法使用最多的是“超个人心理学”。另外的译法还有“精神心理学”等。这些译法的最大问题是不能够传达出后人本心理学与人本心理学之间的密切关系。例如，“超个人心理学”这一译法容易引起这样一种误解，人们也许会感到困惑，在个人之外还有什么心理学呢？或者，某些人会把它与研究特异功能的心理学联系起来。“精神心理学”这一译法虽然强调了后人本心理学关于人在精神性方面的研究，但它仍然不容易让人看明白，它容易与“spiritual psychology”混淆，也没有表达出后人本心理学有比以前几种心理学思潮更大的涵盖面的特点。把“transpersonal psychology”意译为“后人本心理学”可以避免这些问题，从字面上也可以讲得通。“trans”有“超越的”“贯穿的”等意思。既然是“超越”“贯穿”，则肯定是在之后。所以，从“trans”也可以引申出“后”的意思。“personal”的意思就是“个人”“人”。关键在于，“后人本心理学”这种译法更加接近“transpersonal psychology”存在的实际情况。

3. 最早使用“transpersonal”（超越个人的）这个词的是马斯洛。马斯洛不仅是“人本心理学之父”，而且也是“后人本心理学”的重要奠基者之一。马斯洛在晚年产生了关于后人本心理学的思想，1968 年，马斯洛曾经写信给安东尼·苏蒂奇（Anthony Sutich），和他讨论“第四心理学”的问题。他希望有一种新的心理学，能够“超越个体性，超越单独的个人的发展，而进入到含义更广的更具包容性的某种事物。”（马斯洛：《动机与人格》（第三版），许金声等译，中国人民大学出版社 2007 年版，第 333 页）

他曾经考虑使用“transhumanistic psychology”，后来才确定用“transpersonal psychology”。“transhumanistic”一词，由 humanistic（人本的）在前面加一前缀 trans- 构成。翻译为中文正是：“超人本的心理学”，或者“后人本心理学”。

4. 从实践上看，把“transpersonal psychology”译为“后人本心理学”，其好处也传达出了“transpersonal psychology”的研究者与“humanistic psychology”的研究者之间的密切关系，即第三心理学思潮和第四心理学思潮之间的密切关系，体现了“humanistic psychology”研究者们发展的一个历程。例如，马斯洛本人就体现了这一历程。在美国心理学会，把“transpersonal psychology”与“humanistic psychology”的研究者合并为一个分会，似乎在一定程度上也体现了这种理解。

三、如何理解马斯洛为“transpersonal psychology”（后人本心理学）奠基的一段话？

马斯洛在 1968 年再版的《存在心理学探索》的序言中写道：“我认为，人本主义的、第三种力量的心理学是过渡性的，是向更高的第四种心理学发展的准备阶段。第四种心理学是超越个人的、超越人类的，它超越了人性、自我同一性和自我实现等概念，是以宇宙为中心，而不是以人的需要和兴趣为中心。”（马斯洛：《存在心理学探索》，李文恬译，云南人民出版社 1988 年版，第 6 页）

马斯洛的这段话很重要，常常被引用，也常常被用来论证“transpersonal psychology”，即“后人本心理学”的诞生。——我认为，这段话的确是很重要的。马斯洛的这段话，发表于 1968 年出版的《存在心理学探索》的第 2 版前言中。1962 年《存在心理学探索》初次发表时，马斯洛是没有这些思想的。

在《存在心理学探索》的第 2 版前言中，马斯洛指出了人本心理学的影响正在逐渐扩大：“它是理解和思考的新路线，人和社会的新形象，伦理和道德的新概念，以及运动的新方向。”（马斯洛：《存在心理学探索》，

李文恬译，云南人民出版社 1988 年版，第 5 页）

那么，应该如何理解前面那段话呢？

理解这段话，不能够拘泥于文字，只做浅层次的解读，而要深入进去，尽量做到创造性的诠释。

马斯洛说："我认为，人本主义的、第三种力量的心理学是过渡性的，是向更高的第四种心理学发展的准备阶段。"（同上）在这里，马斯洛是在展望心理学新思潮的发展。他预见了作为第三思潮的人本心理学的进一步发展，必然导致更新的第四思潮：后人本心理学。马斯洛之所以有这样的展望和预见，是因为他不断探索，以致在晚年越来越有一种身心灵大健康的心理学研究的格局。

马斯洛思想的这种变化与发展可以说本身就体现了人本心理学与后人本心理学之间的逻辑关系。马斯洛的心理学思想具有极大的开放性，他所奠基的人本心理学具有继续走向更高心理学的张力，或者说它本身就是一种通向超越性心理学以及后人本心理学的桥梁。正如他指出："我们需要某种'大于我们的东西'作为我们敬畏和献身的对象。"（马斯洛：《存在心理学探索》，李文恬译，云南人民出版社 1988 年版，第 6 页）他这样说，标志他已经有了一定关于终极关切的体悟。在马斯洛的后期著作中，更是有不少关于后人本心理学的思想。

在这段话中，马斯洛也讲明了"人本心理学"与"后人本心理学"的关系。人本心理学是走向后人本心理学的一种过渡，它的发展必然走向后人本心理学。有不少的人在理解"transpersonal psychology"的时候，容易把它与"人本心理学"割裂开来，似乎"transpersonal psychology"是一种完全与人本心理学无关系的新的心理学流派。这是不妥的。前面已经谈到，任何事物的进化、成长同时具有"涵括"和"超越"两种性质，作为研究对象是人的心理学，更是如此。

所谓"第四种心理学是超越个人的、超越人类的，它超越了人性、自我同一性和自我实现等概念，是以宇宙为中心，而不是以人的需要和兴趣为中心。"（马斯洛：《存在心理学探索》，李文恬译，云南人民出版社 1988 年版，第 6 页）是什么意思呢？

在这里,“超越个人”“超越人类”“超越人性”是指超越以个人为中心、超越以人类为中心、超越以人性为中心，而不是指要脱离个人、脱离人类、脱离人性。而对于超越“自我同一性”来说，并不是指不要自我同一性，而是指有更高的、更广阔的自我同一性。对于超越自我实现，则可以理解为是指在自我实现之上，还有“自我超越”和“大我实现”（详见本书后面的论述）。

这段话的最后两句：“以宇宙为中心，而不是以人的需要和兴趣为中心”,这实际上是指突破以前的以人为中心的狭隘,以最广阔的视野来看人。

在马斯洛的这一大段话中，有逻辑不够严密的地方，或者说，他没有对这些话做更清晰的、进一步的说明。尤其是“以宇宙为中心，而不是以人的需要和兴趣为中心”这段话很容易引起歧义：难道心理学不研究人了吗？难道心理学成了宇宙学吗？所谓“以宇宙为中心”，是谁“以宇宙为中心”？难道不是人又是其他什么生物？所谓“不是以人的需要和兴趣为中心”，又是谁在这样做？不是人又是什么生物呢？所以，其实马斯洛并没有否定心理学的研究对象是人，也没有否定需要层次理论的重要性，只是后人本心理学所研究的人，是处于人性发展的更高阶段，人类的心理问题，已经需要纳入更大的系统，大到纳入宇宙来加以考虑。这就需要有更加全面和深刻的动力理论来予以说明了。这样一些问题，事关人类的进一步发展。要把这样一些问题说清楚，我们必须继承和发扬马斯洛所提出的需要层次论的成果，提出一个更加完善的需要层次理论。为了有别于马斯洛提出的需要层次理论，我们把它称为“全人需要层次论”。

在新的人性和人生发展阶段，个体的优势需要已经超过了自我实现需要占优势的阶段，进入了自我超越需要，乃至大我实现需要占优势的阶段。什么是“自我超越需要”？什么是“大我实现需要”？我们在下面的部分，还将详细地论述。

第三部分　大我实现的路径：全人需要层次论

第一章　“高级需要”概念的丰富与扩大

“全人需要层次论”是在马斯洛需要层次论基础上进一步发展而来的。在提出“全人需要层次论”之前，应该对马斯洛关于需要层次论的论述进行梳理，首先是马斯洛关于“高级需要”的论述。

早在《动机与人格》中，马斯洛表述了关于人类需要发展、进化的思想，尤其是在论述高级需要和低级需要的时候，他对低级需要和高级需要做出了精彩的区分。马斯洛的论述，本身就是我们优化、丰富和发展需要层次论的重要依据。

一、高级需要是人类进化、发展的产物

马斯洛认为，高级需要和低级需要之间存在的差异，证实了“有机体自己规定了价值的不同等级”，“这是科学的观察者的记录，不是他们的创造”，“如果能证实有机体在先与后、强与弱、高级与低级之间进行着选择，就不能认为一件好事与任何其他好事价值相同……”（马斯洛：《动机与人格》，许金声等译，中国人民大学出版社 2007 年版，第 72 页）人类的需要存在着高级需要与低级需要的不同。这种不同对于人类是先天就存在的。人类的价值是分层次的，这种层次有客观存在的基础，不是研究者主观的

任意创造。在一定意义上，马斯洛的这些论述，为人类生存的选择和人性的发展提供了一种理论。

马斯洛认为，人性以及人类的需要是在不断进化和发展的，人类的高级需要就是进化的产物。“高级需要是一种较晚的种系的或进化发展的产物。我们和一切生物一样具有对食物的需要，也许与高等类人猿一样具有爱的需要。而自我实现的需要是人类独有的。越是高级的需要，就越为人类所特有。”（马斯洛：《动机与人格》，许金声等译，中国人民大学出版社2007年版，第72页）

既然“高级需要是一种较晚的种系的或进化发展的产物”，那么我们的生存就是尽量要发展到让高级需要的满足占上风。

自我实现需要无疑是一种高级需要。它是不是人类的最高的需要呢？在自我实现之后，人类还有没有更加高级的需要呢？人性发展的最高境界是什么？马斯洛为什么在提出了“自我实现需要”这一概念之后，还提出“超越性需要”的概念？“超越性需要”足以概括人性发展的最高境界了吗？对于这些问题，马斯洛的有关论述是不够清晰的，尽管如此，也蕴含了诸多富有意义的探索。

马斯洛指出，人类个体需要的出现和满足，也是在不断发展的，具有一定的规律：“高级需要是较迟的个体发育的产物。任何个体一出生就显示出有生理的需要，也许，还以一种不完全的方式显示出有安全需要（例如，个体可能会受到恐吓或震惊，当个体所依靠的世界显示出它可信赖的足够的规律与秩序时，个体也许会更好地成长）。只有在几个月以后，婴儿才初次表现出有与人亲近的迹象以及有所选择的情感。再晚一些，我们可以相当清楚地看到，除了对安全以及父母的爱的需要外，婴儿还表现出对独立、自主、成就、尊重以及表扬的要求。至于自我实现，甚至莫扎特式的人物也要等到三四岁。”（马斯洛：《动机与人格》，许金声等译，中国人民大学出版社2007年版，第72页）

与前面的论述相应，马斯洛在后面还进一步讨论：“高级需要的满足需要有更多的前提条件。遗传占优势的需要必须在高级需要的满足之前得到满足，仅此一点就足以说明这一问题。因此，对爱的需要在意识中的显露，要比安全需要的出现依赖于更多的满足。在一般的意义上，在高级需要的层次上，生活是更复杂了。寻求尊重、地位比寻求爱要涉及更多的人，需要有更大的活动场景，更长的过程，更多的手段和阶段性的目标，以及更多的从属性步骤和预备步骤。对爱的需要与安全需要进行比较时，同样存在上述差异。”（马斯洛：《动机与人格》，许金声等译，中国人民大学出版社 2007 年版，第 73 页）

既然人类的高级需要对于个体来说，它们在较晚的时候才显露，它们的满足需要有更多的条件。那么，我们很容易想到，如果个体有能力较早地出现高级需要，社会环境提供了良好的条件便于高级需要的满足，接下来又会出现什么情况呢？人类还有可能出现具有质的不同的高级需要吗？

二、高级需要容易被压抑和掩盖

马斯洛指出：“越是高级的需要，对于维持纯粹的生存也就越不迫切，其满足也就越能更长久地推迟，并且，这种需要也就越容易永远消失。高级需要不大善于支配、组织以及调动有机体的自主反应和其他能力（例如，人们对于安全的需要比对于尊重的需要更偏执、更迫切）。剥夺高级需要不像剥夺低级需要那样引起如此疯狂的抵御和应激反应。与食物、安全相比，尊重是一种非必需的奢侈品。”（马斯洛：《动机与人格》，许金声等译，中国人民大学出版社 2007 年版，第 72 页）

在这里，马斯洛指出了高级需要满足的困难，低级需要满足对于高级需要满足的制约。从这句话很容易联想到，随着社会的发展更加富裕，社会环境更加安全，人们的需要满足，就更容易走向高级需要。这一说法，还蕴含着人类的高级需要有很多，甚至还可以分出更多、更高的层次的开放的看法。

马斯洛接着指出：“从主观上讲，高级需要不像其他需要一样迫切。它们较不容易被察觉，容易被误解，容易由于暗示、模仿或者错误的信念和习惯而与其他需要相混淆。能够辨清自己的高级需要，即知道自己想要什么,是一个重要的心理成就。对于高级需要尤其如此。”(马斯洛:《动机与人格》,许金声等译,中国人民大学出版社 2007 年版,第 73 页)

在这里,马斯洛谈到了一个对于心理咨询、心理治疗极为重要的思想,我从自己的心理咨询、心理治疗实践就强烈地感受到这个问题,不少前来寻求帮助的当事人,正是由于内心有严重的冲突,他们常常分不清楚自己到底需要什么,甚至不知道自己在做什么。从通心理论看,就是他们还做不到“清晰自己”。心理咨询、心理治疗就是首先帮助他们做到。他们之所以难以做到清晰自己,往往与他们幼年时,归属需要、安全需要,甚至生存需要的满足出了问题有关。他们成年之后,在已经出现自尊需要,甚至自我实现需要的情况下,由于对归属需要、安全需要等低级需要满足丧失的恐惧,常常出现强烈的内心冲突和撕裂。例如,一位高中生,在考大学时,是想考文科,但父亲却希望他考理科,他在这时候便体验到了内心冲突。他自己想考文科,却又不想让父亲不高兴。

“高级需要的实现要求有更好的外部条件。要让人们彼此相爱,而不仅是免于相互残杀,需要有更好的环境条件(家庭、经济、政治、教育等等)。”(马斯洛:《动机与人格》,许金声等译,中国人民大学出版社 2007 年版,第 73 页)

马斯洛的这些看法,也同样有助于我们认识自我实现之后的更加高级的需要。

综上所述,马斯洛所论述的高级需要具有这样一些重要特点:

1.“对于维持纯粹的生存也就越不迫切,其满足也就越能更长久地推迟,并且,这种需要也就越容易永远消失”。

2.“高级需要不大善于支配、组织以及调动有机体的自主反应和其他能力”。

3.“剥夺高级需要不像剥夺低级需要那样引起如此疯狂的抵御和应激反应”。

4.“从主观上讲,高级需要不像其他需要一样迫切。它们较不容易被察觉,容易被误解,容易由于暗示、模仿或者错误的信念和习惯而与其他需要相混淆”。

5. “高级需要的满足需要有更多的前提条件。遗传占优势的需要必须在高级需要的满足之前得到满足……”

6. “高级需要的实现要求有更好的外部条件。要让人们彼此相爱，而不仅是免于相互残杀，需要有更好的环境条件（家庭、经济、政治、教育等等）”。

以上这六个特点，都有助于解释为什么在人类的生活中高级需要的表现还不太多。

马斯洛的这些论述，对于我们详细研究他所提出的“自我实现需要”，把“自我实现需要”的概念作一些限定，明确其界限，使之更加精确化，并且提出自我实现需要之后还有更高级需要，具有重要指导意义。本书所要论述的全人需要层次论，其主要思想之一，就是在“自我实现需要”之后，加上了更高级的“自我超越需要”“大我实现需要”。马斯洛所论述的高级需要的六个特点，完全适合“自我超越需要”“大我实现需要”。而且可以说，相对于自我实现需要，这六个特点更加突出。

在现实生活中，马斯洛描述的以上情况不难观察到。一个人越是处于社会底层，他的高级需要就越是少地有所表现。所谓“这种需要也就越容易永远消失”，是指这些高级需要永远只是作为一种潜在的可能性没有得到开发。或者说，正是由于这些人压抑、掩盖了自己的高级需要，他们才处于社会底层。

但是，这并不意味着，社会的高端人士，除了自我实现需要之外，他们的更加高级的自我超越需要、大我实现需要就一定得到了开发。这些更加高级的需要的出现，需要个体具有更好的素质，以及个体所处文化、宗教、社会结构等的一些条件。

三、高级需要的满足为什么值得追求？

马斯洛心理学思想的一个重要特点，就是认为心理学应该为人类的价值做出贡献。他关于高级需要的论述，也体现了这一特征。他明确地认为，高级需要的满足是值得追求的，其理由如下：

1. 能够提升人类个体的主观满意度和幸福感。马斯洛认为 :“高级需要的满足能引起更合意的主观效果，即更深刻的幸福感、宁静感以及内心生活的丰富感。安全需要的满足最多只产生一种如释重负的感觉。无论如何它们不能产生像爱的满足所导致的那种高峰体验、极度幸福、令人心醉的爱，或是宁静、理解、高尚等感受。”（马斯洛 :《动机与人格》，许金声等译，中国人民大学出版社 2007 年版，第 73 页）

2. 对于大多数人来说，他们认为低级需要满足的重要性是无可非议的，身体健康是唯一的健康问题。那么，高级需要的满足，与身体健康有什么关系呢？关于这个问题，马斯洛也有明确的看法。他指出 :“处于高级需要的水平上，意味着更大的生物效能、更长的寿命、更少的疾病，更好的睡眠和胃口等等。心身医学研究者多次证实，焦虑、害怕、爱和优势的缺乏等等，除促成不良的心理后果外，往往还造成不良的生理后果。”（马斯洛 :《动机与人格》，许金声等译，中国人民大学出版社 2007 年版，第 73 页）

“低级需要比高级需要更局部化、更切实有形，也更有限度。饥和渴的躯体感与爱相比要明显得多，而爱则依次远比尊重更带有躯体性。另外，低级需要的满足远比高级需要的满足更加切实有形或更可观察。而且，低级需要之所以更有限度，是从它们只须较少满足物就可平息这种意义上来说的。我们只能吃这么一点食物，然而爱、尊重以及认识的满足几乎是无限的。”（马斯洛 :《动机与人格》，许金声等译，中国人民大学出版社 2007 年版，第 73 页）

马斯洛从高级需要满足的角度，谈到身、心之间的关系。高级需要的满足，能够带来更大的身体健康。而“低级需要比高级需要更局部化、更切实有形，也更有限度”。那么，我们也可以说，“高级需要比低级需要更不局部化、更加精神化，更没有限度”。这也就意味着，高级需要的满足，一旦满足之后，更不受躯体、物质条件等的影响，不容易因这些情况的变化很快消失，也不会因这些情况影响满足的深度。

3. 一般人在生活中，会遇到低级需要满足和高级需要满足的矛盾。这也可以理解为一种价值冲突。“那些两种需要都得到了满足的人们通常认为高级需要比低级需要具有更大的价值。他们愿为高级需要的满足牺牲更多的东西，而且更容易忍受低级需要满足的丧失。例如，他们将比较容易适应禁欲生活，比较容易为了维护原则而面对危险，为了自我实现而放弃钱财和名声。见识过两种需要的人普遍地认为，自我尊重是比填满肚子更高级、更珍贵的主观体验。”（马斯洛：《动机与人格》，许金声等译，中国人民大学出版社 2007 年版，第 73 页）

英国哲学家、心理学家、经济学家约翰·穆勒在 1861 年发表了这样的观点：“对于两种快乐而言，如果所有或几乎所有体验过这两种快乐的人，都对其中某一种表现出明确的偏好，而不顾及任何道德责任感去偏爱它，那么这种快乐就是更加值得欲求的快乐。”“做一个得不到满足的人要好过做一头满足的猪，做不满足的苏格拉底要好过做一个满足的蠢货。”

马斯洛和约翰·穆勒在这里隐含的意思是：人性的发展和进化是有方向的。价值、快乐都是有高低之分的。

四、高级需要与心理治疗有什么关系？

马斯洛指出：“对高级需要的追求和满足代表了一种普遍性地趋于健康的趋势，一种远离心理病态的趋势。”（马斯洛：《动机与人格》，许金声等译，中国人民大学出版社，2007 年版，第 73 页）

马斯洛认为，基本需要的满足与心理健康有很高的正相关。而高级需要的满足，几乎就可以称为是心理健康的代名词。“需要的层次越高，心理治疗就越容易，并且越有效。而在最低级的需要层级上，心理治疗几乎没有任何效用。例如，心理治疗不能止住饥饿。”（马斯洛：《动机与人格》，许金声等译，中国人民大学出版社 2007 年版，第 74 页）

马斯洛所谈及的高级需要与心理健康的关系，以及心理健康与心理治疗的关系，对于观察当今我国的心理服务业的发展具有启发意义。随着国人生活水平的提升，对于追求心理健康的意识也越来越加强，甚至越来越关注“大健康”。在这种形势之下，原有的关于心理咨询、心理治疗的概念显得有局限，心理健康服务的内涵和外延越来越需要拓展。

借用通心的理论和方法，可以进一步解释马斯洛的上述论述。同时，也可以说清楚心理服务业进一步发展的必要性。

1. 心理治疗是一种通心的服务，旨在帮助当事人有更大的心理能量去解决他面对的问题，从而能够更好地去满足他的基本需要。

2. 一个饿着肚子的人不会去寻求心理治疗，更不会因为想得到食物而去寻求心理治疗。对于这种人最大的帮助就是给予食物。

3. 一个极度缺乏安全感的人，例如有被迫害妄想的人，的确有可能去寻求心理治疗。但使他寻求心理治疗的，往往不是来寻求安全，而是来消除使他感到不舒服的有关不安全的恐惧情绪、妄想和感觉等。

4. 人在寻找归属需要、自尊需要，乃至自我实现需要满足的时候，都可能产生大量的心理问题，心理治疗都可以提供帮助。即使是人在自我实现需要占优势之后，他仍然会感到不满足，仍然存在一个优势需要的进一步发展问题，我们在后面将论述。他还有更高级的“自我超越需要”“大我实现需要”的满足问题。在这些方面，他的任何的不自在都是由于在某些方面“不通畅”。在这些方面，“通心辅导”仍然可以提供帮助。

五、“高级需要”与“通心”有什么关系？

马斯洛认为：“需要的层次越高，爱的趋同范围就越广，即受爱的趋同作用影响的人数就越多，爱的趋同的平均程度也就越高。在原则上，我们可以把爱的趋同解释为，两个或更多的人的需要融合为一个单一需要的优势层次。当然，这是程度问题。两个相爱甚笃的人会不加区别地对待彼此的需要。对方的需要，的确也就是他自己的需要。”（马斯洛：《动机与人格》，许金声等译，中国人民大学出版社 2007 年版，第 75 页）

当马斯洛提出类似论点的时候，我越来越感觉到如果引入通心理论，会把问题说得更加清楚。

什么是“爱的趋同”？马斯洛的解释是：“两个或更多的人的需要

融合为一个单一需要的优势层次。”从通心理论看，这种情况正是通过通心来达到的。所谓“通心”，要求“通心者”要清晰自己的立场、情绪和状态，要站在对方的立场上，体验到对方的立场、情绪和状态，并且能够以对方能够接受，甚至乐意接受的方式来影响对方。如果双方都能够做到这些，他们的需要至少在一个时段里“融合为一个单一需要的优势层次”了吗？

所谓“两个相爱甚笃的人会不加区别地对待彼此的需要”，这就是说，你的需要，就是我的需要，我的需要，就是你的需要。——这已经很好地解释了什么叫“爱的趋同作用”。两个人为什么会“相爱甚笃”？这正是通过“通心”达到的。他们通过通心，认识到大家的“三观”都非常接近。所谓“不加区别地对待彼此的需要”，这并不是说大家就没有体现自己独特个性的需要，而是指“相爱甚笃”的人们在选择了共同生活的情况下，彼此需要的满足已经进入了一种整合状态。例如，以两个恋人为例，如果一个人是钢琴家，一个人是歌唱家，他们各自有自己的发展，但这种发展同时又是对对方的发展有利的，即所谓“相得益彰”。

从需要层次论来看，人们在归属需要、自尊需要，乃至自我实现需要成为优势需要之后，其满足越来越多地涉及他人以及他人需要的满足，甚至这些需要的满足本身就是在人际关系中实现的，所以“通心”的问题也就越来越重要。一个人的通心力越强，他就越能够在需要的满足上上升，并且能够在更高级的需要满足上取得稳定状态，或者说让高级需要成为优势需要。

马斯洛认为：“高级需要的追求与满足具有有益于公众和社会的效果。在一定程度上，需要越高级，就越少自私。饥饿是以我为中心的，它唯一的满足方式就是让自己得到满足，但是，对爱以及尊重的追求却必然涉及他人，而且涉及他人的满足。已得到足够的基本满足继而寻求友爱和尊重（而不是仅仅寻找食物和安全）的人们，倾向于发展诸如忠诚、友爱以及公民意识等品质，并成为更好的父母、丈夫、教师、公职人员等等。”（马斯洛：《动机与人格》，许金声等译，中国人民大学出版社 2007 年版，第 75 页）

这段话非常精彩。高级需要的追求与满足与有益于公众和社会的效果常常是一致的。这意味着，如果要追求高级需要的满足，应该关注自己需要的满足是否有益于公众和社会。如果说自我实现需要的满足与有益于公众和社会的关系还不是那么明显的话，自我超越需要、大我实现需要的满足与有益于公众和社会的关系就更加明显了。

马斯洛认为："高级需要的追求与满足导致更伟大、更坚强以及更真实的个性。这可能显得与前面的陈述矛盾。前面的陈述指出，生活在高级需要层次意味着更多的爱的趋同，即更多的社会化。不管听上去是否符合逻辑，它却是以经验为根据的事实。实际上，生活在自我实现层次中的人既是最爱人类的，又是个人特质发展得最充分的人。"（马斯洛：《动机与人格》，许金声等译，中国人民大学出版社 2007 年版，第 75 页）

在这里，马斯洛所谈到的"生活在自我实现层次中的人"的范围应该扩大了。所谓"高级需要的追求与满足导致更伟大、更坚强以及更真实的个性。……实际上，生活在自我实现层次中的人既是最爱人类的，又是个人特质发展得最充分的人"。已经使马斯洛"自我实现"的概念显得解释力不够，必须引入"自我超越"和"大我实现"的概念才能够说明问题。

第二章　深入理解"自我实现"

一、深入理解"自我实现"

"自我实现"尽管在马斯洛的著作中频频出现，但马斯洛关于"自我实现"一直没有一个精确的、确定的定义。

关于自我实现需要，马斯洛在不同的地方，从不同的角度做过不少表述，最通俗的说法莫过于这段话："一位作曲家必须作曲，一位画家必须绘画，一位诗人必须写诗，否则他就无法安静，人们都需要尽其所能，这一需要就称为‘自我实现需要’。”（马斯洛：《动机与人格》，许金声等译，中国人民大学出版社2007年版，第29页）

在这里，马斯洛并不是说只有“作曲家”“画家”“诗人”才能够自我实现，而是以这些职业为例，说明一个人的自我实现，与他自身的特质、自身的潜能、自身的定位紧密相关。其实，一个人只要能够从事适合自己的职业和工作，他就有可能进入自我实现，具有自我实现的体验。当然，能够发现适合自己的职业和工作，并不是一件容易的事情。

马斯洛在晚年，仍然保留着类似的看法。他写道：“说到自我实现，那就意味着有一个‘自我’需要实现出来。人非白纸，也不是一堆泥或一团黏土。人是某种既成的东西，至少是某种软骨结构。从最低限度讲，人是他的气质、他的生化平衡等等。人们都有着一个自我，我常说‘倾听内部冲动的声音’，其含义就是要让自我出来。然而，我们绝大多数人，特别是儿童和青年，不是倾听自己的声音，而是倾听妈妈爸爸的声音，倾听权力机构的声音，倾听老人的、权威的或者传统的声音。”（马斯洛：《人性能达的境界》，见《自我实现的人》，许金声等译，三联书店2007年版，第116—117页）

“人是某种既成的东西，至少是某种软骨结构”。既肯定了人的确定性，又肯定了人的可塑性。人总是有一定的自由来做出选择，这正是对我们的挑战和激励。

马斯洛所谓“倾听内部冲动的声音”“倾听自己的声音”，从通心理论来看，是强调了“清晰自己”的重要性。如果能够做到如此，意味着个体已经有一个独立的人格，有一个坚固的自我，使我们不受妈妈爸爸的声音、权力机构的声音、老人的声音以及权威的或者传统的声音的影响。

二、从“自我”来理解“自我实现”

“说到自我实现，那就意味着有一个‘自我’需要实现出来”。（同上）这是一个非常通俗的说法。对于“自我实现”这个概念，首先可以从“自我”

来理解。

借用“通心”的概念，我们可以很好地说明“自我实现”。从通心理论来看，通心的黄金三要件是：1. 清晰自己。2. 换位体验。3. 有效影响。要做到自我实现必须通心。自我实现首先在于能够做到有相当的自我清晰，也就是清晰自己在每一件事情，每一个关系上的立场和状态。他是在倾听自己内部冲动的声音，而不是在倾听妈妈爸爸的声音，倾听权力机构的声音，倾听老人的、权威的或者传统的声音。

从更加宏观的意义上来看，个人形成了自己的世界观、价值观、人生观，也找到了适合自己喜欢的职业，他在从事这一职业的时候，不断地有潜能的发挥。也就是说，他是一位作曲家在作曲，一位画家在绘画，一位诗人在写诗。当然，他也可以做其他任何喜欢的工作。一旦个人找到了这样的工作，他还必须与各种各样的人以及环境打交道，这就需要他还要做到与打交道的人换位体验，并且采取恰当的行动（有效影响）。

★对于心理咨询、心理治疗、通心辅导等的启示

做心理健康服务工作的人都会注意到，当事人来寻求帮助，许多情况下，他们常常需要让当事人变得人格独立。

更基本的是，首先要让当事人能够诚实地面对自己，清晰地觉察自己。

这样一些简单的问题，并不是所有的人都愿意面对的：

“你现在感觉如何？”

“你的感觉是什么？”

“你感到舒服还是不舒服？”

这些问题，都是我在做个案的过程中，常常问当事人的。

“不知道。”

“没有感觉。”

“不清楚。”

他们经常这样回答。

他们有的时候的确是拿不准的。但关键是在这个时候还缺乏诚实度或

者是诚实度不够。

尽管马斯洛并不是心理咨询师、心理治疗师，但他在这个问题上，仍然有深刻的看法。他说："在拿不准时，要诚实。'拿不准'这一短语，在各种场合都可以碰到，因此我们在此没有必要过多讨论交际手段的问题。我们往往在拿不准时是不诚实的，来咨询的人就是这样，他们往往做戏，装模作样。他们不太容易接受要他们诚实的建议。向内心索取答案意味着承担责任，这本身也就是向自我实现迈进了一大步。关于这种责任，以往研究得太少了，在我们的教科书中找不到有关的研究，有谁能调查白鼠的责任呢？然而，责任心在心理治疗中却几乎像触手可及的有形物。在心理治疗中，人们可以看见它、感觉到它，了解它的分量。对于责任是怎样一回事应有清楚的了解，这是最重大的步骤之一。每一次承担责任，就是自我的一次实现。"（马斯洛：《自我实现的人》，许金声等译，三联书店1987年版，第118页）

马斯洛说得很好："向内心索取答案意味着承担责任。"但这需要足够的能量。当事人如果能量不够，是无法承担责任的。提升能量，并不是讲道理可以做到的。对此，我的做法一般是处理当事人的心理情结，解放他的能量。

自我实现不仅是在拿不准时要诚实，承认自己拿不准，或者不能够确定，而且也表现在"拿得准"、确定时敢于表达。马斯洛说："在我看来，艺术界已被一小群舆论和趣味操纵者把持，我对他们表示怀疑。这只是我个人的判断，但是有些人自以为有资格并相当有理由这样说：'你们应该喜欢我所喜欢的，否则你们就是傻瓜。'我们必须告诉人们要倾听自己趣味的声音，大多数人都不是这样做的。当你站在美术馆一幅令人迷惑的油画前时，你很难听到有人这样议论：'这幅画令人费解。'前不久，我们在布兰德斯大学观看了一次舞蹈表演。舞蹈用电子音乐伴奏，人们跳着超现实主义和达达派的东西，非常怪诞离奇。表演结束时，人们个个头晕目眩、张口结舌。在这种场合，大多数人会七嘴八舌地说一些俏皮话，但就是不说'让我捉摸一下这些舞蹈。'表达诚实的意见，这意味着敢于与众不同，宁愿成为不受欢迎、不随和的人。如果不能告诉咨询者，不管是年长或年轻的，都要做好不受欢迎的准备，那么这样的心理咨询家还不如放弃自己的努力。也就是说，要有勇气，而不要瞻前顾后。”（同上，第 119 页）

在一些情况下，能够突破阻力，敢于表达，就不仅是“自我实现”，而是达到更高的需要层次的满足，至少是“自我超越需要”。

三、从“实现”来理解“自我实现”

对于“自我实现”，还可以从“实现”的角度来理解。

按照马斯洛的意思，“实现”方面的含义主要是用“潜能的充分发挥”来表达的。所谓自我实现，就是个体潜能的充分发挥。

但是，“潜能的充分发挥”是一个非常模糊的概念。它可以分为两个关键部分：“潜能”与“充分发挥”。

什么是“潜能”呢？潜能如何发现，如何评估呢？

所谓潜能，简单说就是潜在的能量。关于潜能，有一个著名的冰山理论。我们的整个能量，就像是海中的一座冰山。我们显露出来的能量，仅仅是冰山的一角，而巨大的能量，是隐藏在水面以下的。也就是说，我们每个人都有巨大的潜能可以挖掘和发挥。

什么是“充分发挥”？到什么程度才算充分发挥呢？

马斯洛说：“自我实现意味着充分、忘我、集中全力、全神贯注地体验生活。它意味着在体验时不带有青春期那种自我意识。在这种时刻，体验者完完全全成为一个人。这种时刻就是自我实现的时刻，作为个人，我们都偶尔体验过这种时刻，而作为咨询顾问，我们可以帮助当事人更经常地体验这种感受。我们可以鼓励他们对某事物全神贯注，抛开自己的伪装、防卫和羞怯，全力以赴地投身于这件事。从外表看，我们会发现这是一种非常美妙的体验，在那些试图做出强硬、玩世不恭、老于世故的年轻人身上，我们可以看到某些儿童天真的复苏：当他们一心一意地投入某一时刻、全神贯注地体验它时，脸上又现出了一些单纯、可爱的表情。表达这种体验的关键词语是‘忘我’。然而，我们的年轻人被自我意识、自我觉知干

扰得太多了，很少进入忘我的境界。”（马斯洛 :《自我实现的人》，许金声等译，三联书店 2007 年版，第 115 页）

我们在生活中，能否达到“忘我”，是潜能发挥的一个重要标志。

马斯洛关于“高峰体验”的概念也非常重要。有没有高峰体验，可以看成我们的潜能充分发挥情况的一个重要标记。如果没有高峰体验，我们就会感到自己总是在努力，总是在坚持，总是在过程中，永远没有满足的时候。我们永远只是活在手段中，而不是目的本身。或者通俗地说，我们还没有活出自己最佳状态的感觉，我们的潜能的发挥还一直处于低潮。马斯洛说:“无论做什么事情,都如同一直在山腰攀登,永远到不了顶峰。”（马斯洛 :《洞察未来》，许金声译，华夏出版社 2004 年版，第 9 页）所以高峰体验又叫“终极体验”。它使我们体验到人之为人所能够体验的最美好的东西，它使我们有死而无憾之感。按照马斯洛的说法，高峰体验是我们所能够达到的一种最佳状态。

有高峰体验，肯定就有自我实现。但自我实现并不一定有高峰体验。这个问题，我们在后面还将详细论述。

★对于心理咨询、心理治疗、通心辅导等的启示

心理健康服务的目标是什么?

关于这个问题，与有关心理健康、人的发展、人的成长理论有关。在这方面，马斯洛的需要层次理论提供了迄今为止一种非常好的、难以被替代的参考构架。

心理咨询、心理治疗、通心辅导，以及其他任何心理健康服务，它们的效果最终都要落实在当事人基本需要的满足上。也就是说，它们应该有助于当事人的基本需要的正常满足，并且有助于当事人在需要层次系列方面上升，使他们的优势需要向自我实现需要，乃至更高的需要发展。这也是当事人的根本利益。只要当事人能够获益，当事人就能够认可心理健康服务，更多地需求心理健康服务的帮助。

第三章 “自我实现”概念的进一步发展

当马斯洛提出“自我实现”的概念之后，一直没有停止过对“自我实现”的研究。如果说早期马斯洛对自我实现的描述是偏重状态的话，在后期则更多地强调过程。

关于“自我实现”，马斯洛在后期有这样一些说法：

1. 马斯洛说：“让我们把生命看作一个连续不断的选择过程，在每一个选择关头都有前进与倒退的冲突。有时可能会走向防御、安全或畏缩，有时也会向成长迈出一步，一天数次地走向自我实现。自我实现是一种连续不断的发展过程，它意味着一次次地做诸如此类的选择：是说谎还是诚实，是偷窃还是保持清白，自我实现就是使每一次选择都是成长性选择。这种成长性选择也就是走向自我实现的运动。”（马斯洛：《自我实现的人》，许金声等译，三联书店 1987 年版，第 116 页）

马斯洛关于“自我实现”的这种说法，与惠能在谈成佛时的说法“前念悟则成佛，后念迷则凡夫”有某些接近。其核心思想在于：没有一劳永逸的积极状态，也没有一劳永逸的幸福状态。有的，只有三种人格力，即智慧力、情感力、意志力在选择中不断地高扬。

2. 马斯洛说：“我们迄今已谈了不带自我意识的体验，做出成长性的而不是萎缩性的选择，倾听冲动的声音，诚实，以及承担责任。所有这些都是迈向自我实现的步骤，它们确保着更好的生活选择。如果一个人在每个选择关头都做好了这些小事，他就会发现，这些小事合起来就是对生活更好的选择，选择在本质上对他合适的东西。他开始明白自己的命运是什么，谁将是自己的妻子（或丈夫），以及他的人生的使命是什么。只有一个人敢于在生活的每一关头倾听自己，倾听他本人的自我，并且镇定地说：‘不，我不喜欢！’他才能够明智地选择一种生活。”（马斯洛：《自我实现的人》，许金声等译，三联书店 1987 年版，第 118 页）

在这里，马斯洛强调“走向自我实现”需要做出选择，需要承担责任，这是很重要的。在这一点上，马斯洛的心理学蕴含了一个存在主义的前提，即“存在先于本质”。

存在主义哲学家萨特说：“我们说存在先于本质的意思是指什么呢？意思就是说首先有人，人碰见自己，在世界上涌现出来——然后再给自己下定义。……人再谈得上别的一切之前，首先说一个把自己推向未来的东西，并且感觉到自己在注意做。……存在主义的第一个后果是使人人明白自己的本来面目，并且把自己存在的责任完全由自己承担起来。”（萨特：《存在主义是一种人道主义》，周煦良译，上海译文出版社 2005 年版）

或者“迈向自我实现的步骤”也看成“自我实现”，这是有道理的。人做出的选择，如果是成长性的选择、真实的选择，这意味着至少在选择的时刻，他调动了自己的潜能，他在那一时刻具有自我实现的闪光。

3. 马斯洛认为：“自我实现不仅是一种终极状态，而且是随时随刻、点点滴滴地实现个人潜能的过程。例如，如果一个人较聪明，自我实现就是通过学习变得更有智慧。自我实现就是意味着发挥自己的聪明才智。自我实现并不一定指做大事情，但它或许意味着经历一个艰苦、勤奋的准备过程，以便实现自己的潜力。自我实现可以包括在钢琴键盘上练习指法。自我实现就是指努力做好自己想做的事情。只想当一个第二流的医生，并不是通向自我实现的良好途径，应当要求自己成为第一流的，或要求自己竭尽所能。”（马斯洛：《自我实现的人》，许金声等译，三联书店 1987 年版，第 120 页）

在这里，“自我实现”大致相当于“成长”的含义了。他的这种论述，是我们后来区分自我实现与自我超越，乃至大我实现的基础。

4. 马斯洛说：“自我实现不是某一伟大时刻的问题，并不是在某日某时，号角一吹，一个人就永远、完全地步入了万神殿。自我实现是一个过程的问题，它是一点一滴微小进展的积累。”（马斯洛：《自我实现的人》，许金声等译，三联书店 1987 年版，第 124 页）

马斯洛的这些论述，更加丰富地描述了自我实现的含义。只要找到了自己的方向、定位，看准了自己的特点，“随时随刻、点点滴滴”都可以是在走向自我实现。

既然“自我实现”是一个过程，是许多情况下发生的事情，那么这一过程也就不能够一概而论，仅仅一个“自我实现”，难以概括这一过程的丰富内涵。

在当今社会，在人们漫长的自我成长过程中，不少人的能量都可能变得越来越大，体验越来越丰富。当他们的能量和格局变得越来越大，境界越来越高的时候，原来的“自我实现”概念就显得单调、平淡了，马斯洛需要层次论的解释力和应用价值越来越显示出局限性。

马斯洛需要层次论是需要进一步发展的，其发展的动力正在于社会的不断发展和人类生活水平的不断提升，尤其是对于那些注重心灵成长、注重探索生命意义、注重深度开发潜能，走在人性发展前列的人，需要有更丰富的动力结构理论。为此，我们有必要深刻地认识“高级需要”。

第四章 “高级需要”概念的进一步扩展

关于在自我实现需要之后，是否还有更高级的需要，马斯洛在这个问题上，是不清晰甚至是自相矛盾的。一方面，马斯洛在晚年尽管产生了关于“超越性需要”“超越性动机”的思想，但在大多数时候，他还是把这些需要和动机，归于自我实现需要以及自我实现的人。另一方面，他又开始产生了需要层次有六个的思想，即在自我实现需要之上还有“自我超越需要”。

1969年，即马斯洛去世的前一年，他写了一篇题为《为美国梦下定义》的文章，比较明确地提到了“超越性需要”（metaneeds），并且纳入了需要层次理论：“人性所必需的是，当我们的物质需要得到满足之后，我们就会沿着归属需要（包括群体归属感、友爱、手足之情）、爱情与亲情的需要、取得成就带来尊严与自尊的需要，直到自我实现以及形成并表达我们独一无二的个性的需要这一阶梯上升。而再往上就是‘超越性需要’（‘存在性需要’）。”（马斯洛：《洞察未来》，许金声译，华夏出版社2003年版，第236页）这篇文章马斯洛在生前没有发表，后经美国心理学家爱德华·霍夫曼的编辑，收入了《洞察未来》一书。

马斯洛把“超越性需要”作为一个需要层次的提出，意味着他已经意识到“自我实现需要”并不是人类最高层次的需要。人类还有更深的潜能没有挖掘，人类的需要还有更高的层次。马斯洛说：“再往上就是‘超越性需要’。”在这里，我们已经可以看到问题的关键，他实际上已经把“超越性需要”从“自我实现”的概念中抽离出来了。在以前，“自我实现”和“超越性体验”之间的关系是含糊不清的。他有的时候是把超越性体验作为自我实现的一个特征。例如，他在描述自我实现的人的时候，把高峰体验作为自我实现的人的一个特征。在他提出“超越性需要”之后，超越性体验也就具有了更加独立和重要的意义。

马斯洛虽然没有明确地、更多地、公开地论述超越性需要是需要层次理论的第六个层次，但他至少在未发表的文章和日记里表达了这样的意思，我们可以认为，他已经具有需要六个层次的思想。

正是由于如此，我们可以明确地对马斯洛需要层次理论进行进一步的充实与发展。我认为，需要层次理论仅仅笼统地加上“超越性需要”是不够的，还需要详细地探讨。马斯洛关于“超越性需要”的论述是不够清晰和完整的。他所论述的超越性需要还难以概括人性发展的更高的境界、人类更高的能量状态、更高层次的生活等。本书第一部分曾经谈到，马斯洛关于需要还有一个分类是将其分为“匮乏性需要”和“成长性需要”两大类。所谓“匮乏性需要”是指生理需要、安全需要、归属需要、自尊需要。它们的满足主要是可以避免疾病，它们的相对满足，是“成长性需要”出现和占优势的必要条件。“成长性需要”的满足，导致更积极的健康状态。

所谓“成长性需要”，对于马斯洛来说，当时主要是指“自我实现需要”。但马斯洛提出“成长性需要”这一概念，已经暗含着它具有更加丰富的内容。

当我们仔细推敲“自我实现需要”这一概念的时候，我们发现马斯洛的有关论述，除了意义含混的部分外，恰恰可以根据“潜能充分发挥”的不同程度等标准，进一步分疏为三个不同概念：

自我实现需要；

自我超越需要；

大我实现需要。

这三个需要都是成长性需要，可统称为高级需要。在把自我实现需要分疏为以上三个以后，我们就得到了一个更加丰富的人类的动力结构。从需要层次看，已经从五个扩展为七个。

需要层次从五个扩展为七个，同时也意味着“全人需要层次论”的提出。

全人需要层次论的七个需要层次大体可以分为三个大阶段，即：低级需要、中级需要、高级需要三个大阶段。低级需要、中级需要、高级需要的划分，明确了人与动物的本质区别，肯定了人性不同于动物性的进化的特质。

人类动力结构的三大阶段：

1. 低级需要：生理需要、安全需要。

2. 中级需要：归属需要、自尊需要。

3. 高级需要：自我实现需要、自我超越需要、大我实现需要。

其中，低级需要和中级需要，为人类与高等动物所共有，尽管它们的性质有所区别。

高级需要为人类所独有。

高级需要进一步分为自我实现需要、自我超越需要、大我实现需要。这一区分，细化了人性发展的高水平和高境界。

正如著名的意大利精神病学家、心理学家阿萨鸠里（Robweto Assagioli，又译“阿萨吉欧里”，1888—1974）所认为的，“……需要一种更全面的心理学能够完整地包括我们的本性，既包括本能、驱力、情结等等，也包括人性中更高的部分。应该有一种高度心理学，正如已经有了深度心理学。……人具有一种自然本性，就是在逐渐升高的人性水平上充分实现自己……”（郭永玉：《精神的追寻》，华中师范大学出版社 2002 年版，第 87 页）

阿萨鸠里提出了“更全面的心理学”以及“高度心理学”的问题。全人需要层次理论，正是这样的一种努力。

“阿萨鸠里一再声明高度心理学、高层次自我、精神性以及高层次潜意识在他的体系中都是中性的词汇，可以赋予宗教含义，也可以不赋予宗教含义，这应该视个人信仰而定。”（郭永玉：《精神的追寻》，华中师范大学出版社 2002 年版，第 87 页）

阿萨鸠里的这些看法，与我们进一步细分高级需要的想法是一致的。

在全人需要层次论中，自我实现需要、自我超越需要、大我实现需要，三种需要统称“高级需要”。那么，三种需要之间，有什么联系和区别呢？

它们的相同之处在于：“自我实现需要”“自我超越需要”“大我实现需要”和人类的低级需要、中级需要一样，也是人所固有的需要，它们都具有“类本能”的性质。所谓“类本能”（instinct-oid），是马斯洛提出的一个概念，它是指和本能一样，“类本能”也有先天的遗传因素，但它和本能又有区别，本能是不需要学习的，先天就会的能力，而“类本能”的实现在很大程度上要取决于后天学习以及环境等因素。（参见马斯洛：《动机与人格》，许金声等译，中国人民大学出版社，2007 年版，第 12 页）越是低级的需要，本能的性质越强，类本能的性质越弱。越是高级的需要，本能的性质越弱，类本能的性质越强。

它们的区别在于：

1. 从“自我实现需要”“自我超越需要”到“大我实现需要”，它们都是类本能的需要。但它们本能的性质依次越来越弱，类本能的性质越来越强。

2. 马斯洛在论述“自我实现”的时候，并没有为它下一个精确的定义。他在很多地方谈到过自我实现的含义，其最主要的含义可以用“潜能的充分发挥”来概括。但是，“潜能充分发挥”是一个非常模糊的概念。潜能的发挥要到什么程度才算充分？所谓“充分”，应该以什么为标准？

在我们把“高级需要”的概念加以丰富和提升，补充“自我超越需要”和“大我实现需要”为高级需要之后，“潜能的充分发挥”就有了更加丰富的层次性。三种高级需要的差异在于，它们的潜能发挥的“充分”程度，按照“自我实现需要”“自我超越需要”到“大我实现需要”，依次更加充分。

3. 从通心理论的角度看，个体的需要满足进入高级需要，意味着个体已经能够通心。三种高级需要的差异，主要在通心力的大小不同，从自我实现需要、自我超越需要到大我实现需要，个体依次具有更大的通心力。

4. 从生理需要到自尊需要，与终极关切都没有关系。从“自我实现需要”“自我超越需要”到“大我实现需要”，三种高级需要都与终极关切有关，而且依次越来越密切。当个体的“大我实现需要”被唤醒，乃至进入大我实现的时候，他对终极的东西有最大限度的认同。

关于高级需要的进一步扩展问题，肯·威尔伯指出：“马斯洛细致入微的研究表明，个体一般会经历需求的成长秩序。随着每一个较低的需求得到满足，更高的需求就会产生。生理需求是最简单的，它是基本的生存需要，以及对食物和住所的需求。如果这些基础需求得到满足，个体的自我感觉就会出现，而自我保护和安全感随之而生。如果这些都得到满足，个体就开始寻求比安全感更高的归属感。一旦归属感需求得到满足，个体就会为新出现的自尊需求所驱动。如果所有这些都得到满足，自我的更高需求就会出现，马斯洛将其称为自我实现的需求。如果自我实现的需求也得到满足，自我超越的需求就会成为个体成长的动力，这种需求不只满足自我，同时驱使整体自我进入更高、更深、更广的关怀与意识的波段，其中有些属于超个人的或灵性的范畴。”（肯·威尔伯：《意识光谱》，杜伟华等译，万卷出版公司2011年版，第281页）

第五章　什么是“自我超越需要”？

一、什么是“自我超越需要”？

“自我超越需要”是指一个人的生理需要、安全需要、归属需要、自尊需要、自我实现需要得到一定满足，在社会上不仅找到了自己的定位、职业，而且有所成就之后，能够突破原来的自我、超越原来的定位，跨越原有的领域，扩大原来的格局，更深地、更充分地发挥自己的潜能的需要。人除了关注自我以及本职工作以外，还要关注本职工作以外的其他领域，或者是把本职工作的意义扩展到更大的领域，关注社会、人类、整个世界，乃至整个地球的生态。自我超越需要包含着对于自己终极关切更加强烈的追求和满足。

正如我们在前面引述的马斯洛的话：“我们需要某种‘大于我们的东西’作为我们敬畏和献身的对象。”(马斯洛：《存在心理学探索》，李文恬译，云南人民出版社 1988 年版，第 6 页)在这里，所谓“大于我们的东西”，如果要进一步明确化，从逻辑上说，它们可以是指家庭、组织、社会、大自然、地球、宇宙等等层次不同的系统。凡是我们超越原来的认同，向这些“大于我们的东西”扩展，在广义上都可以说是“自我超越”，包括家庭、组织。

不过，对于“自我超越需要”，还是要做一些限制。“大于我们的东西”至少应该进入到社会的层次。从通心理论看，自我超越意味着能够与更大的系统通心。

二、“自我超越需要”与“自我实现需要”有什么区别？

1. 自我实现需要的满足有高度的自我接纳，与自尊需要不同，它的满足主要是来自自我对于自身价值的肯定。他人的肯定当然也是必要的，但已经不是决定性的。

2. 自我超越需要不仅对于原来的自我有高度的接纳，而且对于原来的自我有进一步的突破与扩展。在自我实现需要的层次上多少还需要他人的肯定甚至支撑，在自我超越需要的层次上如果这种肯定与支撑不是完全不需要，只是已经进一步减少。

3. 自我超越需要的满足突破了自我实现的格局，其通心力超越了原来的范围，进一步扩大。自我超越的人常常越过自己的本职工作的领域，在事业上做跨界的探索。

4. 如果说自我实现的人主要是富有“责任感”的话，自我超越的人进一步由“责任感”发展到了“使命感”。责任感是指尽量把本职工作干得尽可能地出色，使命感则是指不仅要干好本职工作，而且还要超越本职工作，发挥自己更大的能量，做更加有利于社会，甚至有利于世界的事情。

5. 从关注的范围看，如果能够关注自己的国家、民族的利益是自我实现，那么在关注到自己国家、民族利益的同时，还能够关注到其他国家、民族利益则是自我超越。

三、如何体会和认识我们的“自我超越需要”？

这可以有多种角度。例如，练习过佛家禅修、道家内丹功、打坐、静修或者静坐的朋友不少都有这样的体会：他们在练习的过程中，能够体验到一个“观察我”，这个“观察我”跳出了我们当下的身体感觉、情绪体验以及念头等等，来反观这些身体感觉、情绪体验以及念头等等。

这个“观察我”与一个人能量的大小不无关系。按照全人能量状态理论，这个“观察我”可以看成在我们的意识状态和能量级别至少达到“中立”后出现的情况。在我们的意识状态和能量级别至少达到“中立”后，我们就比较能够心平气和地对自己进行反思。能不能体验到这个“观察我”？中立的能量级别是一个临界点。当然，在能量级别达到“中立”之后，个体也开始比较容易进入与他人通心的状态。

在全人心理学“通心辅导”的实践中，这个“观察我”可以通过能量提升的个案处理和通心力练习来逐渐体会和培养。

在通心的黄金三要件中，“清晰自己”这一个要件，就是要求我们对自己当下的状态能够尽量清晰。当然，其中最清晰的状态就是“自我超越”乃至“大我”状态了。

《坛经》记载：“时有风吹幡动。一僧曰风动，一僧曰幡动。议论不已。惠能进曰：‘不是风动，不是幡动，仁者心动。’”当惠能说“不是风动，不是幡动，仁者心动”的时候，这个已经觉察到，并且说出来“仁者心动”这句话的人是谁呢？可能就是惠能清晰的，或者当下的“自我超越”的个体。

他能够反观，能够清晰自己，根据自身的情况确定当下的立场。

这个反观，也可以看成觉察自己的需要满足状况、身心灵的全部情况、所处的环境，并且进一步形成满足这种需要的具体动机。

这个“观察我”有没有境界的高低呢？

当然有。从全人需要层次论来解释，这个“观察我”能够产生，一般是我们的需要满足至少暂时进入和达至“自我实现”层次后，才能够出现的情况。

正如需要层次、能量级别有高低一样。在自我实现、自我超越、大我实现的不同层次上，这个“观察我”具有不同的高度和深度。它的高度和深度随着能量级别的上升逐渐增加。

第六章　什么是“大我实现需要”？

一、什么是“大我”？

马斯洛并没有明确提出“大我”以及“大我实现需要”的概念，但他提出了关于“第四心理学”的思想。正如前面已经提到，他说：“第四心理学是以宇宙为中心。”遗憾的是，他并没有对什么是“以宇宙为中心”做出更加详细的、确切的说明。他还提出：我们需要某种“比我们更大的东西”

作为我们敬畏和献身的对象。但关于这个“比我们更大的东西”是指什么？它到底与人类有什么关系？他对此并没有更详细的论述。这些情况，都显示出马斯洛在生前关于这些问题的思考尚在一个过程之中，似乎还没有达到通透的程度。

依我看，稍微把马斯洛提出的概念转化，把“以宇宙为中心”理解为以“道”为中心就可以了。所谓“比我们更大的东西”，也理解为“道”就可以进入“大我实现需要”的语境。

“大我实现需要”意味着人类的意识、能量的更加高级的境界。为了说清楚这一点，需要首先说清楚“大我”这个概念。

什么是“大我”？

简单说，所谓“大我”，就是具有大健康的自我或者个体。

“大我”与“全人”是同义词。在本书中，它们只在用法上有微小的差异。“大我”多在谈需要层次时使用，而“全人”则是代表我研究健康心理学以及人格理论的一种价值取向。

全人心理学关于“大我”的概念，与不同的文化都有所连接。就我国来说，儒释道都有相当于或者接近于“大我”的说法。

从儒家来看，“大我”就是完成了格物、致知、诚意、正心、修身、齐家、治国、平天下的全过程的“我”。或者说，“大我”就是做到了“极高明而道中庸”的“我”。用孔子的话来表达，“大我”就是“从心所欲不逾矩”的那个我。也就是说，一个人达到了最大的自由状态“从心所欲”，同时却没有违背规律，是在行大道。

从佛家来看，《坛经》里讲的“自性”“本心”等讲的都是大我。惠能说：“说通即心通，如日处虚空。”这里所说的通透的、了无障碍的“心”也是“大我”。从《金刚经》来看，相关说法是“应无所住而生其心”。这个“生其心”的“心”，就是“大我”。

从道家来看，“大我”就是达到了“全人”“至人”“神人”境界的个体。“大我”就是做到了“致虚极，守静笃”“道法自然”的“我”。

从心理学的角度看，什么是“大我”？一个人体悟到“大我”之时会有什么样的感受呢？

肯·威尔伯从后人本心理学（超个人心理学）的语境，对此有非常好的描述。他写道：

> “我认为那些圣者（sage）、先知们处于进化的神秘冲动的前沿，他们是自我超越驱力的先锋。这种驱力使他们不断超越已经走过的道路。在我看来，他们身上体现的是大宇宙朝着更大深度和不断拓展的意识进化的动力，他们一直奔跑在光的前端……
>
> “我认为，他们已经表明，在你、我，以及所有人的身上都有同样的深度。在我看来，他们已经渗透到了万事万物中。大宇宙通过他们的嗓音放声歌唱，大精神通过他们的眼眸闪烁光芒。他们昭示了明天，向我们打开了通向我们自己命运的道路。这条道路现在看起来是非常正确的。在这个过程中，你能够达到惊人的自知。你会发现，圣者的声音变成了你自己的声音，圣者的眼睛变成了你自己的眼睛，你用天使般的声调说话，你在永不熄灭的实现的火焰中燃烧，你在大宇宙这面镜子中认清了自己的面容：你的本体实际上与万事万物是同一的，你不再是那条溪流的一部分，你就是那条溪流本身，万事万物是在你之内而不是在你之外展开。星辰不再是在天外，而是在你自己的上空闪烁。超级新星在你的心中形成，太阳因为你的醒悟光芒四射。因为你超越了一切，拥抱了一切。在这里，没有最终的完全的体现，只有一个没有终点的过程。你就是那个起点，那种初始状态，或者那个绝对的空。在那里，整个进化过程永远无休止地、持续地神奇地展开。”（肯·威尔伯：《万物简史》，许金声等译，中国人民大学出版社2006年版，第122页）

所谓“你就是那个起点，那种初始状态，或者那个绝对的空”。这正是肯·威尔伯从心理学的角度，对于“大精神”的一种体悟。它也可以看成是他与“大精神”通心的一个结果，是他在存在性独处状态中的一种觉察。它也可以看成是本书所表述的“大我”的一种说明。

关于肯·威尔伯的上述体验，类似的体验，在各种不同文化、方法的修炼者中，都曾经有，甚至经常有。大家的描述可能有一定的差异，但大体都接近“你就是那个起点，那种初始状态，或者那个绝对的空”这样的内涵。

肯·威尔伯关于“大我”的体悟和描述，可以从佛家角度进行多方面的理解和融会贯通。这种“大我”也是一种有大自在、大自由感觉的“我”。它可以看成是佛家《心经》所描写的境界：“色即是空，空即是色。”

对于佛教所说的“空”，一般人容易有一种误解，认为“空”就是什么都没有的意思。对于“空”的理解，最终要依赖对“空”的实际体验。如果在这方面没有体悟，是很难体会到“大我”这一境界的。但是，我们借助于语言文字，也可以先做一些言不尽意的解释。所谓“空”并不是什么都没有，而是对什么都不执着。由于对什么都不执着，人就能够达到一种自由控制自己心灵的程度。在这种意义上，人就可以做到要什么有什么。关于“空”的境界，肯·威尔伯是这样描述的：

“……只要你平静地静止在这个观照的觉知中——注视着身体、心智以及自然飘浮——你可能会开始注意到你实际感受到的是自由的感觉，一种解脱的感觉，一种不被你所看到的客体束缚的感觉。你什么也看不到，你只是静止在广阔的自由当中”“在你面前白云飘荡过去，你的思想飘荡过去，你的身体的感觉飘荡过去，而你并不是它们。你是这些客体来来往往的广阔的自由空间。你是空地，你是空，你是一个无垠的空间，所有的客体在其中来来往往。白云、感觉、思想来来往往，但你并不是它们。你是广阔的自由感，你是广袤的空，你是无边的空地，正是由此外显才得以产生，停留片刻，随之飘走”。（肯·威尔伯：《万物简史》，许金声等译，中国人民大学出版社 2006 年版，第 198 页）

关于“大我”，尽量从心理学的角度，可以这样来下一个初步的定义：当一个人体悟到“道”，其能量畅通无阻，并且能够在日常生活中具有最大效率地生活与工作，他在这个时候的自我就是“大我”。

大凡有大能量、大成就者，都至少曾经有过关于“大我”的体验。例如，毛泽东青年时期就曾经对“大我”也有过很好的表达，在看了老师杨昌济推荐的包尔生的《伦理学》后，他写下了这样的笔记：“一个之我，小我也；

宇宙之我，大我也。一个之我，肉体之我也;宇宙之我，精神之我也。”（毛泽东 :《讲堂录》，转自黄世虎《探索与选择 : 毛泽东早期意识形态理论探析》,《党史文苑》2011 年第 12 期）

二、什么是“大我实现需要”？

“大我实现需要”是指人在自我超越之后，还有进一步发挥潜能，追求终极关切，与宇宙大精神通心，超越自身地从整个世界、全球甚至宇宙的格局上来考虑问题，最充分地实现潜能的需要。它是一种在达到了究竟的开悟之后，还要进一步“替天行道”，或者说让“道”通过自己来做工的状态。从后人本心理学以及全人需要层次理论角度看，“大我实现需要”是指当一个人认同和体悟了“道”、发现和清晰了自己的“大我”以及终极关切之后，产生使命感，然后知行合一地实践，最大限度、最充分地发挥自己的潜能的需要。

“大我实现需要”的满足就是大我实现。人生一世，活着是为了什么？个体的最大的利益又是什么？从需要满足的角度看，需要满足的层次应该不断上升，占优势的需要应该从低级需要、中级需要上升为高级需要，最终通过自我超越需要过渡到大我实现需要的层次。“大我实现需要”是迄今人类的终极需要，没有最终发展到大我实现需要占优势的人生，不能够算是大圆满的、最充分的人生。

三、“大我实现需要”和“自我超越需要”的差异

“自我超越需要”和“大我实现需要”之间有什么差异呢？

1. 从潜能的开发和发挥的程度看,“自我超越需要”和“大我实现需要”都超过了自我实现需要。如果说自我实现需要只是潜能的一般性开发和发挥，“自我超越需要”和“大我实现需要”都意味着潜能的更加有深度的开发和发挥。“大我实现需要”比“自我超越需要”更进一步的是，它不仅在主观的意义上，还是在客观的意义上都是潜能实现和发挥的终极状态。就

像“高峰体验”一词已经封顶，而不需要“超高峰体验”一样，也不需要“超大我实现”等更多的词语。“大我实现需要”是迄今潜能的最充分的发展。“充分”的标准，至少可以这样来理解：一是自己的主观满意度，一是以其外界为参照。例如，马斯洛关于高峰体验的概念，指的就是主观有最大的满意度，同时，与外界有最大的认同。高峰体验还具有“终极体验”的意思。如果没有高峰体验，我们就会感到自己总是在努力，总是在坚持，永远没有满足的时候。我们永远只是手段，而不是目的。正如马斯洛说：“无论做什么事情，都如同一直在山腰攀登，永远到不了顶峰。”（马斯洛：《洞察未来》，许金声译，华夏出版社 2004 年版，第 9 页）高峰体验使我们体验到人之为人所能够体验的最美好的东西，使我们能够死而无憾。按照马斯洛的说法，高峰体验是我们所能够达到的一种最佳状态。高峰体验可以看成大我实现需要满足的瞬间。有没有高峰体验，也可以看成大我实现需要与自我超越需要的区别之一。

2. 从终极关切的角度看，自我实现需要不要求或者很少要求终极关切，它不需要具有类似“道”这样的概念。“自我超越需要”和“大我实现需要”都要求具有终极关切。其中“自我超越需要”要求超越原来的自我认同，在更大的范围能够做到通心。“大我实现需要”要求体悟“道”，其通心的范围在可以意识到的层面畅通无阻。与“自我超越需要”相比，“大我实现需要”具有更加通透的感觉，更强调表达和实践。

3. 从与环境的关系看，自我实现需要一般只涉及或者局限在自己本行业的或者本职工作的范围。如果说“自我超越需要”特点主要是“跨界”，超越了自己原来的行业，而“大我实现需要”则是达到了没有疆界的境界。“没有疆界”并不是说进行大我实现的人没有具体的工作，而是说他没有任何框框的限制。

4. 从需要满足的“整合作用”看，大我实现需要的满足，具有最大的整合作用。马斯洛说：“机体通常表现为一个整体，但有时则不然。这是因为，还有一些值得重视的、特殊的、孤立的条件作用和习惯，以及各种局部的反应、我们所了解的分裂和欠整合现象。在日常生活中，正如我们有时同时做好几件事情，机体甚至也可能以非一元化的方式做出反应。很明显，当机体成功地面临一次极大的欢乐、一个创造性的时刻或一个重大的问题、一个威胁或一个紧急情况时，它在整合作用方面是最为步调一致的。”（马斯洛 :《自我实现的人》，许金声等译，三联书店 1987 年版，第 196—197 页）

5. 从实现的“主体”看，从“自我实现需要”“自我超越需要”到“大我实现需要”，实现的主体感觉也逐渐发生了变化。如果说“自我实现需要”的主体仍然是“自我”的话，“自我超越需要”的主体则突破了原来的自我，自我的感觉向更大的“我”发展。到了“大我实现需要”，主体感觉在一定程度上已经从“自我”转化为“大精神”，以及宇宙的本体、本原。或者说，在感觉上，这已经不是“我”在实现，而是“道”“规律”本身在实现（这里必须要强调“在感觉上”几个字，因为人不可能成为宇宙的本原、本体，只能够做到最大的限度认同、体验到宇宙的本原、本体）。或者说，这种境界是人与宇宙的合一，人的能量与宇宙的能量是融通的，或者说人是宇宙能量的管道，按照“道”的要求在表达。中国哲学所表达的“天人合一”类似于这种状态。用肯·威尔伯的话说，这是一种“我”与宇宙不分的“一味”的境界，是人与宇宙的合一，人的能量的表达融化在宇宙的能量表达中。

6. 我国伟大的思想家庄子有一段令人惊异的话，对“圣人”与“全人”进行了清晰的区分。他说 :“圣人工乎天而拙乎人。夫工乎天而俍乎人者，唯全人能之。”(《庄子·庚桑楚》)（注 : 这里的“俍”，读“良”，是“善于”的意思。）这段话的的大意是 : 圣人精于顺应天道但是拙于人为的努力。顺应天道同时又善于周旋人世的人，只有所谓的“全人”能够做到。

庄子对于“圣人”“全人”的比较，其思想也可以用来区分“自我超越的人”和“大我实现的人”。“自我超越的人”可以看成“圣人”，“大我实现的人”可以看成“全人”。“自我超越的人”的顺应天道，只是能够认识规律、超越自我，他们在实践中，还并不能够做到有足够力量去实行，也不能够动员足够的人际关系的力量。而对于“大我实现的人”，已经通透地认识天道，以及人际关系，而且有足够的力量和影响力，他们的行为就是替天行道。关于“大我实现”的“实现”，不一定要比其他人的行为更加轰轰烈烈，他们在很多时候，正可以用道家的“无为”来形容。老子说：“天地不仁，以万物为刍狗；圣人不仁，以百姓为刍狗。”（《道德经》第五章）大我实现的人，他们似乎在有的时候显得无所作为，但其实并非如此。他们与那些懵懵懂懂的人的区别在于，他们已经做了什么，而现在不需要做什么，都是顺应大道，或者说按照规律而行。他们不会随波逐流，更不会同流合污。一般人，没有做出什么，现在也不知道要做什么，他们只能够随大流，或者附和、起哄。

7. 在马斯洛晚年关于自我实现的研究中，已经部分包含了自我超越的含义，以及接近大我实现的含义。

在马斯洛晚期的论述中，他曾经提出过两类不同自我实现的概念。所谓两类不同的自我实现者，一是指“非高峰者”，一是指“高峰者”。所谓“非高峰者”是指一些没有高峰体验的自我实现者；所谓“高峰者”，是指有高峰体验的自我实现者。

如果我们对自我实现者进行细分，我们可以把有高峰体验，并且高峰体验对于他们比较重要的自我实现者分离出来，划入属于向自我超越和大我实现进一步发展的人。

8. 肯·威尔伯的四大象限理论对于理解大我实现与自我超越的区别也有一定的帮助。

对于个体自身的成长来说，对于四大象限的需要要看个体处于什么需要层次满足水平上以及何种能量级别上。——并不是在所有的需要层次以及能量级别上，都有以四大象限为参照，帮助自己成长的需要。

一般来说，只有当个体需要的满足进入高级需要之后，才可能有这样的需要。高级需要包括“自我实现需要”“自我超越需要”“大我实现需要”。在高级需要的满足上，越是向大我实现需要挺进，所涉及的环境越多，范围越大，越是必须考虑更多的因素，以及其他象限。这意味着个体的自我探索和成长，要借助于实验科学的力量，为自己提供确切的参照。同时，自己的影响力也要向更广、更复杂的领域扩展，例如社会结构。

从通心黄金三要件看，四大象限对于个体清晰自己是有一定帮助的。当然个体做“清晰自己”的功课也需要清晰活动所需要的成本、代价。

如果我们要建立一个评价体系，对于个体的需要满足状况进行评价。四大象限可以是一个参照系。我们可以从四大象限同时对某个体进行全面的评价。

对于心理健康服务从业者来说，当其需要更深刻地认识当事人的时候，四大象限都具有一定作用。

第七章　一般人也可以达到“大我实现”吗？

一、两种不同的“实现”

毋庸置疑，“大我实现”是一种人性发展和发挥的高境界。那么，它是不是只对极少数人有意义呢？对于一般人来说，它是可以达到的吗？这些问题，与前面曾经谈到过的关于“灵性”问题属于同一类：“灵性”对于一般人来说也是存在的吗？它们对于一般人有什么意义？它们在一般人身上是怎样体现的呢？

要把这个问题说清楚，必须先区分两个不同“实现”的概念。

正如马斯洛在论述自我实现时曾经指出，“自我实现”是一个过程，“是一个程度和频率的问题，而不是一个全或者无的问题”。（马斯洛：《自我实现的人》，许金声等译，三联书店 1987 年版，第 316 页）他的这个思想方法，也可以用来看“大我实现”。“大我实现”也可以划分为两个基本层次：

1. 作为一种需要短暂满足的“大我实现”。它主要是指单次的“大我实现需要”的满足，或者即使有多次，但情况却很不稳定，连续性较差。也就是说，个体在很多情况下，“大我实现需要”都不是他的“优势需要”。

2. 作为一种稳定人格状态的“大我实现”。它主要是指多次的、连续的、稳定的“大我实现需要”的满足，或者“大我实现需要”已经在较长时间内成为“优势需要”，以至于个体已经具有一种稳定的人格状态。所谓人格，就是指长期的、稳定的心理特征的总和。

作为一种人格的“大我实现”，是极其罕见的，但并不是没有人做到，例如，中国的老子、庄子以及外国的甘地、曼德拉总统等，他们都达到或者接近这样的境界。当然，另外还有不少知名或者不知名的人。他们的“我”，在很大程度上或者在很多时候就是“大我”，或者说是与“大我”一致的。“大我”也就是“宇宙之我”，无我之“我”。

“作为一种基本需要满足的大我实现”，则是不少人都可以做到的，正如许多人都曾经有过“高峰体验”。马斯洛认为，大多数的人，在一生中至少有过一次“高峰体验”。而肯·威尔伯所描述的“一体意识”，我相信有过类似体验的也不在少数。当我们产生“高峰体验”“一体意识”的时刻，也可以理解为我们的“大我实现需要”的时刻。

二、肯·威尔伯关于灵性的分类

以上的区分非常重要。肯·威尔伯关于这个问题也有自己的看法。

他认为，灵性有“四种重要的用法”：

1. 如果是任意发展路线——从认知到情感 / 情绪到需求的价值——人们通常会认为路线的较低或者中间的部分不是灵性的，但是他们会将较高和最高层次描述为灵性的。…… “超个人”这个词就是这样用的：灵性通常不会被看作前理性或者前个人（prepersonal）的，以及个人或者理性的，而是被当成深刻超理性和超个人的，它是任何路线的最高层次。

2. 有时候人们会谈到“灵性智力”之类的东西，它不仅存在于任何路线的最高层次，而且自身就是发展路线，可以追溯到生命的最早期。这时候“灵性”不再仅仅指各种不同发展路线的最高的、超个人的超理性的层次（用法 1）……同样，这个灵性路线，有自身的前个人、个人和超个人层次 / 阶段。因此你在用到“灵性”这个词时必须特别谨慎，因为如果将用法 2 和用法 1 相提并论，我们会说，只有灵性路线的最高层次才是灵性的。

3. 有时候灵性的意思是灵性经验、冥想经验或者高峰体验（它可能包含阶段，也可能不包含）。……因此，状态经验也是灵性这个术语的重要用法。

4. 有时候人们说到“灵性”时，仅仅用来指某个能够在任何阶段或者状态中存在的特定高度，也许是爱、同情或者智慧。这个用法非常常见，但是，它常常被还原成前面三种用法中的某个用法，因为实际上存在着爱、同情和智慧的阶段……即便如此，我们仍然通常将它单独列出来，以防万一。（肯·威尔伯：《灵性的觉醒》，金凡译，中国文联出版社 2015 年第 1 版，第 109 页）

肯·威尔伯关于灵性的以上分类即四种用法，实际上可以简单地归纳为两种，一种是作为需要短暂满足的灵性，一种是作为稳定人格状态的灵性。其中，1、4 可以归纳为“稳定的人格状态”；2、3 可以归纳为“需要的短暂满足”。

三、低级动物也有灵性吗？

关于灵性，还可以有更加广义和宽泛的说法。按照后人本心理学的观点，万物皆有灵性，低级动物皆如此。

从肯·威尔伯提出的全子理论来看，对这个问题还可以有进一步的理解。全子理论认为，宇宙中的万事万物都是全子。

> 首先，全子没有下限，所以没有绝对的标准作为参考。其次，它们是深度的全部类型，所以它们身上意识的实际量完全是个相对的问题。因此，无论我们把什么东西看作最低级的或者最原始的全子（比如夸克），我都会说它们相对而言深度最小，意识最少，我会根据怀特海的说法，把那种形式叫作“摄受”。如果愿意，你完全可以说最低水平的全子“完全迟钝”，然后从那里开始立论。
>
> 我要强调一点，在我看来你要把意识下推（或者不下推）到何种水平都无关紧要。我们曾经说过，怀特海认为摄受是存在不可或缺的“原子”。大乘佛学认为一切众生皆有佛性，实现那种无尽含藏的意识

即得解脱；著名生物学家马古利斯相信细胞具有意识；很多科学家认为植物具有基本的感觉，动物权益保护者认为绝大多数动物具有基本的感情，并且我相信，绝大多数保守的理论家也不会相信类人猿或者人类之前的物种都没有意识。”（肯·威尔伯：《性、生态、灵性》，李明等译，中国人民大学出版社 2009 年版，第 103 页）

也就是说，所谓“众生皆有佛性”，就是“众生皆有觉性”。实际上“觉性”的高低是有差异的，只有具有人这样的觉性，才有可能真正成为像先哲那样的人。

肯·威尔伯指出：“一头古哺乳动物可能感到突然的愤怒，但是只有人才能在概念上把它转变成气愤和仇恨，成为一种可以在概念上延续的、缓慢的煎熬。”（肯·威尔伯：《性、生态、灵性》，李明等译，中国人民大学出版社 2009 年版，第 105 页）哺乳动物也许具有情绪，但其情绪的性质是远远不如人类的。人种与其他物种的差异很大，但人种之内的差异相对就小多了。

第八章　分疏马斯洛所论述的“超越的种种含义”

《人性能达的境界》是马斯洛在生前已经完成的著作，但在他去世后才出版。其中《“超越”的种种含义》一章，一共归纳了关于“超越”的 35 种含义。它们对于我们理解什么是“自我超越需要”乃至“大我实现需要”十分重要。当然，马斯洛论述的是“超越性”，他并没有明确回到需要层次理论这个议题，当然也就更不可能提出“大我实现需要”的概念，更谈不上对“自我超越”和“大我实现”进行区分。我们现在要在马斯洛的基础上提出“全人需要层次论”，对马斯洛关于超越性的概念进行分疏是必要的。〔以下的引文均引自马斯洛的《人性能达的境界》（林方译，云南人民出版社 1987 年版）第 21 章。只标注页码，不再标书名、出版社和版别。]

一、主要应该归入“自我实现”的论述

1. 马斯洛说：“超越在一种意义上是自我意识、自我觉知的丧失，是堕落型青年自我关注的丧失。它是一种忘我的心境，相对于变得专心一意、入迷、集中注意时的心境。就这一意义说，对心外某一事物的沉思和专注能产生忘我的心境并因而丧失自我意识，在这一特定意义上能达到自我超越或有意识的自我超越。”（第 261 页）

——马斯洛从主观体验来谈超越。“超越”的主观特征之一就是当事人有“忘我体验”。那么，是不是“忘我体验”就是“自我超越需要”满足的体现呢？我认为，可以认为忘我体验属于超越性体验。但它只是超越性体验之一。全人需要层次论把人的高级需要分为“自我实现需要”“自我超越需要”“大我实现需要”。这三种需要都可以有忘我体验。不同的忘我体验体现了需要满足和人性发展的不同阶段和水平。马斯洛在这里所说的“自我意识、自我觉知的消失”的“忘我”与“青春期人格解体的自我关注的消失”的“忘我”是有区别的。后者属于前者的一种。后者是指在青春期的少年发生自我认同危机后，原来的人格解体，新的人格开始，在这一过程中，青少年有时候会加强对自己的关注。而在之后的进一步发展，进入一种“忘我”状态，意味着对这种状态的超越，这常常是自我实现的体现。严格来说，所有的真正的踏实的成长，都有程度不同的解构和建构的过程。

2. 马斯洛说：“超越一个人的过去。对于一个人的过去可能有两种态度，其一可以说是一种超越的态度。他能对自己的过去有一种存在认识。那就是说，他自己的过去能为他现在的自我所包容和承受。这意味着充分的接受。即能原谅自己，因为理解自己。这意味着超越悔恨、内疚、羞耻、难为情等等。这和视过去为不由自主的境况不同，事情碰上了，处境完全是被动的，完全由外部因素所决定。在某种意义上，这像是对自己的过去承

担责任。”（第 263 页）

——马斯洛在这里多半说的是在自我成长中发生的事情，它也可以发生在心理治疗的过程中。“一个人的过去”是不会发生变化的，但是一个人对于自己过去的感受、态度等是可以发生变化的，可以变得更好。每次的变好都是一次成长或者说是超越。这种“变好”是怎么发生的呢？从通心理论看，他是通过与自己的通心。与自己的通心是属于广义的通心。也就是自己打通自己以前没有开发的心理能量以及不通的心理情结。当然，这种打通可以在咨询师、治疗师的帮助下进行，这是最快的方式。全人心理学·通心工作坊常常做这种打通的工作，即进行“通心辅导”。当咨询师、治疗师、通心辅导师做到了帮助当事人超越自己过去的时候，让当事人对过去的事情从不接纳变得真正接纳的时候，他就取得了一种心理成就，如果还算不上自我实现，也是自我实现的一种准备。

3. 马斯洛说：“超越即接受自然的世界，以道家的方式听其自然，即超越自我的低级需要——那就是说，超越自私的、皮囊内的需要，超越自我中心的判断，如从个人出发对心外事物做出是否有危险，是否可食用，是否有效用等等判断。这种超越的终极意义可以用‘客观地观察世界’这句话表明。这是存在认知的一个必需的方面。存在认知意味着超越个人的自我，超越低级需要、自私，等等。”（第 263 页）

——马斯洛在这里的论述不够清晰和严谨。他所说的“以道家的方式听其自然”与“超越自我的低级需要”还不是一回事情。——那就是说，“超越自私的、皮囊内的需要，超越自我中心的判断，如从个人出发对心外事物做出是否有危险，是否可食用，是否有效用等等”应该最多可以归入自我实现需要的满足。马斯洛所指“客观地观察世界”是可以分为多种层次的，包括自我实现、自我超越，至于老子所说的“道法自然”，至少是在自我超越的层次上。

4. 马斯洛说：“超越他人的意见，即超越他人的反应和评价。这意味着有一个自我决定的自我。它表示一个人能够以正确的态度行事，甚至不惜以不受欢迎为代价，能够成为一个自主的、自我决断的自我；能写一个人自己要写的文字，成为一个人自己要成为的人，不受人操纵或诱惑。这些人在阿施型实验中是抗拒者(而不是遵从者)。对常规化的抗拒，能够从角色中解脱，即超越一个人的角色，成为一个人而不是一个角色。这包括抵制暗示、宣传、社会压力、不怕被投票压倒等等。”(第 265 页)

——从通心理论来看，这也是做到“通心”的一个主要前提，即“通心的黄金三要件”所说的“清晰自己”。他人的反应和评价，只是他们自己的，不应该被他人所带走。进而，我们要知道，他人为什么会有这样的反应和评价。通常的说法是要有“独立人格”。不过，独立的人格还只是一种主体性状态，还不具有主体间性，未涉及完整的生存状态。人格的独立固然本身就是一种超越。这种“独立”“超越”，本身也是一种与外界、他人有一定通心的结果，同时，又是与外界、他人进一步通心的前提。独立人格是通心的前提。“通心”首先意味着有一个独立自主的主体，一颗能够自由体验、自主思考的“心”。从通心的黄金三要件来看，有独立人格的人在交往中就容易做到“清晰自己”。但在交往中，如果要有进一步好的交往，还需要进一步地做到“换位体验”和“有效影响”。但这些是另外的话题了。这种状态至少可以看成自我实现。

5. 马斯洛说：“超越自身的软弱和依赖性。从一个孩子变成自己的母亲和父亲，以父母的态度对待自己，成为父辈的而不仅仅是子辈的，能成为坚强的和负责的而不仅仅是依靠长辈，超越自身的软弱而上升到坚强。由于我们在自身内部同时具有这两种品质，这种超越在很大成分上只能是一个程度的问题。但无论如何，还是能够说，有些人主要是软弱的，他们和他人的关系是弱者对强者的关系，而一切适应机制、应付机制、防御机制都是弱对强的防御。对于依赖和独立也可以这样说。对于不负责和负责也一样。也可以说，一方面是海上的船长，汽车的司机，另一方面仅仅是旅客。”(第 265 页)

在这里，马斯洛说了一个非常具有实用价值的思想。在这里“超越”的含义非常接近“成长”。它们意味着减少软弱和依赖性，自己对自己负责。我在长期的实践中体会到，这正是不论什么心理学流派、方法在做个案时应该力求达到的一种效果，即让当事人从内在滋生出一种自己就是父亲或者母亲的子人格。——在这里，自己就是父亲和母亲，还可以包含这样的含义，我们回头看自己的父亲和母亲，有一种他们在逐渐变小，自己在逐渐变大的新的感觉。这个时候，我们对他们的理解，胜过了他们对我们的理解。我们应该更多地做通心者。“反哺”这个词语在汉语语境中具有丰富的含义。古人对于大自然的观察发现，雏鸟长大后，会衔食喂母鸟。《初学记》是我国古代著名的综合性类书籍。该书谈道：“雏既壮而能飞兮，乃衔食而反哺。”（唐代徐坚：《初学记·乌赋》）李时珍在描写乌鸦时写道：“慈乌：此鸟初生，母哺六十日，长则反哺六十日。”（《本草纲目·禽部》）其大意是说，先是老乌鸦喂养小乌鸦。后来小乌鸦长大了，老乌鸦却不能飞，不能找食物了，小乌鸦会反过来找食物喂养它的母亲。这种“反哺”的心理，是中华民族的潜意识之一，迄今仍然有积极意义。它是维系家庭和谐、社会安宁的重要的文化基因。——我长期从事心理治疗工作，我做的个案，有不少是“长程个案”。“长程个案”不仅要消除一些不舒服的症状，而且要改变当事人的人格。

这使我对“反哺”这个概念，有深刻的体会。在我做的长程的个案中，不少当事人与父母的关系，在心灵成长之后，都产生了这种反转的效果。当然，“反哺”不只是物质上的，也是精神上的。这也使我体会到，心理服务具有广阔的市场，它的意义不仅仅是治疗疾病，而是帮助人成长或者超越，变得更加成熟。这种心灵的成熟，是我们走向自我实现，以及开发更多潜能的准备。

社会学研究有“文化反哺”（cultural reverse）的概念，它是指在现代社会，尤其是社会转型期，由于社会变迁快速，知识更新加剧，年轻人反过来影响老年人的情况。例如，当今社会数字技术、信息技术的广泛运用，网络文化、跨地域文化的交融，世界瞬息万变，人类的知识正以“每三年就增长一倍”的速度递增，在知识爆炸的情况下，教育受到了严峻的挑战。在传统的社会中，学生受传媒（网络、电视、杂志）影响甚少，教师的传授自然成了学生获取知识的主要来源，也是学生认识世界、了解世界的直接来源。但现在情况发生变化了。可以说，良好的教育应该更多的是素质上的，它能够使“反转”的情况更快发生。

6. 马斯洛说：“在各有特征的超越类型中挑选由超越畏惧而进入无畏

或勇气的状态（两者不完全相同），对于研究的目的以及治疗的目的都是特别有意义的。”（第 263 页）

——马斯洛的这一论点使我感到十分惊奇。他怎么会悟出“由超越畏惧（fear）而进入无畏（not-fearing）或勇气（courage）的状态”，对于心理治疗有特别的意义呢？他并不是一位心理治疗家啊？畏惧或者恐惧等，是一种非常重要的负面情绪及能量状态，它在大卫·霍金斯的能量级别上处于倒数第五，而勇气是倒数第九。一个人的能量状态如果能够常常处于第十层级“中立”以上，表明他的生命已经进入良性循环状态。当然，无论是马斯洛的超越理论，还是大卫·霍金斯的能量级别理论等，都难以用传统的、经典的或者标准的实验来证明，但他们有自己的证明方式。例如，我在通心工作坊上做的个案，或者一对一的情况下做的通心辅导，都证明了马斯洛的预见。每当我成功地把当事人的恐惧、畏惧转化为勇气的时候，当事人都会发生极大的变化。这样的个案我已经屡见不鲜。但这种情况，一般还是属于自尊需要满足，最多属于自我实现需要满足。

二、主要应该归入“自我超越”的论述。如果兼有“自我超越”和“大我实现”两者的含义，则归类到“大我实现”

1. 马斯洛说：“时间的超越。例如，我在一次学院师生队列中的厌烦体验中，觉得在表示学位的穿戴中有点滑稽可笑，接着突然滑入一种心境，似乎自己成为永恒境界中的一个符号，而不只是当时特定地点的一个厌倦的、烦恼的个体。我的幻觉或想象是：师生队列伸展开来，进入未来，伸展到很远很远，比我能够看得更远。队列以苏格拉底排头，我认为，这一点的含义是，许多远在队列前部的人一直站在那里，他们是过去时代的人物，而我是所有那些杰出学者、教授和智者的一个后继者和追随者。接着，我的幻觉又看到队列在我身后伸展开来，进入模模糊糊、迷迷蒙蒙的无限中，在那里，有许多现在尚未出生的人，他们将加入这个学术队列，这一学者的队伍，智者、科学家和哲学家的队伍。在这样一个队列中我突然一阵激动，感到它的尊严，感到我的学位服的荣耀，甚至觉得我自己作为这一队列中的一员也变得崇高了。那就是说，我变成了一个象征，我代表着我自身皮囊以外的某种东西。我已不再仅仅是一个个体。我也是永恒导师的一个‘角色’，我是那导师的柏拉图式的本质。”

“这种时间的超越就另一种意义说也是真实的，即我能以非常亲密爱慕之情和斯宾诺莎、林肯、杰弗逊、詹姆士、怀特海等等友好结交，似乎他们仍然活着。这种情况等于说，他们确实是以某种特殊的方式仍然活着。在又一种意义上，你也能超越时间，这里是指为尚未出世的子子孙孙或其他后继者而勤奋工作说的。对这种意义的超越，爱伦·惠利斯在他的小说《探索者》中曾描述过，小说主人公临死时想，他能够做的最好的事情莫过于为后人植树了。”（第 261 页）

——这是马斯洛很重要的一个自我体验。也许有人会从精神分析的眼光看，它是马斯洛当时厌烦情绪的一种升华，是马斯洛的一次积极想象或者意象。而对于马斯洛，这是他的一次深入的自我认识和自我清晰，它深刻地为他自己回答了“我是谁”。而从通心理论看，则是马斯洛与先贤哲人，甚至人类历史的一次通心。通过这次通心，他也更清晰自己，看清楚了自己的定位，明确了自己的使命感。“这种时间的超越就另一种意义说也是真实的，即我能以非常亲密爱慕之情和斯宾诺莎、林肯、杰弗逊、詹姆士、怀特海等等友好结交，似乎他们仍然活着。这种情况等于说，他们确实是以某种特殊的方式仍然活着”——这正是广义通心的含义之一。广义通心走出了狭义的、活人与活人之间通心的局限，使通心者能够进入与去世的人通心的状态。马斯洛说，“似乎他们仍然活着”，确切地描述了当时的情况。

当时马斯洛的活动是在哪种需要满足的意义上进行的呢？是自我实现需要？还是自我超越需要？甚至是大我实现需要？我认为是“自我超越需要”。为什么这样说呢？马斯洛当时的职业不过是大学的一位心理学教授而已。他的自我实现主要体现在教学、做实验方面等。上升到历史的高度，并不是他的本质工作所必需。他通过自己与先贤哲人的广义通心，超越了他的职业和身份。

2. 马斯洛说：“超越自我（ego；self）、自私、自我中心，等等。这是当我们对外部任务、事业、责任和对他人和现实世界负责等等做出反应时对自我的超越。当一个人在尽自己的职责时，这也能看作是在永恒的名义下这样做，因而能代表一种自我的超越，对自身低级需要的超越。当然，实际上最终是一种超越性动机的形式，对‘要求’要做的事的趋同作用。这是对超越心理的需要的敏感。转过来又意味着一种道家的态度。‘与自然和谐一致’这一短语意味着有能力对超出心理的实在让步，承受，应答，共处，好像一个人从属于它，或与它和谐相处一样。”（第263页）

——这一条非常重要，它是一种典型的“自我超越”。如果有所谓“在永恒的名义下这样做”的感觉，也就是在按照大道、客观规律来做事情，也可以理解为“大我实现”。

3. 马斯洛说：“超越我们对他们的极性。在人与人之间超越零与全的赌博。上升到协同作用的水平（人际协同,社会制度的或文化的协同）。”（同上，第264页）

——对照英文原文，体会马斯洛想要表达的意思，为了方便大家理解，可以改进一下翻译为：“超越‘我们—他们’的两极对立（polarity）。超越在人与人之间零与全（zero-sum）的全赢与全输的赌博。这意味着人际关系上升到协同作用的水平（包括人与人之间的协同，社会制度的或文化的协同）。”这一思想对于处理个人之间的利益相争关系，甚至国际关系矛盾、冲突、分歧等都很有价值。这是很值得倡导的“自我超越”的精神。在人际关系中，人们的自我实现有时候会互相冲突和矛盾，自我超越是把这些冲突和矛盾引向解决的主体条件。

4. 马斯洛说：“超越基本的需要（或者由于满足了它们使它们从意识中正常地消退，或者由于能放弃这种满足而克服这些需要）。这是以另一种方式说‘变成主要受超越性动机支配。’它意味着和存在价值的一致。”（第264页）

——实际上马斯洛的这一说法是指“优势需要的更替”。所谓“优势需要”是指人的所有的需要都是以潜在的方式同时存在的，但每一种需要对于人的行为的支配力是不一样的，一个时期或者一个时候只有一种需要的支配力最大，这种需要就是“优势需要”。在马斯洛的著作里，我没有看到这样的论述，但我认为他暗含有这样的意思。这里的“基本需要”是指通常的五层次需要，即生理需要、安全需要、归属需要、自尊需要、自我实现需要。马斯洛说，“变成主要受超越性动机支配”，实际上是他晚年的思想，正是因为如此，我们可以明确地在五层次需要之上再加上一层，即“自我超越需要”。

5. 马斯洛说：“趋同爱是超越的一种形态，例如，对自己孩子的爱，或对亲密朋友的爱。这意味着‘不自私’。意味着超越自私的我。它也表示有扩大的趋同圈子，即和越来越多的人打成一片，直到和所有的人打成一片。这也能说成是越来越广阔的自我。这里的界线是限于和人类打成一片。这也能以心理内部和现象学的方式表现，如体验自己是兄弟团体的一员，是人类的一员。”（第 265 页）

——如果把“趋同爱”换成“通心”，不断地扩大能够通心的范围，这一段话的意思能够变得更加清晰。能够不断地扩大通心的范围，就是一种自我超越需要的满足可以实证的标准。

6. 马斯洛说：“走马灯中脱身。穿过屠场而不沾血腥。出于污泥而不染。超越广告意味着在它之上，不受它影响，不受触动。在这样的意义上，一个人能超越各种约束、奴役等等。以同样的方式，弗兰克尔、维特海姆，还有许多的人能超越甚至集中营的处境。让我用 1933 年《纽约时报》头版的一张图片为例作为说明，画面上有一位大胡子犹太人由一辆垃圾车运载着在柏林街头嘲笑的人群面前游行示众。我的印象是他对人群满怀同情，以怜悯的心情看着他们，或许还有深深的宽恕，认为他们是不幸的，是病态和低于人类的。超脱于他人的恶意或无知或愚蠢或幼稚是可能的，即使这种恶意是指向自己的时候也一样，虽然要做到这一点是很困难的。但一个人还是能够在这样的情境中——包括自身这时的处境在内——似乎十分客观地观察着，自身超脱地从一个高高在上的、非个人的或超越个人的峰巅俯瞰一切。”（第 265 页）

——马斯洛在这里描述的“那位大胡子犹太人”，他在被一辆垃圾车载着在柏林街头游行示众的情况下，还能够“对人群满怀同情，以怜悯的心情看着他们……”使我想到著名学者钱钟书夫妇在“文革”中的经历：他们每天早上，自己主动戴好高帽子，写上“牛鬼蛇神”，站在中国社会科学院大门口迎接大家的情况。他们在那个时候的状态，应该也是具有超越性的，至少超越了自尊、屈辱。

7. 马斯洛说：“超越当前的情境。像哥尔德斯坦所说的，‘依据可能和存在发生关系，正如依据现实一样。’这是上升到刺激束缚、此时此地束缚和现实束缚之上。哥尔德斯坦的还原到具体能够被超越。或许这里最好的说法是上升到可能的领域也如回归到现实的领域一样。”（第265页）

——这个问题，可以用来说明全人心理学的“通心”的概念。或者说，从全人心理学“通心”这一概念，可以很好地对马斯洛在这里想说明的道理进行诠释。人是有巨大潜能和方向性的动物。作为助人关系的“通心”就是要理解、感受对方的潜在性和方向性，而不仅仅是表面的一些意识状态，甚至也不只是表层的一些情绪。西方心理学广泛使用的“共情”“同理心”的概念，在助人时有可能造成误导。在心理咨询、心理治疗的实践中，如果只是受“共情”或者“同理心”的指引，我们容易囿于当事人的表面状态，而忽略了他的更重要的根本利益。“通心”这一概念的优越性，正体现在它超越了“共情”“同理心”，不仅要感受到当事人的表面状态，而且要感受到当事人的潜能、突破口和成长点。在我做个案的实践中，我正是尽力去发现当事人的潜能、突破口和成长点，帮助当事人提升。无论是咨询师、治疗师，还是一般人，无论是对自己还是对他人，如果有这样的体验，那就是一种超越。在这里，我们也可以从需要的满足状态来看心理健康服务，如果只是能够“共情”“同理心”，那不过是“自我实现”的水平，如果是达到“通心”的高度，则可以称为更高的“自我超越”水平。

8. 马斯洛说：“超越文化。就一种非常特殊的意义说，自我实现者，或超越型自我实现者，是世界公民。他是人类的一员。他出身于某一特定文化，但又超出那一文化。他能够以种种方式独立于它之外，并从一个高度俯视它。或许就像一棵大树那样，它的根扎在泥土中，但它的枝却在很高的上方伸展开，并能俯视深埋着它的根部的泥土。我在著述中曾谈到自我实现者对于文化适应的抵抗。一个人能审查他自己出身于其中的文化，能以某种超脱的和客观的态度进行这样的审查。这类似心理治疗中的做法，即一方面在体验着，同时又能以一种批判的、评论的、超脱的以及撤离的方式自我观察自己的体验，因而能对它进行批评，赞成或反对它，并采取控制的态度，而且有可能改变它。一个人对他曾有意识地接受其中某些部分的文化所采取的态度，和以一种不加分辨的方式无思考地、盲目地、无觉察地、无意识地完全赞同一个人的文化是十分不同的。”（同上，第 262 页）

——在这里马斯洛说得比较抽象："他是人类的一员。他出身于某一特定文化，但又超出那一文化。他能够以种种方式独立于它之外，并从一个高度俯视它。"具体的情况如何，没有细谈。很难理解是在哪个层次。同样是独立和超越所在的文化，可以在不同的层次。

马斯洛又说："这类似心理治疗中的做法，即一方面在体验着，同时又能以一种批判的、评论的、超脱的以及撤离的方式自我观察自己的体验，因而能对它进行批评，赞成或反对它，并采取控制的态度，而且有可能改变它。"这就比较具体了。马斯洛没有说清楚是对于当事人还是心理师，我认为，对于两者，都有这种情况发生。全然地做到如此，必然有某些方面的成长。当心理师成功地做到如此，也使当事人做到如此的时候，这就是心理师的一种自我实现。当当事人做到如此的时候，他至少是一种心灵成长，一种自我的走向成熟和完善，是为以后满足自我实现需要乃至自我超越需要做准备。

9. 马斯洛说："超越弗洛伊德的超我，上升到内在良知的水平，上升到内疚、应得的适度的懊恼、悔恨和羞耻的水平。"（第 265 页）

——这是真正的、彻底的"向内求"的状态。从通心理论看，超越社会伦理，与自己深度通心，自己对自己负责，这将最后导致我们自己的真我、大我的发现。如果有内疚、懊恼、悔恨和羞耻应该首先是向自己内在的真我、大我忏悔。这些内疚、懊恼、悔恨和羞耻也不一定要向他人表示。是否表示，要看与他人通心的结果。能够做到这一步，无疑是进入大我实现需要满足状态。——当然，在马斯洛这一段的叙述中，不一定包含有这个意思。

三、可以归入“大我实现”的论述。如果兼有“自我超越”和“大我实现”两者的含义，也归类到“大我实现”。

1. 马斯洛说：“超越自己的意愿（支持一种精神——“不是我的而是你的意愿要实现”）。向自己的命运或使命让步，和它融合在一起，像斯宾诺莎或道家所说的那样热爱自己的使命。亲爱地拥抱自己的使命。这是上升到自己个人意愿之上，有所负荷，有所控制，需要控制，等等。”（第266页）

——有责任感相比没有责任感已经是一种超越了。有使命感对于责任感又是一种超越。没有责任感的人不可能有使命感。有使命感的人一定有责任感。使命感是在更大的系统内与自己通心，以及与环境通心的结果。使命感更具有社会性。它是一种更大范围的负责。有使命感者都会热爱自己的使命的。或者说，已经超越了热爱与不热爱，代之的是意义感、挑战感、忘我感。如果说责任感是自我实现需要满足的特征之一，那么使命感就是自我超越需要、大我实现需要满足的特征之一。

2. 马斯洛说：“超越二歧式（极化，黑与白的对立，非此即彼，等等）。从二歧上升到超分歧的整体。超越原子论，赞同层次式的整合。把分散的东西结合为整体。这里的极限是把宇宙作为一个统一体的整体论观察。这是终极的超越，但沿着这条路线向这一极限迈进的每一步自身都是一种超越。任何二歧都可以作为例证。例如，自私与不自私，或阳性与阴性，或父母与子女，教师与学生，等等。所有这些都能被超越，使相互的排斥、对立以及零与全的赌博都退居后面，也就是说我们已上升到一个高级的立脚点，看到这些对立中相互排斥的异物能够彼此协同结合为一个统一体而成为更实在、更真切、更符合实际的了。”（第266页）

——这里关键的术语是“层次式的整合”。它是指把一种事物分成很多层次，来取代简单的黑白两分法（或者说只有两个层次）。例如，拿黑布和白布来说，还可以在最黑的布和最白的布之间分出很多层次。并不是只有两种布，即黑布和白布。一些印染厂的检验师傅，他们能够识别几十种黑色，而一般人只能够识别几种。这样的思维和感觉，更加接近事物的本来面目。抛开检验师傅不谈，这种区分能力，应该是进入自我超越需要满足层次的普遍特征之一。

3. 马斯洛说："超越一词还意味着'超过'，仅仅表示能比自以为可以做到的做得更多，或比自己过去已经做到的做得更多，例如，仅仅能够比往常跑得更快，或成为一个更好的舞蹈家或钢琴家，或成为一个更精巧的木匠，或任何其他高超人物。"（第266页）

——这种对于"超越"的理解是最通常的理解，并且为大众所熟知。它差不多等同于"成长"的概念。但是，马斯洛的描述似乎是想强调：坚持、持之以恒最终也可以导致"超越"。他的这一条叙述略掉了两点：一是那个漫长的过程。二是那个重要的时刻。例如，就木匠来说，固然熟能生巧，量变导致质变，一个优秀的木匠在这样的时刻总有一定特殊的体验，包括熟能生巧的过程中"生巧"的那一时刻，"质变"的那一时刻。如果仅仅是"超过"，划入自尊需要满足的水平都可以，甚至连自我实现需要都谈不上。如果是有质的飞跃，就更可能是自我实现，甚至是自我超越。

4. 马斯洛说："在超越纯自我中心的和不成熟的不客观时达到旁观型客观。在超越不介入的、中立的、不关心的旁观型的客观时到达道家的（存在水平的）客观。"（第268页）

——这里说的是人与外界关系的两种超越。个体对于外界的认知，旁观型的客观对于主观性、以自我为中心是一种超越。而道家的客观对于旁观型的客观又是一种超越。很明显，前一种超越是自我实现，后一种则至少达到了自我超越。从通心理论看，这也是通心力的差异。道家的客观比旁观型的客观更符合外界的本来面目，也显示了更高的通心力。越是能够与外界事物通心，也越是能够达成更加惬意的关系。

5. 马斯洛说："超越空间。在最简单的意义上说，这可以是全神贯注于某事，使人忘记了自己在何处。但它也能上升到最高的水平，这时人和整个人类打成一片，因此，地球另一边的同胞成为他自己的一部分，在一定意义上他也处在地球的另一边，正如他在空间中的此地一样。这也适用于存在价值的投射，因为存在价值是无所不在的，因为存在价值是自我（self）的规定性特征，而一个人的自我也是无所不在的。”（第268页）

——历史学家、思想家、哲学家、政治家，甚至心理学家，在思考全人类的问题之时，似乎都可能达到这样的状态，这至少是自我超越的体现。

6. 马斯洛说：“对努力和力争的超越，对愿望和希望的超越，对任何定向特征和意向特征的超越。在最简单的意义上说，这自然是对满足状态的纯享受，对希望的实现和达成、对在那里而不是力争到那里、对已经到达而不是尚在旅途等等的纯享受。这也可以理解为‘处于幸运中’，或像加雷特夫人的说法‘高度的无忧无虑’。它是任由事物发生的道家情感，而不是制造事物的发生，是完善幸福和接受这种不争持、不期待、不干预、不控制以及少私寡欲的道家态度。这是对野心、实力地位的超越。这是拥有状态而不是非拥有。于是，自然他什么也不缺少。这表示有可能过渡到幸福、满意的状态，能够知足；纯欣赏，纯感恩；幸运的状态和感受，恩遇感，无偿恩遇感。处于一种目的状态意味着在各种不同意义上对手段的超越。但这必须非常审慎地讲清楚。”（第269页）

——马斯洛最后一句话是：“但这必须非常审慎地讲清楚。”为什么？因为这很容易与自欺欺人或者“阿Q精神”以及一般目的的达到的满足混淆。马斯洛在这里没有说清楚的是：一是自欺欺人以及阿Q精神是在无法达到真实目的情况下的一种无奈，最多是一种“退后一步自然宽”。二是当人格还没有进入自我实现阶段的时候，甚至还没有进入自我超越乃至大我实现的时候，一切的满足只能够称为“小满足”。它们只是属于需要的满足，而不是“人格的满足”。人格的满足可以称为总体人生的满足。也就是说，人本身的状态就是一种满足。三是“小满足”之所以还没有马斯洛说的那种“纯享受”“纯欣赏”“纯感恩”，是因为他们还有其他目标需要去实现，他们常常有不完美感，他们常常因为做不到心无旁骛而不能够痛快享受，等等。四是在自我超越、大我实现的状态下，个体已经进入“随心所欲不逾矩”的境界，或者佛家所说的“真空生妙有”的境界。他们并非不能够达成什么目的，而是没有任何妄念去达成什么目的。他们一旦有什么目的又都是可以达成的。这应该至少是自我超越的体现。

7. 马斯洛说："关于宇宙意识的讨论也是有益的。这是一种特殊的现象学状态，表明人能以某种方式领悟整个宇宙或至少是宇宙的统一和整合，理解宇宙中的一切事物，包括人的自我（self）。他于是觉得似乎自己有权归属于宇宙，成为宇宙大家庭中的一员而不是一个孤儿，进入宇宙之内，而不是在外面向内看。他觉得自己很渺小，因为宇宙广阔无垠，同时又觉得自己是一个重要的存在，因为他有绝对的权力在宇宙中占有一席之地。他是宇宙的一部分，而不是一个陌生的来客或一个入侵者。在这里，有非常强烈的归属感，而不是放逐感、隔离感、孤独感，不是受到排斥，没有根底，无家可归。在这样的领悟以后，人能明显感受永远有这种归属感，觉得有了一席之地，有权住在那里，等等（我曾利用高峰体验中的这一宇宙意识型的存在认知和另一类型的认知进行比照，后者来自浓缩意识（narrowingdown consclousness），即对某人、某物或某一正在发生的事件的强烈而完全的专注和入迷，他或它这时代表了整个世界，整个宇宙。我曾称这种感受为浓缩型的高峰体验和存在认知）。"（第 269 页）

——"他有绝对的权力在宇宙中占有一席之地。他是宇宙的一部分，而不是一个陌生的来客或一个入侵者。在这里，有非常强烈的归属感，而不是放逐感、隔离感、孤独感，不是受到排斥，没有根底，无家可归"。马斯洛在这里为什么强调的是超越"放逐感、隔离感、孤独感，不是受到排斥，没有根底，无家可归"？为什么强调的是"在宇宙中占有一席之地"，而不是在家庭中、社会中、国家中占有一席之地？他似乎是在讨论一种特殊的情况，即一个人在归属需要、自尊需要、自我实现需要还没有满足的情况下也可以达到自我超越。由此，我想到中国的屈原，他正是在被放逐中，超越了放逐感、隔离感、孤独感，写出了《天问》这样高境界的经典作品。屈原是在非常困难的情况下达到自我超越的水平。

8. 马斯洛说："或许还应对超越做出一种特殊的、与上述有别的说明。这种说明着重在对于存在价值的内化（introjection）和认同，以及此后主要通过存在价值所产生动机的状态。"（第 270 页）

——在这里马斯洛似乎有一定的不清晰，他没有像以前那样把“存在价值”看成一种人类固有的潜能和类本能。当然，这种说法也可以看成对“类本能”一说的补充。也就是说，既然人能够把存在价值内化，那么肯定人也有存在价值内化,以及显现出来的潜能。这是一而二,二而一的事情。

四、可以归入“大我实现”的论述

1. 马斯洛说：“超越也意味着能变成神圣的，而不仅仅停留在世人的水平。但在此必须小心，不要把这种说法理解为有任何超人类或超自然的东西。我想用‘超常人’或‘存在人’一词来表示，这种变得非常高，成为神圣的能力是人的本性的一部分，尽管在现实中往往很难得见。它现在仍然是人性的一种潜能。要上升到二歧化的民族主义、爱国主义或种族歧视之上，不认为‘他们’反对‘我们’，或超越我们——他们情结，或阿尔德雷所说的‘敌意——和睦’情结。例如，皮亚杰所说的日内瓦儿童不能设想自己既是日内瓦人又是瑞士人。他只能想自己或者是日内瓦人或者是瑞士人。需要有进一步的发展才能成为包容更广泛的、超分歧的、更整合的。我与民族主义、爱国主义或我们文化的一致并不必须损伤我与人类或联合国更广泛、更高热情的一致。事实上，这样一种超越分歧的热忱自然不仅是更广阔的，而且也是更健康、更充满人性的，胜过了狭隘的地方主义的，那被认为是敌对的或排他的。那就是说，我能成为一个好的美国人，当然我必须是一个美国人（我是在美国文化中长大成人的，那是我无从摆脱也不想摆脱的，不是非摆脱才能成为一个世界公民的）。强调世界公民没有根底，不出身于任何地方而是什么‘宇宙人’，那不会比一个有根底的世界公民好些，因为后者在某一家庭中长大，在一定地区、在一定文化中说一定语言，因而有一种从属感，以它作为基础才能建立高级需要并达到超越性需要的水平。要成为人类的丰满的一员并不意味着排斥较低的层次，而是在层次整合中包容低层次，例如文化多元论，欣赏差异，享受不同种类的饭店住宿条件和不同口味的食品，从异国旅游中和对其他文化的种族研究中享受乐趣，等等。”（第 266 页）

——马斯洛的这一段话十分重要，含义非常深刻。它对于“超越”的描述，体现了他这一著作的光辉：“人性发展能够达到的境界”。

它的重要含义至少有以下几个方面：

（1）马斯洛说：“超越也意味着能变成神圣的，而不仅仅停留在世人的水平。但在此必须小心，不要把这种说法理解为有任何超人类或超自然的东西。我想用‘超常人’或‘存在人’一词来表示，这种变得非常高成神圣的能力是人的本性的一部分，尽管在现实中往往很难得见。”所谓变得神圣，并不意味着“有任何超人类或超自然的东西”。它是指人本来具有神性的潜能，而这种潜能得到了开发。人具有可以开发的神性，与人能够成为神是完全不同的两个概念。马斯洛说的“这种变得非常高，成为神圣的能力是人的本性的一部分”也是这个意思。所谓“人具有神性的潜能”，正是我们可以把“自我超越需要”“大我实现需要”作为人本身具有的高级需要，纳入需要层次论的原因。

（2）所谓“我与民族主义、爱国主义或我们文化的一致并不必须损伤我与人类或联合国更广泛、更高热情的一致。事实上，这样一种超越分歧的热忱自然不仅是更广阔的，而且也是更健康、更充满人性的，胜过了狭隘的地方主义的”，呈现了人的需要满足层次上升到高级需要后发生的情况。既认同民族主义、爱国主义或我们的文化，又更广泛地认同人类或联合国，意味着更健康、更充满人性。从全人需要层次论看，是上升到了自我超越需要，甚至大我实现需要的层次。

（3）“强调世界公民没有根底，不出身于任何地方而是什么‘宇宙人’，那不会比一个有根底的世界公民好些，因为后者在某一家庭中长大，在一定地区、在一定文化中说一定语言，因而有一种从属感，以它作为基础才能建立高级需要并达到超越性需要的水平”。马斯洛在这里，深刻地强调了低级需要的满足，包括归属需要、自尊需要的满足“作为基础才能建立高级需要并达到超越性需要的水平”。这是需要层次论思想的一个重要含义，即高级需要的满足、占优势以及这种满足、占优势的保持，必须以低级需要的支撑和供给为前提。

2. 马斯洛说：“超越意味着在存在王国生活，说存在语言，有存在认知，过高原生活。它既意味着极顶的高峰体验型的存在认知，又意味着宁静的存在认知。在经历了大彻大悟（insight）、伟大转变（great conversion）、伟大的神秘体验、伟大的启蒙、伟大的觉醒以后，一个人随着新鲜感（novelty）的消失能够安静下来（clam down），他在习惯了（be used to）美好的事情甚至伟大的事情之后，仍然能偶尔升入天堂，和永恒与无限安然相处（be on easy terms with）。他在经历了惊奇（surprised）与震撼（startled）以后，便开始平静而安详地生活在柏拉图式的本质或存在价值中。这里的措辞是和极顶的或在感情上强烈的彻悟或存在认知对照而言的，它是一种高原认知。高峰体验必然是短暂的，就我能辨别的而言也确实是短暂的。但一种启示或卓见可以保留下来。有过这种体验的人不可能再变得像他以前那样天真、单纯或无知。他不能退回到无视这一切的境地。他不能再变得盲目了。但必须有一种语言能描述习惯于转变、启蒙，或生活在伊甸园中。这样的觉醒的人通常是以一种统一的方式或以一种存在认知的方式前进的，就像那是一种日常的事情——当然，什么时候他愿意，什么时候就能做到这一点。这一宁静的存在认知或高原认知能置于他自己的控制之下。他能自如地对待这种认识。丰满人性、终局或成为目的本身的境界的（短暂的，transient）到达就是一种超越。（译文根据译著原文有一定调整、改动。——许金声）”（第 267 页）

——马斯洛在这里是尽量使用接近科学的语言尽量准确地来描述的，它差不多已经是我所能够理解的大我的境界。我的感觉是，没有类似体验的人是不能够如此清晰地描述的。马斯洛的闪光点在于，他区分了“高峰体验”（在这个地方译为“巅峰体验”更好）和“高原体验”，这两者加起来应该才是大我的体验。在这里，实际上也暗含了可以鉴别我们是不是真正有高峰体验，或者我们是在什么生存质量之上产生的高峰体验。——我想到，我国道家的老子，尽管并不热衷描述高峰体验，但他的著作却充满了洞见，是在生活中具有高峰体验，以及长期持续的高原体验的产物。马斯洛在这里所描述的，应该可以看成是自我超越需要、大我实现需要满足的特征。

3. 马斯洛说：“对消极事物的超越（包括恶、痛苦、死亡等等，也包括更甚的消极事物）见于高峰体验的报告，在高峰体验中，世界是作为善被接受的，这时人能理解他所认识的恶。但这也是对压抑、障碍、否认、排斥的超越。”（第 268 页）

——对于恶、痛苦、死亡等等所有这些所谓“消极事物”的超越，都是建立在通心之上的。也就是说，只要理解了（体验到了）之所以会恶、痛苦、死亡，或者说能够对它们进行换位体验，也就接纳了它们，超越了它们。在高峰体验中，会有一种“一通百通”的感觉，一下子消解了许多以前看不起的以及不接纳的。这是心灵成长达到的高境界，它也是自我超越需要、大我实现需要满足的准备，甚至本身就是自我超越需要、大我实现需要满足的体现。

4. 马斯洛说：“人甚至能在一种非常特殊的意义上超越个体差异。对待个体差异的最高姿态是意识到并接受这些差异，但也欣赏它们，最终深怀感激之情，认为这是宇宙智慧的美妙创造——承认差异的价值，惊叹它们的多姿。这当然是一种较高的姿态，因而我认为也是一种超越。但也有另一种超越不同于对个体差异的这种感激之情，而是跃升到差异之上，承认终极人性或人类属性中的基本共性，各种人之间的相互依存和打成一片，大家都是兄弟或姐妹，于是，个体差异甚至性别差异都在一种非常特殊的方式中被超越了。那就是说，有时人能很清楚地意识到个人之间的差异，但另一些时候人又能撇开这些个体差异，认为和普遍的人性以及人与人之间的相似性对照来看，这些差异是比较不重要的。”（第 270 页）

——这段译文的曹晓慧版本如下：“人甚至能在一种非常特殊的意义上超越个体差异。对待个体差异的最妙态度是认识它们、接受它们，进而欣赏它们，最终将它们作为宇宙智慧的美妙创造而满怀感激——认识到它们的价值，惊叹于个体间的差异。这当然是一种更高质量的态度，因而我认为这是一种超越。但是，与这种对个体差异最终感激之情不同，有一种态度是超越于这种差异之上，认同所有人类的终极人性和人种属性，并认识到其基本共性和共同归属感，在这一意义上，各种人之间都是兄弟或姐妹，于是个体间差异，甚至性别差异也可以通过一种非常特殊的方式被超越。也就是说，有时个体之间的差异是显而易见的；而另一些时候就普遍人性和人与人之间的共性而言，个体差异可以忽略不计。”（第 270 页）

孔子说：“君子和而不同。”著名心理学家萨蒂亚说：“人们因相同而连接，因相异而成长。”肯·威尔伯关于“全子”的意义的阐扬：宇宙间所有的存在物（当然包括人），既是一个个体，又是一个整体的一部分。这些话虽然十分精练，但是感觉还不够有味，意犹未尽。马斯洛进一步发挥：“人甚至能在一种非常特殊的意义上超越个体差异。对待个体差异的最妙态度是认识它们、接受它们，进而欣赏它们，最终将它们作为宇宙智慧的美妙创造而满怀感激。”——这里，这种超越差不多是站在了造物主的立场上来看待万事万物了。这应该就是一种大我实现的感觉。

5. 马斯洛说：“一种具有理论研究价值的超越是超越人的局限、不完善缺陷和有尽头。这种超越感或来自敏锐的完善终端体验，或来自完善高原体验，这时，人能成为目的本身，成为‘神’，成为一种完美，一种本质，一种存在（而不是形成过程），庄严而神圣。可以说这是超越普通的、日常的人性，追求非凡的、超越性的人性或这一类的说法。这可以是一种实在的现象学的状态；可以是一种认识，也可以是一种设想的哲学限度或理想限度——例如，柏拉图的本质或理念。在这样敏锐的时刻，或到达某种程度的高原认知时，人变得完美了，或能把自己看作完美的；例如，在那样的时刻，我能爱所有的人，接纳、宽恕所有的人，甚至和伤害我的恶和解。我能理解并欣赏事物的存在方式。我甚至能在主观上有和仅仅属于神的品格相等的感受，如全知、全能、和无所不在（即，在一定意义上人能在这样的时刻变成神、圣贤、神秘主义者）。或许最好的说法是，充其量这也只是人性的一部分，即超越性的人性。”（第 270 页）

——马斯洛认为，“这时，人能成为目的本身，成为‘神’，成为一种完美，一种本质，一种存在（而不是形成过程），庄严而神圣”“我甚至能在主观上有和仅仅属于神的品格相等的感受，如全知、全能和无所不在（即，在一定意义上人能在这样的时刻变成神、圣贤、神秘主义者）”。这些都可以理解为人进入需要满足的最高层次“大我实现”时的体验。注意，在这里，马斯洛所说的这些“实在的现象学的状态”，并不是说人不再是人，完全变成了“神”。正如马斯洛所言，“充其量这也只是人性的一部分”，人还是人，只是在进入大我实现时，个体可能具有马斯洛所描述的这样一些感受而已。

6. 马斯洛说：“超越个人自己的信条或价值体系或信念体系。这值得另文讨论，因为心理学有一种特殊的处境，其中第一种力量、第二种力量和第三种力量一直被许多人认为是互相排斥的。这种看法自然是错误的。人本心理学是包容更广泛的，而不是排他的，是后弗洛伊德和后实证主义的科学。这两种观点与其说是错误或不正确，不如说是有局限性和有偏颇。它们的精华非常适合一个更大的、包容更广泛的结构。自然，在把它们并入这一更大的、包容更广泛的结构时，肯定会在某些方面改变它们，校正它们，指出某些失误，但将吸收它们最精粹的、虽有偏颇的特征。在知识界中会有敌对—和睦情结（enmity-amity complex），使对弗洛伊德或对赫尔，或由此面对伽利略或爱因斯坦或达尔文的忠诚能成为一种局限性的、排他型的热忱，这时人会结社或联谊，既接纳一些人又排斥另一些人。人本心理学则是一个特殊的、包容广泛性或层次整合性或整体论的例子，但特别指出上述情结对于心理学家，以及哲学家、科学家和知识界是有益的，因为现在仍有一种分割为所谓‘学派’的倾向。这就是说，一个人对于某一学派能够采取或分歧或整合的态度。

“一个浓缩的说明。超越指的是人类意识最高而又最广泛或整体的水平，超越是作为目的而不是作为手段发挥作用并和一个人自己、和有重要关系的他人、和一般人、和大自然、以及和宇宙发生关系（整体的层次整合意义是已设定的，认识和价值的同型也一样）。”（第271页）

——马斯洛在论述“超越”时最后指出：超越意味着“超越个人自己的信条或价值体系或信念体系”。他还说：“人本心理学是包容更广泛的，而不是排他的，是后弗洛伊德和后实证主义的科学。这两种观点与其说是错误或不正确，不如说是有局限性和有偏颇。它们的精华非常适合一个更大的、包容更广泛的结构。”说得非常好！但是，这需要理论的创新。马斯洛心理学是这种创新的一种冲刺。他的想法，很接近我使用“全人心理学”

这一概念来表达的研究取向、研究状态。全人心理学尽管有自己独有的一些观点，而且有核心的理论和方法，即通心的理论和方法。但它并不刻意去创立一种学派，而是以“通心”的核心理论和方法为立脚点，向所有的心理学流派和方法开放，也向所有的人类其他有关或者涉及人的学科开放，做跨界的研究，努力做到有“一个更大的、包容更广泛的结构”。马斯洛最后总结：“超越指的是人类意识最高而又最广泛或整体的水平，超越是作为目的而不是作为手段发挥作用，并和一个人自己、和有重要关系的他人、和一般人、和大自然以及和宇宙发生关系”，通心理论正是比较深刻地体现了这种精神，它把“通心”分为“狭义的通心”和“广义的通心”。所谓狭义的通心，是指我们与活人的通心。广义的通心，是指狭义通心以外的所有的通心。在这里,马斯洛所说的“有重要关系的他人”“和一般人”都属于狭义的通心。马斯洛所说的“自己”“大自然以及宇宙”都属于广义的通心。“通心的黄金三要件”适用于两种通心，并且更具有操作性。（参阅《全人心理学丛书》之《通心的理论与方法》）

第九章　分疏马斯洛所论述的“Z 理论”

马斯洛晚年还撰写了《Z 理论》这篇文章，它是关于人性的更高水平的研究。所谓“Z 理论”，是马斯洛借用美国管理学家麦格雷戈（Douglas Mc Gregor）于 1957 年提出的管理学分类理论。麦格雷戈把传统管理学理论称为“X 理论”，把他的管理理论称为“Y 理论”。两种理论基于不同的人性假设。X 理论认为：一般人的本性是懒惰的，工作越少越好，越轻松越好，一有可能就会逃避工作。大部分人对集体（公司、机构、单位或组织等）的目标不关心，因此管理者需要以强迫、威胁、处罚、指导、金钱利益等诱因激发人们的工作原动力。一般人缺少进取心，只有严加管理才愿意努力，因此需要对他们施加压力。

Y 理论则认为，大部分人并不抗拒工作，能够从工作中得到乐趣。即使没有外界的压力和处罚的威胁，他们一样会努力工作以期达到目的，他们普遍具有自我调节和自我监督的能力，愿意为集体的目标而努力，尽量地发挥才能。在适当的条件下，人们不仅愿意接受工作上的责任，并会寻求更大的责任。在大多数的机构和组织里，人们的潜能都得到充分发挥。马斯洛认为，他对人性的假设超越了 Y 理论，是 Y 理论的进一步发展，所以称为“Z 理论”。X 理论、Y 理论、Z 理论可以看成一个连续统一体，一个层次结构。

马斯洛提出 Z 理论的一个关键概念是“超越性体验”和“高峰体验”。

马斯洛把自我实现者分为两类，即：“健康型的自我实现者”和“超越型的自我实现者”。马斯洛对他们做出了详细的区分，一共归纳了 24 条区别。其中最重要的一条是，“健康型的自我实现者”，很少甚至没有超越性体验（包括高峰体验），而“超越型的自我实现者”有更多的超越性体验（包括高峰体验），不仅如此，超越性体验对于他们还是重要的，甚至是性命攸关的。（马斯洛：《自我实现的人》，许金声等译，三联书店 1987 年版，第 56 页）

马斯洛的这一区分，显示他关于人类的高级需要的概念在不断丰富。到了晚年，马斯洛仍然在不断探索，认识不断有所深化、发展。值得注意的是，他在 1969 年去世前的一篇没有发表的文章中，提出了“超越性需要”，并且说它是在自我实现之上的需要。尽管他并没有对此做详细的论证，我们仍然可以明确地把它补充进需要层次，成为第六个层次。——马斯洛当时为什么没有发表这篇文章？如果要做一个猜测的话，有可能是由于他意识到自己有关的思想还不够清晰、成熟，他还来不及把“超越性需要”的思想和五个层次的需要层次论的思想有机地整合起来。

马斯洛在《Z 理论》中共归纳的 24 条思想。它们有长有短，详略不一，有的地方过于简略，甚至不够清晰、完整，这正呈现出马斯洛当时的探索状态。马斯洛为此坦率而谦虚地说：“很遗憾，在理论上我只能进展到这一水平，不能做到更简洁明了。”（马斯洛：《自我实现的人》，许金声等译，三联书店 1987 年版，第 56 页）

马斯洛的这一区分有什么意义？这一区分与马斯洛的需要层次论有什么关系？如何从需要层次理论来看两种不同的自我实现者？两种不同的自我实现者在需要层次的满足上具有差异吗？他们在人性的发展上有没有细微的高低之分？

马斯洛不仅做出了关于两种自我实现者的区分，他同时也做出了关于“超越性体验”者的区分。他指出：“我发现，不仅自我实现者具有超越性，非健康者、非自我实现者也都有重要的超越性体验。在我限定了超越这一术语后，我似乎在自我实现者以外的许多人身上都发现了某种程度的超越性。也许，随着我们的技巧和概念的进一步完善，超越性将会被更广泛地发现。在这里,我毕竟只是根据最初步的探索表述自己的印象。但无论如何，我初步的印象是，我很可能不仅在自我实现者身上，而且也在下列人身上发现超越性认知：具有高度创造性或天赋的人，具有高度智慧的人，性格极坚强的人，强有力的、富有责任心的领导者和管理者，至善的人，以及历经劫难、意志弥坚的英雄。”（马斯洛：《自我实现的人》，许金声等译，三联书店 1987 年版，第 56 页）

在这里，马斯洛一共列举了七种人，但他的论述还不够严密，表现在：（1）他并没有就这些具有“超越性认知”的非自我实现者举出具体的例子。（2）他并没有明确指出他们为什么不算自我实现者。（3）对这七种人的划分似乎并不是一种具有严格逻辑性的划分和分类。例如，“强有力的、富有责任心的人”中难道不会有“性格极坚强的人”？

马斯洛的这一思想，使我们自然思考：既然“非健康者、非自我实现者也都有重要的超越性体验”，那么“超越性体验”就不是“自我实现者”的鉴别性特征。反过来说，一个人即使具有超越性体验，也不能够算是自我实现的人。那么，这些非自我实现的人有超越性体验的时候，他们算什么类型的人呢？他们是在满足需要层次论之中哪一层次的需要呢？这些非健康者、非自我实现者大体是哪种需要占优势的人格呢？当他们产生超越性体验的时候，他们又是在满足何种需要呢？

这个问题，借用前面曾经讨论过的“优势需要”这一概念，就可以解释清楚。前面讨论过，某种“需要的满足”，与某种“优势需要”，是完全不同的概念。

根据“优势需要”的概念，我们还可以明确地提出这样的论点：

需要的满足不是一个“全”或者“无”的问题，而是一个频度的问题。

超越性体验不是一个“全”或者“无”的问题，而是一个频度的问题。

关于上述论点，马斯洛尽管没有明确的论述，但他应该具有类似看法。他说：“我猜想（对此我毫无把握），在两种自我实现者之间也许会出现另一种量上的区别，即超越者们发现自己更容易超越自我、自己、自身，超越自我实现。进一步说，对于健康者也许从根本上这样描述更详尽无遗：他们有强烈的认同，知道自己是谁，知道自己的方向，知道自己想要什么、擅长什么，总之，他们有很强的自我，妥善而真诚地根据自己的本性来使用自己。当然，这些描述并不能充分地说明超越者的特点。超越者固然具备以上特点，但同时又超出以上特点。”

在强调了“优势需要”的概念后，我们就可以对马斯洛的 Z 理论以及他后期关于“超越性需要”的研究进行梳理，提出这样一些看法：

1. 如果我们对于高级需要提出更详细的划分，就可以更好地理解马斯洛的相关论述。也就是说，高级需要可以进一步地细分为“自我实现需要”“自我超越需要”“大我实现需要”。

2. 马斯洛所区分的“健康型的自我实现者”可以看成是“自我实现者”，而“超越型的自我实现者”可以归入“自我超越者”，甚至“大我实现者”。

3. 马斯洛所提出的那些具有超越性体验、超越性认知的人，他们尽管不是自我实现的人，但他们却在满足“超越性需要”，只是他们的“超越性需要”没有成为“优势需要”而已。如果他们的“超越性需要”能够长久、稳定地满足，也就是成为整个需要层次中对自己行为支配力最大的优势需要，他们就可以称为“自我超越的人”。在“超越性需要”没有成为“优势需要”的情况下，根据具体的“频度”情况，可以称为“自我实现的人”，甚至更低层次的人。

4. 所谓“开悟体验”，往往也只是“自我超越需要”或者“大我实现需要”的一次满足而已。在“开悟”之后，人们往往还要经历一个漫长的过程，才能够逐渐让“自我超越需要”“大我实现需要”在较长时间内成为优势需要。所以，一个人仅仅具有开悟体验，还远不能够就算是“大我实现的人”。

5. 马斯洛在其他地方论及非自我实现的天才的时候，不止一次举出凡·高、尼采、瓦格纳等例子。马斯洛并没有对这些人进行仔细的分析和评论，但他隐含有这些人具有某些心理问题的意思。他们就是典型的，尽管基本的中级需要，包括归属需要和自尊需要都没有满足，却能够满足自我超越需要的人。由于他们的需要满足的发展非常不平衡，他们的这些时刻是非常不稳定的。他们可能在一些时候，会倒退至非常低的层次。

马斯洛关于超越者与非超越者的 24 个区别的论述，可以大体分疏为“自我超越”和“大我实现”。由于马斯洛的论述本身就并不详细，而且具有笔记式行文的随意性，我的理解有限，其分疏也不是严密的，在不少情况下难免牵强。（下面的引文皆引自马斯洛的《自我实现的人》，许金声译，三联书店 1987 年版。为方便计，只标页码，不再标书名、出版社和版别）。

一、可以大体归入“自我超越”的论述

1. 马斯洛提出，“去神圣化防御机制”是一般心理学教科书没有提到过的一种防御机制。这就是人们“怀疑价值与美德的可能性，他们觉得自己在生活中受了欺骗或挫折”。（第 122 页）马斯洛举例说，一些青少年对待性就是这样。性无所谓，它是自然的事，他们把性弄得过于随便，使它在许多场合已失去诗意。

——针对现实生活的趋向，马斯洛为此提出了“再神圣化”的问题。马斯洛指出：“再神圣化的含义如斯宾诺莎所说，是重新愿意从‘永恒的方面’看待人，或者从中世纪基督教统一的概念中来看待人。也就是说，能看到神圣的、永恒的、象征的意义。例如，看待女性是看大写的女性，看到这个大写所意味的一切，甚至在看一个具体的女人时也是如此。再举一例，一个医科大学的学生解剖大脑，如果他没有敬畏之感，缺乏统一的深度，仅仅把它看成是一个具体的东西，那么肯定就会有某种损失。采取

再神圣化态度，一个人就会把大脑也看成是一个神圣之物，看到它的象征价值，看到它的诗意方面，把它看成是一种修辞的用法。”

自我超越、大我实现，首先都意味着对自己乃至人类的性质有更高的、更丰富的认识，如果不批判“去神圣化”，提出“再神圣化”，我们就不能够感受和悦纳人性中的神圣、崇高的一面。

2. 马斯洛说：“我有个模糊的印象，似乎超越者们不如健康者们‘幸福’。和幸福的健康者们相比：他们有时会更加迷狂、心驰神往，体验到更加高级的‘幸福’（这个词表现力太弱）。但我有时会获得这样的印象：他们同样经常、也许更经常地倾向于对人们的愚蠢、自挫，对他们的盲目、鼠目寸光，对他们的互相残杀产生一种宇宙性的悲哀或存在性悲哀。这也许产生于现实世界与理想世界之间形成的对照，超越者们非常轻易而生动地看到了这个理想世界，而这个理想世界在原则上又是很容易达到的。这也许是他们不得不付出的一种代价，因为他们直接地看到了世界的关系，看到了人性中神圣的可能性，看到了大量无事生非的人类罪恶，看到了一个明显必要的良好世界。这个良好世界包括：一个世界性的政府，协同的社会机构，以培养人类美德为教育目的，而不是以更高的智商为目的、以从事原子研究工作的更熟练的技术为目的，等等。任何一位超越者都能坐下来在几分钟内起草一项绝对实用、完全可行的促进和平、博爱、幸福的方案。然而他又看到这种方法并未得到实施，或即使某些地方正在实施，又是那样慢，以致大屠杀可能会抢先一步。难怪他悲哀、愤怒、烦躁。”（第63页）

——如何看待马斯洛所描述的超越者的“宇宙性的悲哀或存在性悲哀”以及他们的“悲哀、愤怒、烦躁”呢？自我超越的人、大我实现的人是否意味着没有任何负面情绪？这些问题，需要从通心理论以及全人需要层次论的角度才能够更好地理解。如果说这些负面情绪是当事人满足低级需要、中级需要时出现的一些情绪特征，它们又何以能够在已经进入自我超越、大我实现后重新出现呢？又如何理解这些负面情绪出现之后的状态呢？

应该首先指出的是，这些负面情绪的出现已经与以前大不相同。以前这些负面情绪的出现，仅仅是作为满足低级需要、中级需要时所伴随的情绪特征。大卫·R. 霍金斯的能量级别理论和全人能量状态理论把“悲哀”“愤怒”等情绪各自命名为单独的能量层级，这并不等于这些情绪只在那个能量层级才出现。人们已经有了高级需要的满足，乃至在自我超越需要、大我实现需要的满足之后，仍然是可能出现的，但已经有性质和程度的差异。

赫拉克利特说：“人不能够两次踏进同一条河流。”同样，我们也可以说：“人不能够两次出现完全相同的同一种情绪。”超越者在达到正能量阶段的能量级别之后，出现的“悲哀”“愤怒”等，与以前是不一样的。例如，马斯洛所描述的超越者的“宇宙性的悲哀或存在性悲哀”，它们与一般的这些负面情绪已经具有完全不同的性质。它们是一过性的，或者说至少它们不会影响超越者活在当下，不再具有使人沉溺、往下拉的力量。

超越者的“宇宙性的悲哀或存在性悲哀”，已经超越了个体的命运，甚至群体的命运，而是把人类的命运放在宇宙之中来体会。但这终究没有体会到道的立场，站到道的立场上去。所以，马斯洛的这些描述只能够算是自我超越需要的描述。

在大我实现需要占优势的阶段，这些愤怒、悲哀如果不是完全消失，至少也会更大幅度地淡化。

3. 马斯洛说：“我希望在超越者身上发现另一种似乎矛盾的情况，即他们更易于把自己看作承载天赋的人，看作非人格化的临时管理人的工具，就像一种更高的智慧、技巧、领导或效率。这意味着对自己的某种特殊的客观态度或不偏不倚的态度，但是，在非超越者看来却是傲慢、自以为是，甚至狂妄自大。关于这一点，最贴切的例子莫过于一位怀孕的母亲对自己未出世的孩子的态度。自己是什么？自己又不是什么？谁可以规定这位母亲有权具有怎样的要求、自我欣赏以及骄傲呢？我认为，我们对以下两种见解感到吃惊是不足为奇的。一种是‘我做他那项工作最合适，因此我要求做那项工作’，一种是‘你做这项工作最合适，因此你有责任把它从我这里夺走’。超越性带来一种‘超出个人的’（原有的）自我的丧失。”（第68页）

——马斯洛在这里说的“承载”“工具”实际上都是超越了自我中心的体现。唯其做到了超越自我中心，才会有“特殊的客观态度”和“不偏不倚”。所谓“我做他那项工作最合适，因此我要求做那项工作”，“你做这项工作最合适，因此你有责任把它从我这里夺走”，都是这种“特殊的客观态度”。马斯洛甚至提出了“怀孕的母亲对自己未出世的孩子的态度”这样有趣的问题。这对于说明“超越性”是一个生动的例子。

4. 马斯洛说：“他们更加有意识地、更加深思熟虑地为超越性动机所驱使，这一点比非超越者强烈得多，这就是说，存在价值（或既被看成是事实，又被看成是价值的存在本身）如完善、真理、美、善、统一、超越分立、存在乐趣等等，是他们主要的或最重要的动机。”（第 60 页）

——所谓“为超越性动机所驱使”，就是在处于超越性需要满足占优势的状态。这段话也说明，自我超越的人是更加清晰、自知、自觉的，他们能够更多地追求存在价值。

5. 马斯洛说：“他们对美特别敏感，也许更确切说这最终成为一种美化所有事物，包括存在性价值的倾向。或者说，他们倾向于比他人更容易发现美，比他人更容易做出审美的反应，他们认为美是非常重要的，他们把权威或传统认为不美的东西看成是美的（有些含混，但目前我只能表达到这种程度）。”（第 61 页）

——自我超越的人对美更加敏感，更容易发现美。在里面，当然不乏大家共同认为是美的东西，“他们把权威或传统认为不美的东西看成是美的”，也表现了一种不羁的自由的精神，不知道为什么马斯洛在这里没有举例说明。但马斯洛非常诚实地说：“有些含混，但目前我只能表达到这种程度。”这再次说明他是在表达一些尚在探索过程中的事情。我认为，自我超越意味着化腐朽为神奇，从不美的事情中也能够看出美。在这方面，许多现代派艺术家，都能够做到。对于我来说，法国诗人波德莱尔的《恶之花》就体现了这种状态。

6. 马斯洛说：“他们似乎甚至第一次见面就互相赏识，就立即建立起亲密的关系和相互的理解。他们不仅能以所有的语言方式，而且还能以非语言的方式进行交流。”（第 60 页）

——马斯洛所说的，能量级别越高、需要满足层次越高的人，意味着通心力越强，因此容易出现马斯洛所描述的“一见如故”。不过，这恐怕只是这些人见面的情况之一。具体情况如何？应该还有很多因素。自我超越的人在一起，共同语言会比较多一些，但他们也可能会有一定的“利益冲突”的领域。

7. 马斯洛说："比起‘健康的’或讲求实际的自我实现者，他们对世界的看法更具有整体性。人类是一体，宇宙是一体，诸如‘国家利益’‘我祖先的宗教信仰’‘人的不同等级’‘智商的不同等级’诸如此类的概念不再存在,或者很容易被超越。如果说把所有的人看成是兄弟,把国家统治权(制造战争的权力)看成是愚蠢或不成熟的一种形式，这些看法是符合最终的政治需要以及当今的迫切需要的话，超越者比一般人更容易、更自然、更内省地持有这些看法。尽管他们也能以我们‘正规的’、愚蠢的或不成熟的方式考虑问题，但这对于他们来说是一种人为的努力。”（第 61 页）

——“比起‘健康的’或讲求实际的自我实现者”这句话本身就暗含着有与自我实现者不同差异的人了。“对世界的看法更具有整体性”，甚至要超越“国家利益”“祖先的宗教信仰”这一观点，在当今“全球化”的趋势下，更具有现实意义。例如，如何从这个角度来看政治家的行为？政治家在当今的世界上，是否只能够是自我实现者，他们不可能超越“国家利益”？马斯洛的说法，只适合思想家吗？或者说，自我超越型的政治家，可以在首先考虑国家利益的时候，是更多从良性的竞争，从尽可能双赢的合作，从更长远的和平共处来考虑处理有关国家利益冲突的问题吗？

8. 马斯洛说："人天然地具有内在心理的、人际关系、文化内部和跨民族的协同作用倾向，而在自我实现者身上，这种倾向得到了加强，这种情况，部分地印证了上述整体领悟说。在这里不可能对此作充分清楚的说明，因为这样做就要花费很长的篇幅。简单地说（也许意义不十分明确地说），协同作用超越了自私与无私的两分，并把两者归于一个单一的高级概念之下，这是对竞争的一种超越，是对为争输赢而做小动作的一种超越。”（第 62 页）

——在国际争端不断，战争仍然在不断发生的今天，马斯洛的论述有没有什么现实意义呢？有的。所谓“人天然地具有内在心理的、人际关系、文化内部和跨民族的协同作用倾向，而在自我实现者身上，这种倾向得到了加强……”我们可以假设，一个政治家的需要满足层次越高，例如，他不仅是自我实现，而且能够达到自我超越乃至大我实现，他是否更能够强调“协调作用”并且能够有效促进“协同作用”呢？是否不同的国度，不同的文化，都有这样的政治家？他们之间是否有什么矛盾？他们在处理国与国之间的矛盾时，是否优于其他政治家？他们的存在，是否比其他政治家更有利于世界向更好的方向发展呢？似乎当今社会的发展，也提出了这样一些问题。

9. 马斯洛说："这种人不仅像所有有最大程度自我实现的人一样是可爱的，而且还能激起他人的敬畏，更加超凡脱俗，更能给人一种中世纪意义上的‘神圣’感，更容易使人崇敬，也更能给人一种老话所说的‘可怕’的感觉。他们常使我产生这样的想法：‘这是一位伟人’。"（第 62 页）

——马斯洛把自我超越和中世纪的神圣性联系起来。所谓中世纪是指从公元 5 世纪西罗马帝国灭亡至 16 世纪初欧洲文艺复兴的鼎盛时期，其时间长达 11 个世纪的欧洲历史。人们把这段漫长的历史与一种独特的气质联系起来，即“神圣性”。在中世纪，宗教左右着人们生活的方方面面，至高无上的上帝就如同每天升起的太阳一样影响着人们的日常生活。中世纪是一个信仰的时代，一个充满着神圣感的时代。尽管当时人们的生活常常不乏艰辛困苦，但人们充满了对神圣的敬仰、对超越和彼岸的期待，有着一种乐观情绪。

10. 马斯洛说："作为所有这些特点的一个后果，超越者们比健康的自我实现者更倾向于是革新者、新事物的发现者。而仅仅是健康的自我实现者往往倾向于‘在这个世界上’把不得不做的事情做得很好。超越性体验使他们更清楚地看到存在层次上的价值，看到理想，看到完美，看到应该存在的状态，看到实际可能存在的状态，看到潜能中存在的东西，因此也就看到了可能实现的东西。"（第 62 页）

——马斯洛在这里提出了“革新者、新事物的发现者”与“把不得不做的事情做得很好”的精彩的区别。前者是“自我超越”，后者仅仅是“自我实现”。

11. 马斯洛说：“我设想（仍然只是我的印象，没有具体材料），由于超越者更容易感知存在领域，他们与他们那些更实际的伙伴有更多的终极体验，更多的、强烈的迷恋、爱好，就像我们在那些对水洼里的五颜六色、顺玻璃往下流的雨水、皮肤的平滑或毛虫的蠕动着迷的孩子身上看到的一样。”（同上，第 70 页）

——马斯洛在这里做了一连串的描述：“水洼里的五颜六色”“顺玻璃往下流的雨水”“皮肤的平滑”“毛虫的蠕动”等，这些都是极为常见的。但一些孩子却能够观察到它们的特殊，产生神奇的体验。而超越者则具有孩子的这种天真。

12. 马斯洛说：“从理论上说，超越者们应该更具有道家精神，而仅仅是健康的人则更具有实用主义精神。存在性认知使万物看上去更加神秘、更加完美，体现着它应该体现的状态。因此，这种认知更少产生要去打扰、触动和改变美好的对象的冲动，愿意让它如其本然地存在。应该有的冲动就是凝视它、审视它，而非改变它或利用它。”（同上，第 70 页）

——马斯洛显示了对“道家精神”的体悟。“道家精神”是超越实用主义的精神，它让事物按照自己的本来面目存在。

13. 马斯洛说：“‘后矛盾心理’（post ambivalent）这一概念并不新鲜，但却将前面所述与弗洛伊德理论的整个丰富的结构连成一体。我认为，这个概念更多地体现了所有自我实现者的特点，也许在某些超越者身上，这个特点更鲜明。它意味着全身心的、无冲突的爱、接受、表达，而不是那种通常的爱和恨的混合，这种混合常被当作‘爱’、友谊、性爱、权威或权力等等。”（同上，第 71 页）

——所谓“后矛盾心理”就是指个体超越了内在的心理矛盾，达到了高度的整合。马斯洛说：“这个概念更多地体现了所有自我实现者的特点”，体现了他对自我实现的研究对象更高的方面的观察。在我看来，他说“……也许在某些超越者身上，这个特点更鲜明”。他已经意识到了“自我实现”与“自我超越”的差异。——把人类的高级需要进行分疏，正是应该如此理解。

14. 马斯洛说："最后我提请大家注意'报酬层次'和'报酬种类'的问题，当然，如果说，在这一点上两种人有区别的话，我不能肯定是否有很大区别。至关重要的是这样一个事实：除了金钱的报酬外，还有另外许多种报酬。随着境况的不断富裕，性格的不断成熟，金钱本身的重要性也稳步减弱。甚至有时当金钱报酬继续显得重要的时候，往往重要的不是金钱原来的意义和价值，而是它象征着用来赢得爱、羡慕和尊重的成功以及社会地位。"（同上，第 71 页）

——如果不需要通过金钱来赢得爱、羡慕、尊重、社会地位等，那么对于爱、羡慕、尊重、社会地位等的超越也同时带来对金钱的超越。我认为，对于金钱的追求，是可以理解为自我超越的。更多的金钱，意味着可以做更多的有益的事情。当然，对于金钱的追求，是可以在不同的需要层次上的，例如，有的人，只是把金钱作为自己社会地位的象征，他可以赢得更多的尊重。如果是这样，他只是在自尊需要的层次上。

15. 马斯洛说："无论何时做比较，这些超越者都是优秀人物。然而，对于那些任何自我实现学说所固有的'杰出人物论'所导致的深刻冲突，在超越者那里比仅仅是健康的自我实现者那里更容易解决，或者更容易处理。其原因，可能是因为他们可以更容易地既生活在匮乏性世界又生活在存在性世界中，他们能非常轻易地将每个人神圣化。这就是说，尽管我们绝对需要有某种形式的现实考查、比较方法以及杰出人物论，以便对匮乏性世界中的人们优秀与否进行区分（例如，在匮乏性世界中，对一项木工活，你必须挑选好木匠而非赖木匠，你必须分清罪犯与警察、病人与医生、诚实的人与虚伪的人、聪明的人与愚蠢的人），然而，超越者却能够更加轻松地把这种必要性同个人无限的、平等的、不可比较的神圣性调和起来。卡尔·罗杰斯从一种非常重要而又完全以经验为根据的意义上谈到了'无条件的积极关怀'问题，这是有效的心理治疗的一个必要的先决条件。我们的法律禁止'残酷的、极端的'惩罚，即，不管一个人犯了什么罪，在对待他时也必须给予不低于一定程度的尊严。……每个超越者能够如此轻易地、直接地觉察到现实中每个人的神圣性，甚至觉察到所有生物，或美丽的非生物等等的神圣性，以致几乎一刻也不能忘记这种神圣性。由于他已经与自己对匮乏性世界卓越的现实检验完全和谐一致，他可以是一位神一样的毫不骄狂的惩罚者和比较者，而绝不是对于软弱、愚蠢或低能的利用者和剥削者，尽管他在匮乏性世界中实际已看清这些可分等级的品质。我发现，这一反论用这样的表述更有益：确实优秀的超越性自我实现者永远以对待兄弟，对待亲人的态度来对待确实低劣的人。对于亲人，不管他做了什么事，他都必须爱他、关心他，因为他毕竟是个亲人。而且，他还像个严格的父亲或者老大哥，而不只是一个满腹柔肠、原谅一切的母亲或慈爱的父亲。他所给予的惩罚与神一般浩荡无边的爱是完全一致的。从一种超越的观点看，我们很容易明白：即便是为犯罪者着想，为他好，也许最好还是惩罚他，使他遭受挫折，对他说'不！'，而不是马上就满足或取悦他。"（第 64 页）

——马斯洛在这里所说的"他们能非常轻易地将每个人神圣化"，是指看到每一个人的神圣的一面。就像是佛说："众生皆有佛性。"马斯洛在这里还谈到"卡尔·罗杰斯从一种非常重要而又完全以经验为根据的意义上谈到了'无条件的积极关怀'"，我觉得是妥当的。不过，罗杰斯是从心理治疗的角度来谈"无条件的积极关怀"，把它作为心理治疗成功的一个必要条件。正是因为如此，使人觉得他对心理治疗是不是提出了太高的要求,这对一般的心理治疗师来说,说难以做到的。马斯洛说,自我超越者"可以更容易地既生活在匮乏性世界又生活在存在性世界中"这一说法从通心理论来看，体现了自我超越者通心力的扩大。

16. 马斯洛说："我有一个很深的印象：在超越者那里不断增长的知识与不断增长的神秘感与敬畏感是成正比的关系。通常，这种关系正好相反。大多数人都把科学知识当成减少神秘感，从而是减少恐惧的工具，因为对大多数人来说，神秘感产生恐惧。于是人们为了减少焦虑就去寻求知识。

"但是一般对自我实现者来说，尤其是高峰者和超越者，神秘则具有魅力，具有刺激性和挑战性而不是威胁性。自我实现者有些易于对众所周知的东西感到厌倦，而不管这种知识是否很有用。这种情况对于高峰者来说尤其如此，神秘感、崇敬感和敬畏感对他们是一种奖赏而不是惩罚。

“我在那些曾和我交谈过的最有创造性的科学家那里发现，他们了解得越多，就越容易心醉神迷，而在这种心醉神迷中，又混杂着谦卑感、无知感、渺小感，以及面对宇宙的无限、一只蜂鸟的美丽或一个婴儿的神秘所产生的敬畏感。作为一种奖赏，他们在主观上积极地感受到这一切。

“因此，谦卑和承认自己的‘无知’，同时又感觉愉快，是伟大的超越性科学家的特点之一。我认为我们大家都可能有这类体验，尤其是在孩提时代。不过，似乎超越者的这种体验更深、更经常，并且被珍视为生命的高峰时刻。我的这种说法既包括科学家、神秘主义者，也包括诗人、艺术家、企业家、政治家、母亲以及其他类型的人。不管怎样，我肯定这是一种可用于检验的认知理论和一种科学理论，即在人性发展的最高层次上，知识与下列感觉是积极地而非消极地联系在一起的：神秘感、敬畏感、谦卑感、终极无知感（ultimate ignorance）、尊重感以及奉献感。”（第 66 页）

——在超越者那里，知识的增长是增加而不是减少神秘感、敬畏感、谦卑感。这些是超越者很重要的特点。这看起来，不是很容易理解。为什么会这样呢？也许，知识越多，越接近宇宙的本来面目：无穷无尽……庄子曾经说：“吾生也有涯，而知也无涯；以有涯随无涯，殆矣。”不少人将其解释为：“人生是有限的，但知识是无限的，用有限的人生追求无限的知识，是必然失败的。”其实，这段话应该理解为：“人生是有限的，但知识是无限的，用有限的人生追求无限的知识，是风险极大的。”在庄子的时代，生命的资源和满足需要的条件都极为有限，也还谈不上生命科学精神，即使庄子多强调一些养生和保全，也是合情合理的。

在科学兴起，科学精神形成之后，情况有所不同，知识增长的含义就应该包括神秘感、敬畏感、谦卑感等，只有这样，才有永恒的追求与创造。

17. 马斯洛说：“我认为，超越者应该比其他自我实现者对‘怪人’‘狂人’更加感到不足为奇，因而也就更可能成为对于创造型人才的高明的挑选者。创造性人才有时看上去像是怪人或狂人。我猜想，自我实现者一般都珍视创造性，从而也会较有效地进行挑选，他们可成为最好的人事管理者、选择者或顾问。但是，珍视威廉·布莱克类型的人，在原则上就需要更多的超越性体验。有了更多的超越性体验，这种类型反过来就会更受珍视。反过来说也应该成立：超越者同样应该能够甄别出没有创造性的怪人和狂人，我估计大部分怪人和狂人都属于此类。

“关于这一点，我在这里没有什么经验可谈。它产生于理论，我把它作为一种容易检验的假设提出来。”（第 67 页）

——马斯洛在这里所说的威廉·布莱克（William Blake，1757—1827），是英国第一位重要的浪漫主义诗人、版画家，英国文学史上最重要的伟大诗人之一。他的主要诗作有诗集《纯真之歌》《经验之歌》等。他的早期作品简洁、明快，中后期作品趋向玄妙深沉，充满神秘色彩。他在一生中与妻子相依为命，以绘画和雕版的劳酬过着简单而平静的创作生活。他原来默默无闻，被看成是和凡·高一样疯狂的人。只是在诗人叶芝等人重编了他的诗集之后，人们才惊讶于他的虔诚与深刻。“古怪”是“生疏”的别名。超越者的通心力高于自我实现者，对于“怪人”“狂人”的理解常常也高于自我实现者。

18. 马斯洛说：“从理论上讲，超越者们应该更能够‘与邪恶共处’，因为他们懂得，罪恶时常是不可避免的，若从更广大的整体上看，也就是从类似上帝或奥林庇斯众神的地位居高临下地来看，罪恶是必然会产生的。这意味着对罪恶的更好的理解，因此这种理解应既产生一种对于罪恶的更大的同情，又导致对于罪恶的毫不含糊的坚决斗争。乍一看这似乎是一个谬论，但稍想一想就能看出，它一点也不自相矛盾。超越者在这一层次上的更深刻的理解意味着他们具有更强大的力量，而不是更软弱无力，他们更能当机立断，内心冲突和矛盾更少，懊悔更少，因而行动就更迅速、更有把握、更有效率。如果有必要的话，一个人可以满怀同情心地打倒某一恶人。

“非超越性的自我实现者和超越性的自我实现者共同具有自我实现者的所有特点，只有一个例外，两者在高峰体验、存在认知以及阿斯兰里的；

‘高原体验’（宁静和沉思的而非顶峰的存在认知）存在着有或无、多或少、重要与次要的差异。”（第 68 页）

——在这里，马斯洛提到超越者如何面对和处理“邪恶”的问题，他指出：“这种理解应既产生一种对于罪恶的更大的同情，又导致对于罪恶的毫不含糊的坚决斗争。”这是一种相当闪光的思想。自我超越意味着更加通透，更容易做出决定，更具有行动力。我自己在做心理治疗的实践中，常常会遇到一些两难的情况。一旦帮助案主提升了能量，他们就能够做出“两害相权取其轻”以及“两利相权取其重”的决定。

19. 马斯洛说：“他们倾听自己的声音，他们承担责任，他们真诚无欺，他们工作勤奋。他们不仅根据自己一生的使命，而且根据一些细节发现了自己是谁，是干什么的。例如，穿什么样的鞋脚会疼，是否喜欢吃茄子，啤酒喝多了是否能熬夜。这一切就是真正自我的含义。他们发现了自己的生物学意义上的本性、先天的本性，那都是不可改变或很难改变的。”（第 124 页）

——马斯洛再一次强调“倾听自己的声音”“发现自己”。从通心理论看，“清晰自己”是一个永无止境的过程。正如“我是谁？”是一个永远无终极答案的问题。

从全人心理学的基本生存状态理论看，“健康型的自我实现者”是有更多人际交往时间的人，在人际交往中有较多的通心。“超越型的自我实现者”是有更多独处时间的人，其独处时的状态更多的是存在性独处。

另外一种意义就是把“健康型的自我实现者”理解为自我实现需要占优势的人，“超越型的自我实现者”是自我超越需要占优势的人。

二、可以大体归入“大我实现”的论述

1. 马斯洛说：“对于超越者来说，高峰体验和高原体验是他们生活中最重要的东西，是生命的高境界、生命的证明、生命中最宝贵的方面。”（马斯洛：《人性能达的境界》，林方译，云南人民出版社 1987 年版，第 275 页。——笔者对照英文版，略有修改。为方便计，以下只标页码，不再标注书名、出版

社和版别。）

——马斯洛提出这一论点的时候，在头脑中是应该有一些典范的，他看过关于一些相关的文献。高峰体验、高原体验之所以被这些人认为是生活中最重要东西的时候，是由于他们从中尝到了甜头。这些高峰体验、高原体验，本身就是自我超越需要、大我实现需要满足的表现之一。它们也能够延续这些高级需要满足的作用。大凡先哲类型的人,都有过这样的体验。

2. 马斯洛说：“超越者轻松自如、习以为常、出自本性、不知不觉地讲着存在语言，诚如那些诗人、神秘主义者、先知、深刻的宗教信徒所吐诉的语言，是那些生活于柏拉图理念层次或斯宾诺莎层次、面露永恒神色之人讲的语言。所以，他们能更好地理解比喻、修辞手段、反论、音乐、艺术、非语言的交流等等。——这是一个很容易验证的命题。”（第 275 页）

——这里说的是一些正在自我超越、大我实现状态中的情况。但这并不是说，他们无论何时何地都在讲着“存在语言”，而是说，在情境需要的时刻，在独处时与自己通心的时刻，他们使用的语言是“存在语言”。

3. 马斯洛说：“他们领悟着统一与神圣，即世俗中的神圣。或者说，他们既在神圣的意义上，也在实际的、日常的、匮乏性的层次上看待万事万物。他们可依从意愿将任何事物神圣化，看到其永恒性。这种能力补充了在匮乏领域内对良好现实的判断，而不是与之矛盾（禅宗的“万法一如”观很好地描述了他们这一特点）。”（第 275 页）

——马斯洛在这里所描述的超越者的特征，从通心理论的角度，可以更好地解释。在这里，关键是面对一个事物时，我们的立场是什么？如果我们确定它（他）与我们有重要关系，必须花费精力对待，我们就可以对其进行深度通心。马斯洛说的这段话，也可以从所谓中国儒道互补的“以无为治己，以有为应世”的意义上来理解。“在神圣的意义上”，指的是“无为治己”的一面。“在实际的、日常的、匮乏性的层次上”，指的是“有为应世”的一面。

4. “原则上，无论是在有神论的意义上还是在无神论的意义上，超越者们都往往是更深刻的‘宗教信仰者’或者‘超越世俗的圣人’。只要我们重新为‘宗教’或‘神圣’这样的字眼下定义，以排除其中掺杂着的历史传统、迷信以及风俗习惯上的含义，那么高峰体验和其他超越性体验实际上也应看成是‘宗教的或神圣的’体验。从纯粹传统的、习惯的观点来看，这样的体验的确可以看成是‘反宗教的’或宗教的替身，或看成是‘以往被称为宗教或灵性的东西的一种新说法’。有些无神论者比一些牧师们更‘信仰宗教’，这一反论我还没有资料证明，但它可以轻而易举地得到检验，从而被赋予实际意义。”（第 286 页）

——马斯洛在这里，实际上也概括了后人本心理学（也是全人心理学）对传统宗教的立场。超越者的情况之所以如此，是因为超越者与宗教的关系，是从宗教中汲取了原初的“宗教精神”的养料，而非固守于有组织的宗教的仪式、习惯等。从对宗教精神的汲取，以及在现实生活中表现出的能量状态看，许多并不依附于某种宗教的超越者，的确超过了一般的神职人员。

第十章　全人需要层次图

所谓“全人需要层次理论”，是我在马斯洛需要层次论的基础上，有所改进和发展的一种需要层次理论。马斯洛的需要层次一般是指五个层次，即生理需要、安全需要、归属需要、尊重需要、自我实现需要。全人心理学在对马斯洛的“基本需要”“类本能”“优势需要”“基本需要的层次递进”“需要与动机”等概念进行了清晰、改进和发挥，结合马斯洛在晚年关于“超越性需要”等研究，提出了七层次需要层次理论，即在自我实现需要之后，又加上了“自我超越需要”和“大我实现需要”。

什么是“全人”？

所谓“全人”，从需要层次理论来看，就是在有生之年，满足了七个全部层次的需要，而且至少在较长时间内，“大我实现需要”是属于“优势需要”，他的生命潜能得到了最充分的发挥。也就是说，人类同时存在七种基本需要，但对于“大我实现的人”是“大我实现需要”在全部需要中，在较长时间内对人的行为具有最大的支配力。

什么是“全人需要层次”？

所谓“全人需要层次”，就是人类所拥有的全部潜在的动力结构，它的开发取决于个体后天的环境因素和个体的主观能动作用。

全人需要层次图并不是某一个特定的个人的需要层次图，而是关于人类共有的作为全部潜能的需要层次图。

全人需要层次图所描述的需要层次，从最低的“生理需要”，到最高的“大我实现需要”整合为一个连续统一体。它不仅可以看成是人类个体发展的全景图，标示了人性发展之所能达到的境界。最关键的，它揭示了高层次生活的实质，澄清了一些重要的误解。可以更好地理解先哲的行为和心理状态。全人需要层次理论是全人心理学的一个重要理论。这一理论

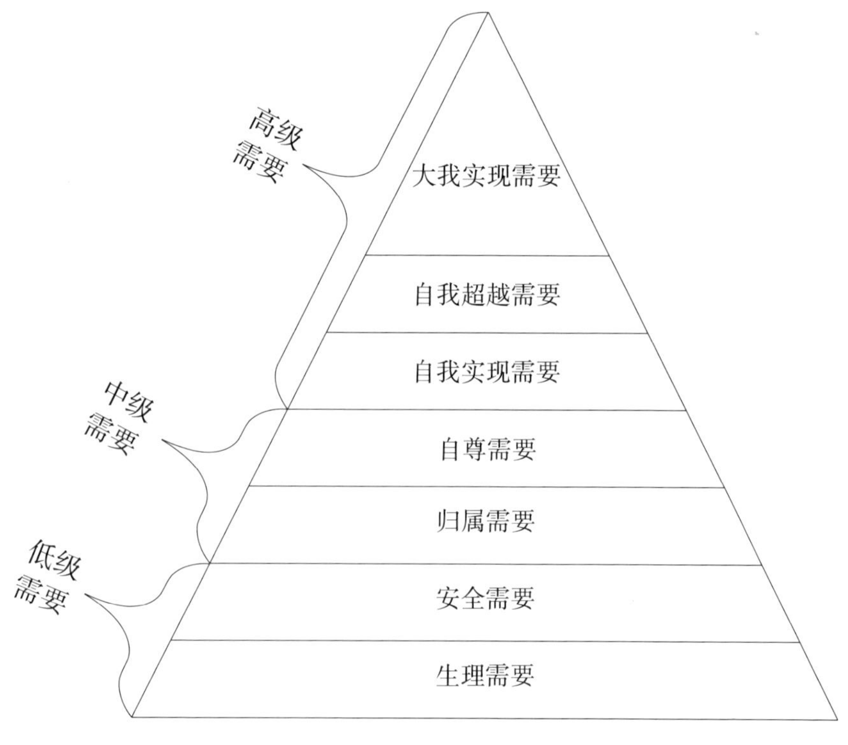

图 1　全人需要层次（一）

有一些什么具体的内容？它的提出对马斯洛的需要层次理论在哪些方面有所改进？在哪些方面有发展？（见图 1）

这种用金字塔的图形来表现层次论的优点是简洁、直观，可以清晰地看到不同需要的层次高低。它的缺点是不能够更加确切地表现出需要之间的关系、各种需要在心理发展上出现的时间、优势需要的更替等。

图 2 是在美国心理学家克雷奇所制图的基础上，添加了“自我超越”“大我实现”修改的。这是一个非常有趣而重要的图式，它的含义丰富、深邃，仔细体会，可能使你获益匪浅。

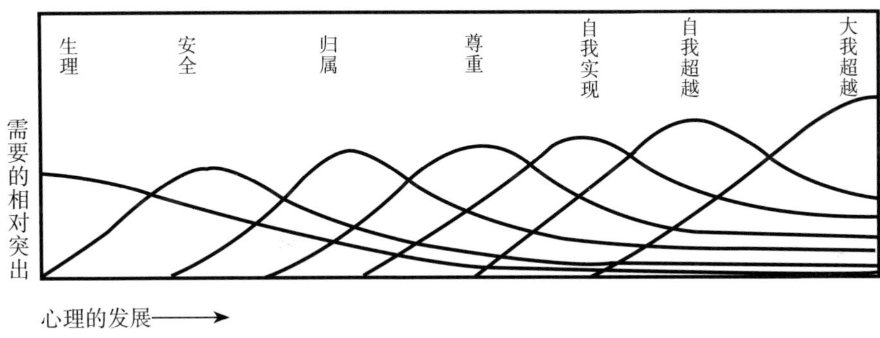

图 2　全人需要层次（二）

什么是“需要的相对突出”？

所谓“需要的相对突出”，是指需要的强度，它是在某一个时间（或者一个心理发展的阶段），个体的某种需要对个体行为的支配力的大小，这个支配力的大小在图 2 中呈现为曲线的高度的变化。其中，在某个时点对人的行为支配力最大的那种需要，就叫“优势需要”，它在图 2 中呈现为曲线的最高点。

什 么是“心理的发展”？

所谓“心理的发展”，是指一个人从出生、长大，随着时间的推移，需要层次中的需要依次表现出支配力，依次成为优势需要的过程。

图 2 中的每一条曲线代表一种需要。

例如，从图中我们可以看到，生理需要一开始就出现，而且具有很高的强度。几乎与此同时，安全需要也出现了，但并不占优势。一直到去世，一个人的生理需要都一直存在，只不过不再占优势罢了。

图 3 是全人需要层次，它整合了后人本心理学（超个人心理学）关于个体成长三大阶段的说法以及通心理论。另外，大卫·霍金斯的能量级别理论乃至荣格的原型理论(我初步认为)的一些内容,也可以整合在图 3 中。为了适应当今世界比较普遍的情况，即世界的普遍人格是自尊型人格，为方便大家看图，特别画出了一个“A”点。在这个“A”点，自尊需要是强度最大的需要。达到“A”点，意味着达到了人格发展的平均水平。在自尊需要强度最大的时候，自我实现需要开始突出了，归属需要、安全需要、生理需要的重要地位依次递减。从“通心”理论看，这个“A”点对于个体的成长具有重大意义还在于，在这一点上，个体已经具有独立人格，开始学会了“通心”，而且随着人格的进一步发展，可以逐渐把“通心”的范围扩

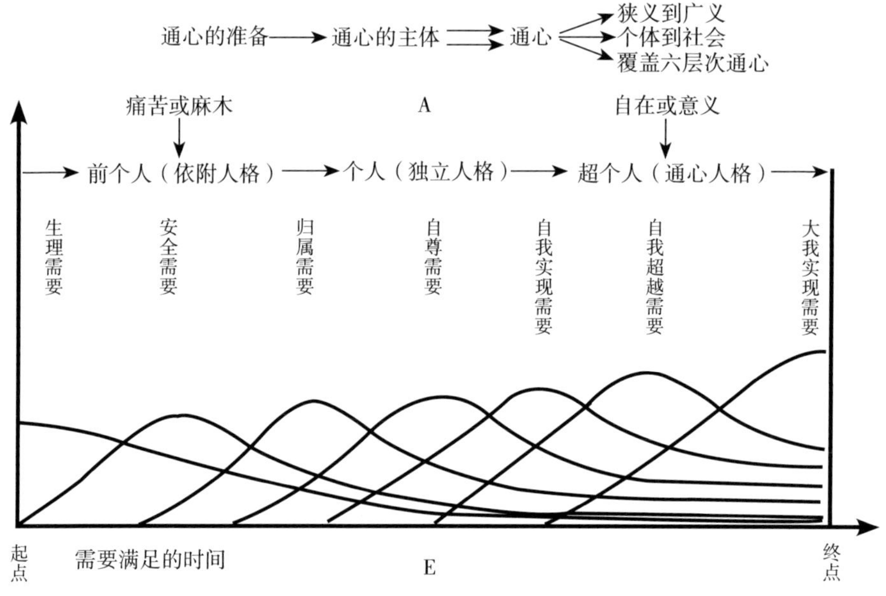

图 3　全人需要层次（三）

大。当然，如果你一辈子都只停留在这种情况，说明你只是一个“自尊型人格”。从自体心理学的“自恋”概念来看，在这个 A 点上，病态的“自恋”开始向健康的“自恋”转变。

从图 3 中，我们可以直观地理解“优势需要”的问题。从图 3 中可以看到，自我实现需要、自我超越需要、大我实现需要占优势的时候，其他更低的需要的曲线并没有消失，只是它们的强度低于这些高级需要而已。之所以如此，是由于这些人的更低需要的满足相对很容易，不需要耗费太多的精力。

以爱因斯坦为例。马斯洛说，“爱因斯坦在他的晚年是一个高度专业化的科学家，爱因斯坦之所以成为爱因斯坦，是靠了他的妻子，靠了普林斯顿，靠了他的朋友们，等等。爱因斯坦免于面面俱到而做到了自我实现，是因为许多事情有别人为他代劳。如果把他一个人抛到荒岛上，他也许还能有戈尔茨坦意义上的自我实现，即‘在环境容许的条件下尽他的所能’，但是，无论如何，这不是爱因斯坦已经达到的那种专门化的自我实现。或许，在那种情况下，自我实现根本就不可能，他或者早就死了，或者由于自己的无能而深感懊恼和自卑，或者退到匮乏性需要满足的水平上。”（马斯洛：《自我实现的人》，许金声等译，三联书店 1987 年版，第 330 页）

普林斯顿高等研究院，1930 年成立于美国新泽西州普林斯顿。普林斯顿高等研究院并不是普林斯顿大学的一部分。普林斯顿高等研究院是一个让各个领域的科学家做最纯粹的尖端研究，而不受任何来自教学任务、科研资金或者赞助商压力的研究机构。该研究院曾经最有名的科学家莫过于爱因斯坦了。全世界许多著名的科学家都曾经在那里工作，包括杨振宁、陈省身等。在其他地方也有基于普林斯顿高等研究院而建立的高等研究院。

一天，已经过了下班时间，办公室里的电话铃响了。秘书不耐烦地拿起了听筒。

“请问，我可以和主任谈话吗？”耳机里传来温文尔雅而又熟悉的声音。可秘书一时没听出是谁，按老习惯回答：“主任不在。”“那么，请您告诉我，爱因斯坦博士住在哪儿？是他新搬的家。”

秘书婉转地回答说：“不能奉告，因为爱因斯坦博士太忙，他不愿意让他的住处受到干扰。”

这时，电话里的声音突然变低了：“请你不要告诉任何人，我就是爱因斯坦博士。我正要回家，可我忘记了自己住在哪里了，请你给我查一下我的住址。”

秘书听了，忍不住哈哈大笑起来。

原来，爱因斯坦在散步时，边走边思考问题，走着走着，就到了一个陌生的地方。当他发现自己迷了路，想回家时，却又忘记了自己家的地址。在没有办法的情况下，他只好打电话麻烦秘书查找地址了。

爱因斯坦在学习和工作上有惊人的记忆力，可在生活上的记忆力却这么差，这是因为他的思想全都集中在科学研究和探索上了。

很显然，爱因斯坦在散步时也会进入“忘我”的状态。这些状态也许就是很高的自我实现、自我超越，甚至大我实现的需要占优势的状态。这并不是说，他不再需要满足生理、安全、归属、尊重等需要，这些需要一直到去世，从来就没有消失过。他之所以能够毫无顾虑、优哉游哉地散步，就是因为他在普林斯顿生活，他的身份和地位使得“许多事情有别人为他代劳”，使他这些较低的需要都能够充分满足，而且不必处于优势地位。也就是说，他在普林斯顿的生存状态是自我实现、自我超越、大我实现等高级乃至最高需要占优势，是“优势需要”。

爱默生是美国著名的哲学家，美国自然文学的奠基人。他被公认为是充满灵性、人格达到很高境界的人。但是，与所有高境界的人一样，他的良好状态，也需要一定的支撑。

“沃尔特·哈丁（Wslter Harding）所著的《亨利·梭罗的岁月》（*The Day of Hery Thoreau*:*A Biography,1962*），记载了一段有趣的插曲：1844 年秋天，喜欢把有灵气的年轻人聚集在自己身边的爱默生，决定组织一个俱乐部，每周一晚上在自己的书房活动。奥尔科特、霍桑、梭罗和钱宁等人都应邀参加。但是据说，第一个周一的晚上竟是在窘迫的沉寂中度过的。主人先是要求每人说一些名言妙语。奥尔科特总算作个精彩的开场白。然后是沉默。梭罗接着作了简要评论。又是一阵沉默。爱默生只是微笑而默默无言。霍桑则远远地缩在房间阴暗的角落里，最后上了一大盘苹果，于是每个人都默默无语地咀嚼苹果。当那个漫长的夜晚终于结束时，大家各自消失在黑暗之中。这种聚会勉强持续了两次，便以失败而告终。哈丁先生评述道：'他们终于发现，谈话的场所不应在客厅，而是在林中。'"（程虹：《寻归荒野》，三联书店 2014 年版，第 81 页）

在某种意义上，爱默生周围这些"有灵气的年轻人"形成了他进入高层次状态的气场和支持系统。他们至少具有一定满足他归属需要、自尊需要、自我实现需要的作用，使他更方便地进入自我超越……

全人需要层次图（以及全人需要层次论）有什么用?

首先，它可以用来观察、清晰我们自己以及他人。

它是整个人类，乃至每一个个体发展、成长的坐标系。它揭示了人类以及每一个个体发展以及成长以需要满足为核心的动力结构。如果结合"普遍人格"这一概念，我们还可以用于观察一个国家以及社会生活发展的程度。

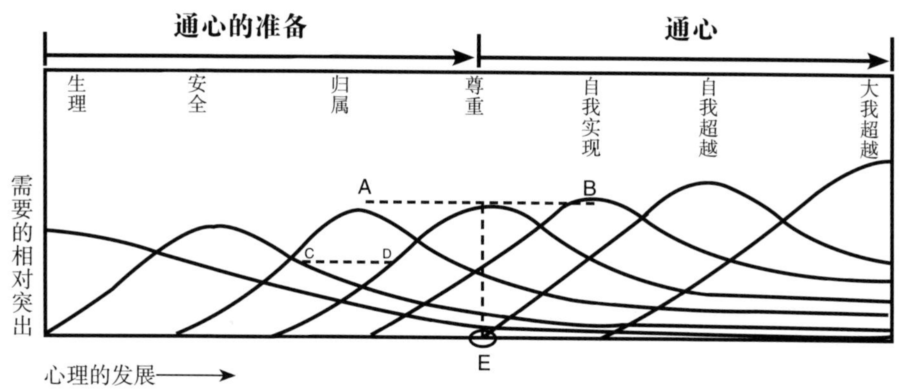

图 4　全人需要层次图：一个个案

你的生存状态，从全人需要层次图上看，处于哪个位置呢？

全人需要层次图有多种用途。包括为我们自己的人格发展定位。有一个全人心理学小学员，2017 年 11 月才满 10 周岁。她一共参加了好几次工作坊，使我们对她的情况有一定了解。她当时的需要满足状况是在第一个（即下面的）A 点到 B 点的区间（即虚线之内）。也就是说，她的生活主要是归属需要和自尊需要交替占优势。她认真学习，想取得一个好成绩，以获得老师、同学、家长的尊重。这是自尊需要占优势。有时候与她妈妈顶嘴，这也是自尊需要占优势。但妈妈有时候忍不住打她，她忍不住要哭，感到委屈，但哭过以后，常常会出现讨好妈妈的行为，这是归属需要占优势。

我们可以根据需要满足的情况，来判断、划分一个人的人格。例如，某人一辈子都没有发展到图 4 的 E 点。他大半生的日子是在上面的 A 和 B 之间，即归属需要的波峰和自我实现需要的波峰之间，我们可以断定，他是一个“自尊型人格”。

图 4 在全人心理学·通心工作坊上经常使用，并且帮助学员认识自己。大家普遍反映很有用处，很受益。

第十一章　从全人需要层次论看先哲

一、轴心时代的先哲

从全人需要层次论出发，我们也可以有一个新的对先哲之类，甚至世界历史的理解。

著名哲学家、历史学家卡尔·雅斯贝尔斯指出：“倘若真的存在这样一个世界史的轴心，那么它一定是作为一个对所有的人，包括基督徒在内的通用的事实，在经验上予以发现的。这一轴心必然诞生于‘人之存在’

的形态——这一最了不起的丰富性之中，自此以后，人才之所以成为人。这一丰富性是以这样的一种方式，即便在经验上不是令人信服以及可以理解的，但也必然由于在经验上的洞识而具有说服力，如此产生一个为所有民族进行历史性自我理解的共同框架，这对西方和亚洲乃至所有人都是一样的，并没有某一特定的信仰内涵的尺度，这一世界史的轴心似乎是在公元前 500 年左右，是在公元前 800 年到公元前 200 年产生的精神过程。那里是历史最为深刻的转折点。那时出现了我们今天依然与之生活的人们。这一时代，我们可以简称其为‘轴心时代’”。（卡尔·雅斯贝尔斯《论历史的起源与目标》，李雪涛译，华东师范大学出版社 2018 年版，第 7—8 页）

卡尔·雅斯贝尔斯的“人之存在”的形态，是指在“轴心时代”这一时期，各个不同民族、文化不约而同地出现的一些先哲之类，他们展现了人的存在的丰富性。“自此以后，人才之所以成为人”。也就是说，在那以后，人类的发展才有了方向性和高度。

那么，轴心时代在哪里出现了哪些先哲呢？卡尔·雅斯贝尔斯首先提到的是中国！“在中国生活着孔子和老子，产生了中国哲学的所有流派，墨翟、庄子、列子以及不可胜数的其他哲学家都在思考着；在印度出现了《奥义书》，生活着佛陀，所有的哲学可能性，甚至于像怀疑论和唯物论，诡辩术以及虚无主义都产生了，其情形跟中国别无二致；在伊朗，查拉图斯特拉在传授他那富于挑战性的世界观，即认为这是善与恶之间的一场斗争，在巴勒斯坦，从以利亚经由以赛亚及耶利米到以赛亚第二，出现了先哲；在希腊则有哲学家巴门尼德、赫拉克利特、柏拉图及数学家阿基米德；等等。在这短短的几个世纪内，这些名字所勾勒出的一切，几乎同时在中国、印度和西方，这三个相互间并不了解的地方发生了。”（卡尔·雅斯贝尔斯《论历史的起源与目标》，李雪涛译，华东师范大学出版社 2018 年版，第 8 页）

如何理解“人之存在”的丰富性？这些丰富性只能够展现于这些先哲吗？作为先哲，他们之所以能够具有“人之存在”的丰富性，有没有一个发展的过程？这个过程有没有一定程度的规律性？作为一般的人，可以发展到那样的境界和状态吗？

卡尔·雅斯贝尔斯认为："人的潜力的巅峰与普通民众之间的差距在那时尤其巨大。然而个别人的变化，却间接地改变了所有的人。'人之存在'在整体上实现了一次飞跃。"（卡尔·雅斯贝尔斯《论历史的起源与目标》，李雪涛译，华东师范大学出版社 2018 年版，第 11 页）

卡尔·雅斯贝尔斯在这里，已经非常确切地使用了"潜力"的概念。他认为，那些先哲就是潜力的开发与发挥达到"巅峰"的人。不过，他说，他们与普通民众的差距"在那时尤其巨大"，那么，在历史又发展了近 3000 年的今天呢？

从全人需要层次论出发，可以对这些问题有一个清晰的回答。其实，这些先哲对于普通民众的发展的看法，当时就是乐观和开放的，例如他们有"众生皆有佛性""人皆可成为圣贤"等思想。正因为如此，他们在当时，就开始了积极的传道。

全人需要层次论，也正是继承和发展了他们的思想。

全人需要层次论认为，不管是哪一位先哲，他们都共同具有生理需要、安全需要、归属需要、自尊需要、自我实现需要、自我超越需要、大我实现需要。这些需要构成一个层次系列。它们的满足有一个"优势需要"不断上升的过程。这些先哲之所以能够在世界历史中留下不可磨灭的足迹，就是因为他们能够很快地走到"大我实现需要"成为"优势需要"的境界以及生存状态。他们都可以被称为"大我实现的人"。

值得指出的是，我国的孔子早在春秋时期就提出了对于人生发展的层次性看法。《论语·为政》："三十而立，四十而不惑，五十而知天命，六十而耳顺，七十而从心所欲，不逾矩。"其中，尤其应该咀嚼的是"六十而耳顺，七十而从心所欲不逾矩"。我认为"耳顺"可以理解为完全掌握了"通心"，七十是指人生所能够达到的最高境界，相当于"大我实现"。

二、什么是大我实现的人？

什么是大我实现的人？

从全人需要层次论，可以比较清晰地回答这个问题。

大我实现的人，就是在一个人的生活中，大我实现需要已经成为其优势需要的人。

大我实现的人，他们的大我实现需要占优势，并不是没有了其他需要，即生理需要、安全需要、归属需要、尊重需要、自我实现需要、自我超越需要，只是所有这些需要，都不处于优势地位，但它们仍然在起作用，只是对于人们行为的影响力，都小于大我实现需要。

我们在前面已经区分了作为人格的大我实现和作为需要满足的大我实现。在现实生活中，谁具有大我实现人格？谁在自己的生命中，长久地处于大我实现状态？

三、“大我实现”与人的“灵性”

马斯洛有一句名言：“在一个只有 1.5 米的房间里量身高，所有的人都不会超过 1.5 米。”这句话对于理解大我实现和人的灵性是一个非常必要的思想准备。要理解灵性，我们必须首先开放自己的心灵，去掉所有束缚我们心灵的东西，包括这样、那样的理论观念。

在这里，需要说明的是，所谓的“灵性”是从人的角度来说的，它与人的其他性质是在一种连续性统一体之中，它的出现可以理解为由于人持续成长引起的突变，或者理解为由于潜能开发和发挥到一定程度后出现的顿悟。这种对于“灵性”的理解，与宗教对“神性”的理解是不一样的。宗教对“神性”的理解，是在肯定有“神”存在的前提之下，“神”所具有的性质。

按照马斯洛以及后人本心理学（超个人心理学）的理解，“灵性”是一种典型的“超越性”。

马斯洛在后期著作《人性能达的境界》中指出：“超越也意味着超越世人（merely human），变成神圣的（divine）或者神一样的（godlike）人。但在这里必须小心，不要把这种说法理解为有任何超出人类之外（extrahuman）或在自然之上的（supernatual）东西。我想用‘超越性的人’（metahuman）或者‘存在人’（being-human）一词来表示，这种变得非常高、神圣或者神一样的能力是人的本性的一部分，尽管在现实中往往很难得见。”（Abraham H.Maslow,*The farther Reaches of Human Nature*,AViking CompassBook，1971：274）

应该说，马斯洛在这个时候已经形成了关于“后人本心理学”的一些主要思想。他把“神圣的（divine）”“神一样的（godlike）”概念与“超出人类之外（extrahuman）”“在自然之上的”（supernatual）概念区分开，我是相当认同的。马斯洛指出了灵性和人性之间的连续性。他强调不能够把关于灵性的说法理解为“超出人类之外”或“在自然之上”。这一点是非常重要的。他实际上是把灵性看成是人类的性质的一部分，是人类的一种潜能。

我认为，既然“人性”与“灵性”是处于一个连续统一体中，它们之间没有绝对的界限。在人的身上有神性的潜能，这种神性是可以被开发出来的。（参阅本书第五部分《全人需要层次论与“开悟”》）

值得强调的是，人有“灵性”的潜能，并不意味着人能够成为神。当人的灵性被开发出来后，他仍然是一个人，一个具有了现实性的灵性的人。

“灵性”与“神”，是两个完全不同的概念。

这样，如果我们要完整地理解人，就可以认为人一共有四种性质，即物质性、动物性、人性、灵性。人的这四种性质可以看成是在一个进化的连续统一体上，即进化是从物质产生生命，从生命产生意识，从意识产生灵性。同时具有“四性”的人，才是完整的人——“全人”。这种完整的人，也正是全人心理学所要重点研究的对象。

关于人的“四性”，对于物质性、动物性、人性，一般没有异议，它们可以简称为“人性”。关于灵性的看法，有各种各样的分歧。其中有两种倾向我是不赞成的：

1. 一种倾向是完全否认人有灵性。有这种倾向的人往往把灵性体验看成是幻觉，或者精神分裂的表现。这种倾向的要害是封闭了人的体验，桎梏了人性的丰富性。

2. 另外一种倾向是认为人可以完完全全地成为神。有这种倾向的人往往看不到“灵性”与“灵”本身的区别。人固然有灵性，这种灵性首先是作为一种潜能存在，在一定条件下可以开发出来，但人可以开发出灵性并不等于人可以成为神。

全人需要层次论对于这个问题的看法是：人永远同时存在“四性”。一个人即使开发出了灵性的潜能，他仍然不能够完全脱离物质性、动物性和人性而成为一个彻底的“神”。他只不过是一个产生过神性或者是一个神性占“优势”的人而已。

对于这个问题的看法非常重要。如果是认同全人需要层次论，对于日常生活中很多难以理解的问题就可以有更好或者更清楚的解释。

例如，人们为什么在产生了灵感之后常常需要有人分享？人们为什么在产生了美好的感受后总希望转达呢？这些感受不是意味着人们的需要满足状态处于较高的层次吗？

对于一些人来说，不能够分享，甚至是一种苦痛、无聊。无聊是一种对舒适的执着和惩罚。

因为这些美好的东西与以前的人际交往、人际交流也有关系，它们至少是产生这些灵感和美好感受的因素之一。分享可以加强和巩固以前的关系，加强和巩固更低需要的满足，使其更加能够创造。

大我实现需要也是这样，它必须有一定的其他更低需要的支持和支撑。

从这一观点出发，我们也可以清晰地看到某些修习者所犯的错误，例如，某些修习气功的人，他们错误地以为人可以成为神。当他们错误地或者自欺欺人地以为自己已经成为神的时候，他们就走上了一种可怕的道路。这种可怕的表现之一，就是他们连自己的亲人，甚至自己的身体也要舍弃。

四、如何理解先哲的“二重性”？

有一种说法认为，一些先哲具有“灵性”“人性”的二重性。按照这种说法，这些先哲似乎从出生就与众不同。

如何理解这一说法？作为一般的人，看起来似乎很难理解。其实，按照全人需要层次理论，完全可以有一种与每个人更加有连接的理解。

首先，如何理解这种“二重性”呢？

从全人需要层次理论看，他们二重性的存在，是由于他们既具有全部七种需要，也同时满足了全部七种需要。而普通民众只是满足了一些较低的需要。他们与普通民众的差异，不仅在于他们满足了最高的“大我实现需要”，而且在出道之后，一直是大我实现需要占优势。但是，他们在大我实现的同时，并没有脱离生理、安全、归属、尊重、自我实现、自我超越需要的满足，这些需要只是被忽略了，没有或者说很少处于优势地位而已。

“二重性”这种说法很深刻，但它可以表述得更加通俗和具有普遍意义。全人需要层次论在这方面做出了探索。而从全人需要层次图，可以更加清楚地看到这个关系。

所谓“全人”,也可以理解为完美地具有二重性的人。“全人”这个概念，把先哲与“神”做了区分，强调他们不是“神”。“全人”这个概念也与发展不充分的人做了区分，他们是更完美的人。

以肯·威尔伯为代表的后人本心理学认同这样的观点，可以把宇宙间所有的实存都看成是“全子”。所有的“全子”都既是部分，又是全体。既是实存（existence），又是存在（being）。肯·威尔伯用“部分/全体”来表达全子。

任何实存都是有限的。人也是一种实存，人所体验到的有限与无限的矛盾是所有矛盾中最根本的矛盾。人大概是所有的全子中唯一能够认识到自己是全子的生物。

全子具有深度与广度两个特征。所谓深度，是指精神性、意识丰富的程度。所谓广度，是指数量。深度越深，广度越小。宇宙中最多的物质是无机物，无机物的深度最浅，广度最大。

先哲们也是全子，但可以把他们看成迄今深度最深、广度最小的全子。他们都具有二重性，他们的灵性不仅是一种潜能，而且是一种现实性。这意味着，他们从根本上解决了“存在”与“实存”的矛盾。美国哲学家、神学家蒂里希称先哲们为“新存在”（new being），这与卡尔·雅斯贝尔斯关于“人之存在”的看法是一致的，有着十分深邃的含义。我非常欣赏蒂里希关于先哲们的这种解释。他认为，在“旧造物”之中有一个“新造物”，这个“新造物”体现在被叫作先哲们的身上。（参阅何光沪选编：《蒂里希选集》下集，上海三联书店 1999 年版，第 718 页）我认为，如果把“旧造物”理解为只体现了物性、兽性和人性的人的话，“新造物”就是进一步把灵性也开发出来了的“全人”。人类存在的最根本的意义也就是向“全人”的方向发展，也就是向“新造物”“新存在”“新人类”的方向发展。

按照全人需要层次论的思想，所有的先哲都具有二重性。而对于一般人，也具有“二重性”，只是他们的“灵性”还仅仅是作为一种潜能，而没有表现为现实性。

从全人心理学对于“全子”“全人”以及“二重性”的理解，可以为世界文化的对话提供一个基础。回到本书第一章提出的文化的“理想人格设计”概念，如果对不同文化的“理想人格设计”进行比较，其“终极描述”的差异，至少是小于“过程描述”的差异的。

第十二章　从全人需要层次论看世界变化大趋势

全人需要层次论的提出有什么意义？它能不能反映现实社会生活的需要？

后人本心理学、全人需要层次论这些研究和理论发展趋势，并不只是心理学发展的一个新动向，它深刻地反映了当今世界社会生活的某些变化，具有深厚的社会基础。

当今世界，许多国家的发展都正在逐渐走向转型，从单纯和盲目地追求“有增长而无发展”的国民生产总值取向，转向到追求让国民更深刻地、更丰富地具有幸福感。实现这一目的指标就是国民幸福总值（Gross National Happiness，GNH）。

国民幸福指数最早是20世纪70年代由南亚的不丹王国国王提出的，他认为“政策应该关注幸福，并应以实现幸福为目标”，人生“基本的问题是如何在物质生活（包括科学技术的种种好处）和精神生活之间保持平衡”。在这种执政理念的指导下，不丹创造性地提出了由政府善治、经济增长、文化发展和环境保护四级组成的“国民幸福总值”指标。（参见万崇华、江文富主编《中华医学统计百科全书·健康测量手册》，中国统计出版社2013年版，第17页）

诺贝尔经济学奖得主罗伯特·威廉·福格尔（Robert William Fogel）提出“第四个大觉醒”（“The fourth great awakening”）的概念。他讲述了对自我实现的追求如何从这个星球上的一小部分人扩大开来，在发达国家尤其如此。也有人把这叫作“意义需要”（meaning-want），也就是，星球上的一部分人已经从“物质需要”（material-want）转到“意义需要”了。

罗纳德·英格尔哈特（Ronald Inglehart）把这种价值观的变化称为从物质主义价值向后物质主义价值的发展。他认为，达到一定物质生活水平所带来的自由使人们能够追求更多的东西，这是一种享受。

在我国，对这些变化是持认同态度的。据报道：“国家统计局有关负责人透露，国家统计局正在制定国民幸福指数、人的全面发展指数、社会进步指数等统计指标，希望通过国民幸福指数等每一个百分点的变化反映出社会进步“惠及了群众、减少了对环境的牺牲。从GDP崇拜到幸福指数关怀，是政府落实以人为本、科学发展理念的具体体现。发展经济是增强幸福的手段，人民幸福才是社会发展的终极目标，以往片面强调GDP这类反映经济发展的指标，对于全面衡量一个社会的发展和进步状况是很不充分的，在实践中可能导致社会政策选择上的舍本求末。幸福指数是一个更加人性化、也更能体现一地发展实效的指标，真正将人的发展放在了发展的首位。”（2006年6月23日《人民网》）

尽管关于什么是幸福、幸福感？如何对国民的幸福感进行测量？这些问题不可避免地存在大量争论，但所有这些动向，无可非议地说明了这样一些事实：

仅仅是经济增长，不可能带来真正的幸福感；

人类的幸福感，与个体自身身心灵的状况，个体与个体、群体、社会、大自然乃至宇宙之间的关系密切……

水涨船高，人类对于自身的研究也走到了新的发展阶段。在这方面，后人本心理学的出现正是其中一个标记。后人本心理学的范围、内容非常丰富，在理论方面，肯·威尔伯（Ken Wilber）功不可没。除了他以外，后人本心理学著名的发言人还有弗朗西斯·沃恩（Frances Vaughan）、罗杰·沃尔士（Roger Walsh）、查理·塔特（Charles Tart）等。

在美国戴维·迈尔斯撰写的著名心理学教科书《社会心理学》中，也反映了上述人类变化的大趋势："即使超级富有者——例如《福布斯》杂志上最富有的100位美国人——其幸福感仅仅比平均水平高一点（Diener&other,1985）。甚至赢得彩票似乎也不能使人产生持久的幸福感（Brickman&others,1978）。就像理查德·瑞恩（Ryan,1999）解释的那样，这种满足感有一个'非常短暂的生命期'。"（戴维·迈尔斯：《社会心理学》第11版，侯玉波、乐国安、张智勇等译，人民邮电出版社2016年第1版，第593页）

财富并不能保证人们有持久的幸福感，这个观点似乎在当今已经成为共识，但大多数人的主要精力仍然放在追求财富之上。

一些新的声音正在越来越多地出现。例如：

> 耶鲁大学环境科学院院长史贝斯（Speth,2008）倡导，我们扩大的同一性应该具备一种"新意识"：
>
> ●视人类为自然的一部分；
>
> ●视大自然为我们必须管理的且具有内在价值的；
>
> ●就像重视现在的生活和居民一样来重视未来的生活和居民；
>
> ●通过思考"我们"而不只是"我"来领会人们之间的相互依存；
>
> ●不仅重视物质生活，更要重视精神生活和关系质量；
>
> ●重视公平、正义和人类共同体。
>
> （戴维·迈尔斯：《社会心理学》第11版，侯玉波、乐国安、张智勇等译，人民邮电出版社2016年第1版，第590页）

在美国，“……美国教育委员会对大约 25 万刚入学的大学生所做的年度调查。认为，读大学‘非常重要’的原因是成为‘经济上非常富裕’的人，从 1970 年的 39% 上升到 2010 年的 77%。实际上，伴随着这一比例变化的却是，认为‘形成一种有意义的生活理念’是非常重要的人数却在急剧减少。也就是说，物质主义在膨胀，精神信仰却在衰退。人们的价值观也发生了巨大的变化！在列出的 19 个目标中，现在新入学的美国大学生将‘经济上非常富裕’列为第一位。这不仅高于‘形成一套有意义的生活哲学’，还位居‘成为本领域权威’‘帮助困境中的他人’和‘供养家庭’等目标之上。”（戴维・迈尔斯：《社会心理学》第 11 版，侯玉波、乐国安、张智勇等译，人民邮电出版社 2016 年第 1 版，第 593 页）

尽管情况有波动，但涉及心理健康、幸福感等的价值观和理念，还是在深入人心：“对于追求外在目标如财富、美貌、声誉的那些人，他们更容易焦虑、抑郁和患心理疾病（Eckersley，2005；Sheldon&other，2004）。卡赛（Kasset，2000，2002）总结说，那些转而追求亲密关系、个人成长和为社会事业做贡献等内在目标的人，则会体验到更高质量的生活。卡赛（Kasser，2011）认为，内在价值观能够提高个体和社会的幸福感，并有助于人们抵制物质主义的价值观。那些关注密切关系、做有意义的工作并关爱他人的人，能够获得一种内在奖励；而那些更多关注外部物质或自身地位及形象的人，往往很难理解这一点。”（戴维・迈尔斯：《社会心理学》第 11 版，侯玉波、乐国安、张智勇等译，人民邮电出版社 2016 年第 1 版，第 595 页）

第十三章　全人心理学与后人本心理学

我提出的“全人心理学”“通心”“通心力”“全人需要层次”“全人

能量理论”等概念和理论，可以说也是我对当今国内外社会生活的变化，以及心理学学术研究的一种回应，当然也反映了自己的生活状态和价值取向。

1993年，美国出版了由罗杰·沃尔士和弗朗西斯·沃恩合编的《超越自我之路》（目前已经有中译本）。这是关于后人本心理学比较权威的一本书。罗杰·沃尔士和弗朗西斯·沃恩收录了学术界有关后人本心理学研究具有代表性文章46篇，作者共33人，其中肯·威尔伯的文章最多，共8篇。该书的内容包括各种后人本心理学的体验、静修、开悟、做清醒梦的意义、致幻剂对人的意识的影响、后人本心理学与科学、后人本心理学与神秘体验论、长青哲学、濒死体验、深度生态学、后人本心理学与社会、后人本心理学与全球危机等。（罗杰·沃尔士、弗朗西斯·沃恩：《超越自我之路》，美国普特南出版集团1993年版）

在马斯洛去世23年（1993）之后，后人本心理学发展成了一个范围广阔、边界比较模糊的心理学思潮。这一心理学思潮拓展了心理学的研究领域，尽管研究者们的观点不尽相同，但他们的研究取向有很多相同之处，尤其是在个人的成长、人类自身的发展以及人类与生态的协调方面。

后人本心理学的以下这些思想是具有代表性的：

1. 汲取世界长青哲学的精华，以更加开放、广阔的心态理解人性，认为人是宇宙进化的产物。人有四种性质：物质性、动物性、人性、灵性。这是一种新的关于人性的模型，是对人（乃至人性）一种通俗的表达方式。

2. 在对人类最高潜能的理解上，反对还原论，同时反对把人的灵性与人性以及人的其他性质完全割裂开。对有关人的神秘体验的问题持开放性态度，同时又坚持尽量增加可操作性、可验证性的传统科学研究态度。当然新的研究方法也在不断探索之中。

3. 把传统对身体健康，乃至“身—心”健康的概念扩展到“身、心、灵”整体的“大健康”。也就是说，按照后人本心理学的观点，如果一个人身体健康，心理上也没有什么问题，但却缺乏灵性健康（或者简言之“终极关切”），他仍然不算真正的、完整的健康。肯·威尔伯在自传《一味》的前言中这样写道：“这本札记的主旨乃是要强调身心灵并非互不相容，肉体的欲望、心智的理念、灵魂的了悟都是宇宙神性的完美展现。”这不仅是《一味》的主旨，也可以看成是后人本心理学的主旨。作为一种心理学的新思潮，后人本心理学的首要贡献是拓宽、丰富和深化了对于人性的理解。我认为把“健康”的概念进一步扩大到“身、心、灵”的“大健康”，是对全人类的一大贡献。

4. 灵性的开发是人的潜能的深度开发，只有不仅注重身体健康、心理健康，而且注重灵性的健康，人才能够活出自己的“大我”（或者“真我”）。灵性的开发与人的其他性质并不冲突，人通过不断整合自身的能量越来越成为一个更加全面发展的人——我将之称为“全人”。“全人”一词，比较通俗易懂。

5. 借鉴宗教精神。在人类的主流的宗教精神中，蕴藏着丰富的、宝贵的精神和教诲。人无须参加宗教组织。把心理治疗与静修结合起来，把人的成长看成是一个连续统一体。

6. 改变多年以来“西学东渐”的片面趋势，对于东方文化更加注重，从东方文化中吸取大量营养，包括印度文化和中国文化。

7. 对人的意识的研究更加丰富多彩。研究领域尤其扩展了对积极的异常状态的意识，包括禅修、禅定、“清醒梦”、濒死体验、高峰体验、神秘体验、一体意识等。

8. 后人本心理学研究的发展方向之一是“整合学”。“这是一种统合物质、肉体、心智、灵魂和灵性的研究途径——也就是涵盖整个‘大存有巢’的研究途径。例如物理学涉及物质的层面，生物学涉及肉体的层面，心理学涉及心智的层面，神学涉及灵魂的层面，神秘体验论涉及灵性的层面。”（肯·威尔伯：《一味》，胡因梦译，台湾先验文化事业有限公司 2000 年版，第 98 页）整合的前提是接纳。后人本心理学是迄今最能够接纳各种心理学的思潮。

9. 我关于全人心理学、全人需要层次论、全人能量理论以及“通心”等的研究，在一定意义上，也可以看成是对后人本心理学的一个回应和进一步的实践。我提出的全人层次需要论是一个深度开发和充分开发人类潜能的动力结构，它为人类的生命品质的提升和人格完善提供了一个比较完整的参考构架。

10. 马克思说："哲学家们只是用不同的方式解释世界，而问题在于改变世界。"(《关于费尔巴哈的提纲》)——我们这样说应该也是符合现状的："不少心理学家只是在用各种不同的方式说明、解释人性，问题在于如何具体帮助人们活出自己的最佳状态，有真正的幸福感、意义感、丰富感。"

——与一些关于后人本心理学的研究不同，我的相关研究，尤其是关于"通心"的理论、方法和技术的研究和实践，在具体帮助人走向大健康方面，有可以验证的突破。或者说，它在理想人格设计的终极描述和过程描述上都是完整的。

前面 8 个要点可能会得到有识之士的直接认同。后面 2 点属于本人的"敝帚自珍"，甚至"夸大其词"，还有待进一步的了解与沟通。本人对一切可能的相关讨论、批评表示期望和感谢，并且承诺认真回应。

为什么在人本心理学之后会出现后人本心理学?

后人本心理学的出现并不是偶然的，它有重要的思想来源。长青哲学（perennial philosophy）就是后人本心理学的重要思想来源之一。所谓"长青哲学"，根据阿尔道斯 · 赫胥黎（Aldous Huxley）的概括，是指 25 个世纪以来，"时而以这种形式，时而以那种形式，源远流长，无休无止的"一种普遍的世界范围内的哲学。阿尔道斯 · 赫胥黎认为，"长青哲学"主要有这样一些核心思想：

1. 物质和个体化意识的现象世界，即物体（thing）、动物、人，甚至诸神（gods）的世界，都是"圣域"（divine ground）的显现。在"圣域"里所有部分的实在都有其存在状态，离开"圣域"，它们是不存在的。

2. 人类不仅能够通过推理来认识"圣域"，而且能够超越推理，由直觉来认识其存在。这种即时(当下)的认识让知者和所知的对象融合在一起。

3. 人具有双重的天性，一个是现象的小我（phenomenal ego），一个是永恒的大我（eternal self）。后者是内在的人，是大精神（spirit）的显现，是灵魂中灵性（divinity）的火花。如果一个人真正渴求的话，他有可能与大我产生认同，从而与"圣域"产生认同。因为，"圣域"与精神在本质上是相同或者类似的。

4. 地球上人的生命只有一个目的，就是认同自己永恒的大我，得到关于“圣域”的一体的认识。（罗杰·沃尔士、弗朗西斯·沃恩合编：《超越自我之路》，美国普特南出版集团 1993 年英文版，第 213 页）

“亚瑟·洛夫乔伊（Authur Lovejoy）指出，众多主张巨链理论的思想家们有三个根本观点：（1）所有的现象——所有的物体、事物、人类、动物、矿物和植物——都是大精神的丰富性的体现，所以大精神天然地融入一切，所以正如柏拉图所说，甚至整个物质世界和自然世界都是“一个可见、可感的神”。（2）在自然界中没有缺口，没有缺少的一环，没有不可逾越的二元性，因为所有的事物都与其他事物相互交织在一起（存在的统一连续体）。（3）存在的统一连续体体现着层级性，因为各种各样的事物在某些量纲中产生，在其他量纲中则没有（例如，狼会跑，但岩石不能，因此从物种意义上说，存在的事物之间存在缺口）。”（肯·威尔伯：《性、生态、灵性》，李明等译，中国人民大学出版社 2009 年版，第 7 页）

肯·威尔伯十分强调长青哲学的重要性。他认为，长青哲学的核心范畴是“存在之巨链”（the great chain of being）。所谓“存在之巨链”，是指整个实在是一个连续统一体，就像链条一样。一端是物质，一端是精神（spirit）、灵性（godhead）或者超意识（superconscious）。这个层次是按照意识的程度来进行排列的。“存在之巨链”可以简单说有三个层次：物质、心智与精神。它也可以说有五个层次：物质、身体、心智、灵魂与精神。长青哲学关于人的主张就是，人们应该不断成长和发展，达到大精神的层次，实现终极同一性。这也是人的灵性的实现，是人最完美的状态。（罗杰·沃尔士、弗朗西斯·沃恩合编：《超越自我之路》，美国普特南出版 1993 年英文版，第 215 页）

长青哲学与“全人需要层次论”有什么关系？

从阿尔道斯·赫胥黎关于世界“长青哲学”的核心思想的论述看，所谓物质和个体化意识的现象世界，即物体（thing）、动物、人，甚至诸神（gods）的世界，都是圣域（divine ground）或者大精神的显现。在神域里所有部分的实在都有其存在状态，离开圣域，它们是不存在的。在全人需要层次的七个层次,都可以看成是“圣域”的体现。不过要注意,“大我实现”这一层次与前面的六个层次有重大的区别。大我实现的人，他是完全自知的、自由的，他知道不是他自己在实现，而是“圣域”通过他在实现自己。这七个层次是一个连续统一体，它们也是“存在之巨链”在个体发展上的重演，即三个层次：物质、心智与精神；或者五个层次：物质、身体、心智、灵魂与精神的重演。这种重演表述的优越性在于，它是一个更加精细的、精确的、易于变成操作性的动力结构。

所谓“人类不仅能够通过推理来认识圣域，而且能够超越推理，由直觉来认识其存在。这种即时（当下）的认识让知者和所知的对象融合在一起”,这一说法是对人类能力的高度肯定,对于人性所具有高级需要的肯定,也点出了人类高级需要的实质。是的,人类不仅可以通过推理来认识圣域,也可以“由直觉来认识圣域”，——而且进一步，还能够认识圣域的其他实现，以及圣域在实现时意识到的自身，即“大我实现”。

所谓“人具有双重的天性，一个是现象的小我（phenomenal ego），一个是永恒的大我（eternal self）。后者是内在的人，是大精神（spirit）的显现，是灵魂中灵性（divinity）的火花。如果一个人真正渴求的话，他有可能与大我产生认同，从而与圣域产生认同。因为，圣域与精神在本质上是相同或者类似的。”——全人需要层次论的思想与此的不同点在于，大我实现不仅仅是“灵魂中灵性（divinity）的火花”的闪现，大我实现需要的满足本身可以看成一种人之灵性的相对稳定的体现，也就是“大我实现需要”作为优势需要来发挥着作用。

所谓“地球上人的生命只有一个目的，就是认同自己永恒的大我，得到关于圣域的一体的知识”，说得还不够透彻，不光是“认同”而已，得到知识而已，还有在日常生活中的大我实现。（罗杰·沃尔士、弗朗西斯·沃恩合编：《超越自我之路》，美国普特南出版社 1993 年英文版，第 213 页）

长青哲学的这些思想，与中国传统文化关于“天人合一”等的观念也是一致的。

长青哲学的一个比较关键的概念是“圣域”。从后人本心理学的立场看，它不能够按照世俗的观念机械地来理解。它不是指有形的东西存在的地方，它指的是迄今人类还不能了解只能够意会的宇宙运行的规律，其含义接近于“道”或者肯·威尔伯的“大精神”概念。

第四部分　全人需要层次论与肯·威尔伯

第一章　肯·威尔伯的生平与著作

马斯洛不仅提出了“后人本心理学”的概念，而且从心理学的角度发展了“超越”的概念，把人的超越性需要纳入需要层次理论，为后人本心理学奠定了一个纵向发展的基础。

肯·威尔伯的继往开来，一方面加深了这个纵向发展，另一方面为后人本心理学的横向发展奠定了基础，乃至发展出整合学。马斯洛被称为“人本心理学之父”，而肯·威尔伯在提出整合学之前，就有“后人本心理学的马斯洛”之称。其主要含义是：他在后人本心理学中的地位，相当于马斯洛在人本心理学中的地位。此说未必贴切，姑妄听之，多一个认识他的参照。

我之所以把自己研究的心理学称为“全人心理学”，有来自肯·威尔伯的整合学的影响。

1949 年，肯·威尔伯出生于美国俄克拉荷马城。由于父亲在空军服役，肯·威尔伯学生时期曾数次迁徙。他在内布拉斯加州林肯市读高中，后进入杜克大学攻读医学。在读大学一年级时，肯·威尔伯就把研究兴趣从自然科学转向了心理学和哲学。他的视野广泛，无论是西方还是东方的作品，都大量涉猎。肯·威尔伯后来又回到内布拉斯加读生物化学研究生，但在一年之后就退学，全力著书，成为一位自由撰稿人。

1977年，23岁的肯·威尔伯发表了《意识光谱》（*The Spectrum of Consciousness*）。在此书中，他论述了人的发展所必须经过的一些特定阶段，这些阶段已经超出了西方心理学以前对人发展的认识。肯·威尔伯认为，只有依靠成功地完成每一个阶段的发展，个体的健康感的出现，以及最终体验到超越，包括个人自我（self）更广泛的同一性才是可能的。

这本书给他带来了声誉。此后，他著述不断，迄今已有20余部著作。他的作品已经被翻译为20多种文字，被介绍到世界多个国家。他的著作发行量名列美国同类作家之首，被称为美国"最畅销的学术类著作作家"。

肯·威尔伯现在被公认是"后人本心理学"以及"整合学"最重要的思想家、理论家和发言人，但他的实际影响已经跨越了心理学领域，波及哲学和神学领域。由于肯·威尔伯在意识领域的研究极具有基础性和开创性，使他获得了"意识领域的爱因斯坦"的美誉。作为心理学家，有评论认为他在整合西方心理学和东方智慧方面已经超过了荣格。

肯·威尔伯的主要著作有：《意识光谱》（*The Spectrum of Consciousness*，1977年）；《没有疆界》（*No Boundary*，1979年）；《阿特曼计划》（*The Atman Project*，1980年）；《来自伊甸园》（*Up from Eden*，1981年）；《意识的转化》（*Transformations of Consciousness*，1986年）；《眼对眼》（*Eye to Eye*，1989年）；《恩宠和勇气》（*Grace and Grit*，1991年）；《性、生态、灵性》（*Sex,Ecology,Spirituality*，1995年）；《一味》（*One Taste*,1997年）；《万物简史》（*A Brief History of Everything*，1998年）；《整合心理学》（*Integral Psychology*，2001年）等。

肯·威尔伯的许多著作都获得了高度的评价。例如，对于他在1998年发表的《万物简史》就有这样的评论：

托尼·舒瓦茨（《问题何在——找寻美国智慧》的作者）说："我认为，在当今独树一帜的美国文化的智慧中，肯·威尔伯的思想毫无疑问是最令人信服、最具有穿透力的（penetrating）思想。"

迈克·墨菲（《身体的未来》的作者）说："这是一部具有空前的远见卓识的著作。"

杰克·克里坦顿（《超越个人主义》的作者）说："这本书尊重真理之诚，

表达真理之深，都超过了以往的任何作品。”

如果认真读了肯·威尔伯的书，会发现上面这些话并非夸大其词。

第二章　肯·威尔伯的“意识层次论”——意识光谱理论

一、肯·威尔伯的意识层次图

肯·威尔伯为了表达不同意识层次之间的联系和区别，别出心裁地提出了一个“意识层次图”。该图根据“我”与“非我”的不同范围，把意识状态划分为五个不同的层次。即“角色层次”“私我层次”“生命整体层次”“超个人层次”“一体意识层次”：

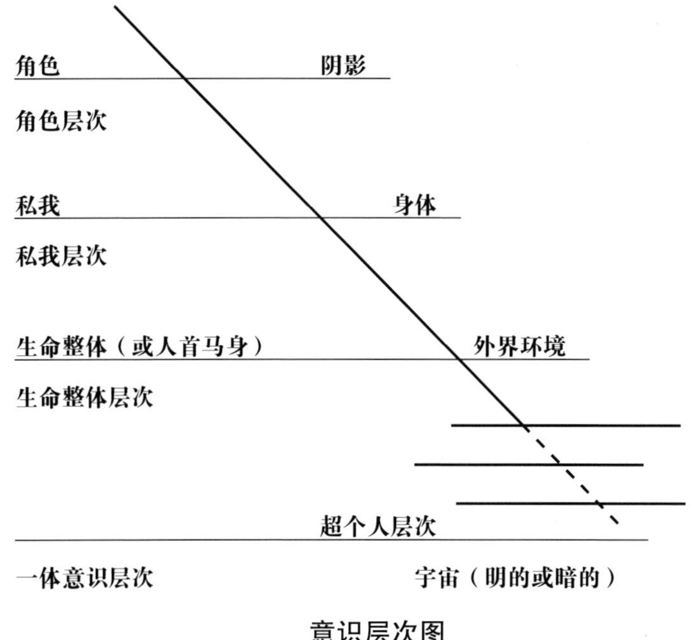

意识层次图

（肯·威尔伯：《没有疆界》，许金声译，中国人民大学出版社 2012 年版，第 9 页）

图中斜线的左边代表“我”，斜线的右边代表“非我”。

我们可以看到这样的趋势：

斜线越往上，“我”的范围越小，“非我”的范围越大。

斜线越往下，“我”的范围越大，“非我”的范围越小。

在斜线的顶端，在角色层次，“我”的范围最小，大部分都是“非我”。在这一层次，人只认同他自己意识的很小的一部分，只认同自己的“角色”，其他部分都是阴影，都是“非我”。这一“角色”也就是人的某一个“次人格”。例如，卓别林在电影《摩登时代》中扮演的工人，精彩地诠释了只活在角色里的人是什么样的。该工人的工作就是整天拿着扳手拧螺丝钉，他自己似乎已经变成了一架大机器上的一个零件，只有一个功能，只有一个念头，只有一个动作。以至于走在大街上，他把一位妇女的大衣纽扣也当作了螺丝，拿着扳手在她的大衣上转动。

从通心理论看，生活在角色层次的人，通心力是最低的。他们的生活单调，难以变通。生活在角色层次的人并不是说他们只有某一种角色，而是说他们难以进行角色的转换。在现实生活中，每个人都是有多种角色的。

在私我层次，人已经有一个小的自我，但只认同自己的心理，不认同自己的身体，把身体看成是“非我”。心灵与肉体的分离以及由此而来的二元论是西方文明的一个重要的思维模式。“这个词语表现了一个偏见，认为人在本质上是心灵的而不是肉体的。圣·弗朗西斯甚至称自己的身体为‘可怜的蠢驴兄弟’。我们大多数人确实也是这样想的：我们只是在驾驭自己的身体，就像骑着一头驴子一样。”（肯·威尔伯：《没有疆界》，许金声译，中国人民大学出版社 2012 年版，第 6 页）

我们常常说“我有一个身体”，就像说我有一个什么东西一样。由于我们常常生病，身体似乎是痛苦的来源，所以常常不喜欢自己的身体。在这里，我认为应该补充，“身体”的概念在很大程度上可以等同于或者类似于“情绪”。我们的每一种身体状态，都有一种相应的情绪状态。我们的身体如果有某一个部位长久不舒服，意味着我们有某种心理情结。或者反过来说，心理状态对我们的身体有明显影响。长期疲劳、压力大、抑郁、悲哀等，会使我们的身体某一个部位出现痛点、条索状、硬块等，所谓“躯体化”就包含这样的意思。长期的内心冲突会导致我们的头部疼痛，压力过大导致高血压病，长期压抑表现为咽喉堵塞感等。

在生命整体层次，人的身心是统一的，既认同自己的心理，也认同自己的身体，但把环境看成是非我，也就是把我们皮肤以外的东西都看成是非我。在这里，我理解所谓“身心统一”，主要是指没有躯体化症状，没有明显的情感障碍，能量流动基本顺畅。

当斜线进入后人本层次（“超个人层次”）后，变成虚线，这意味着自我和非我的疆界逐渐开始淡化，走向消失，人逐渐在更大的范围内认同环境。对环境的认同越来越多。斜线越来越往下，最后达到底端，即一体意识的层次。斜线经由后人本层次以后逐渐消失，此时，人认同于全宇宙，达到了无疆界的一体意识的境界。在这个时候，人对自己的“自我”会有“至大无外”“至小无内”的感觉。这就是一体意识的层次。

这一意识层次图，清楚地描述了人的意识状态随认同的范围变化的情况，描述了“无疆界觉知”“一体意识”产生的过程。

二、“我是谁？”

如果我们不断地追问：“我是谁？”当追问到我们与世界、地球、宇宙关系的时候，我们就是在进行终极关切的活动。

心理剧的奠基者莫瑞诺是一位极富灵性的人。他写道：“我只是一具将会腐烂并将变成无意义尘埃的尸体吗？或者，我现在所能够感觉到，而且延伸到宇宙的意识是最真实的？换句话说，我是一个没有价值的人，或者，我是上帝？”他用极具张力的话语表达了典型的终极关切问题。同样的问题，多少也回荡在所有关心生命意义的人心里。是的，我们常常在这种矛盾之中。这实际上也是“我是谁？”的困惑。实际上，莫瑞诺的追问已经进入“大精神”的层次。肯·威尔伯和后人本心理学的精神对莫瑞诺的问题给出的答案是：我们的确将会成为腐烂的尸体并将变成无意义的尘埃，但我们同时也能够体悟到“大精神”。

肯·威尔伯创造性地把“我是谁？”的问题与意识的层次联系起来。按照他的说法，当我们问到“我是谁？”之时，我们就是在进行一个确定我们身份的认同过程，这一过程实际上也是在“我”与“非我”之间划界限。我们在进行描述或解释“我是谁？”时，是在内心里为自己的全部经验划出一条界线。在这条界线里面的一切，是自己感受到的，叫作“我”，而在界线外面的一切则是“非我”（not-self）。换句话说，我们的自我同一性（self-identity）完全取决于我们在何处划下那条界线。

从意识层次图来理解“我是谁？”，我们接纳、认同的“非我”越多，我们的界限去掉得越多，我们就越接近“大我”。

可以说，肯·威尔伯对“我是谁？”的问题回答是非常有特色的，他通过对意识层次的划分，把“我是谁？”的回答区分出了层次，这些层次按照自我认同的范围形成了一个连续统一体。他的这一思想，可以大体用全人需要层次论来整合。他所提出的意识的五个层次，即“角色层次”“私我层次”“生命整体层次”“超个人层次”“一体意识层次”，大体与全人需要层次论的七个层次对应。其中，“角色层次”大体对应于生存需要、安全需要占优势的人。对之进行治疗，可以帮助走向“归属需要”的满足。“私我层次”大体对应于归属需要，对之进行治疗，可以帮助走向自尊需要的满足。“生命整体层次”大体对应于“自我实现需要”的层次，对之进行治疗，可以帮助走向“超个人层次”，进入自我超越需要。对超个人层次再进行调整，就可以走向“一体意识层次”，即大我实现了。

肯·威尔伯关于“我是谁？”以及自我认同的思想，也可以从我提出的“通心理论”来诠释甚至简化。从“通心理论”看，人的成长正是一个从“不能够通心”逐渐到“能够通心”，从“范围小的通心”逐渐到“范围大的通心”，从“深度浅的通心”逐渐到“深度深的通心”等过程。大道至简，人的成长，可以简化为以“通心力”的增长为一条红线的过程。（参阅本书第三部分《大我实现的路径：全人需要层次论》，第十章《全人需要层次图》之“全人需要层次图 3”；第六部分《通心辅导对于心理治疗层次的整合》之“整合图”。）

三、一体意识

（一）什么是“一体意识”？

肯·威尔伯说，当我们最终去掉了所有的界限之时，我们的意识状态就是“一体意识”：

> “在这种令人敬畏的大彻大悟的体验中，最具魅力的方面，即我们将会给予大量关注的方面，就是个体超越了任何疑虑的阴影，逐渐感觉到自己是与整个世界、整个宇宙同为一体，没有什么高或低，神圣或世俗的区别。人的‘同一感’（sense of identity）扩大开去，远远越过了心灵与肉体的狭窄的局限，拥抱着整个宇宙。也正是由于如此，巴克将这一认识称为‘宇宙意识’（cosmic consciousness）。穆斯林称之为‘终极同一’（supreme identity），所谓‘终极’，是因为它认同了万事万物。我们把这种意识称为‘一体意识’（unity consciousness），——这种意识是一种与浑然一体的宇宙的充满爱意的拥抱。”（肯·威尔伯：《没有疆界》，许金声译，中国人民大学出版社2012年版，第2页）

从全人能量状态理论看，“一体意识”（unity consciousness）除了是一种能量状态外，也是一种开悟体验。

与“一体意识”含义类似的说法还有很多。中国的“天人合一”概念，马斯洛关于“高峰体验”等概念，都与之接近。

所谓“一体意识”，按照肯·威尔伯的意思，简单地说就是突破所有疆界，认同宇宙的万事万物的意识状态。可以说，“一体意识”与“无疆界的觉知”是非常相近的概念，当我们心中人为的疆界一道一道地消除的时候，我们就会体悟到宇宙间的万事万物都是“大精神”的显现。

从广义通心的理论，可以比较好地理解和解释一体意识。（参阅《全人心理学丛书》之《通心的理论与方法》）

按照广义通心理论，我们不仅能够与人通心，而且与宇宙万事万物都能够通心。而“通心”，则意味着“通心的黄金三要件”的实施。作为人类，能够做到的终极通心，就是与道通心。与道通心，是一个很有价值的说法。

无论是肯·威尔伯说的“认同万事万物”，还是我谈到的“与宇宙万事万物通心”，实际上只是一种理想的境界，或者是一种象征性的说法，这在现实生活中是不可能做到的。人的生命有限，有限的生命不可能做无限的事情。尽管如此，人作为最高的具有创造性和超越精神的“万物之灵”，他能够举一反三、触类旁通，进入势如破竹的能量状态，这种状态，使他能够产生与宇宙万事万物通心的大自信，进而不断有所提升和改善。

（二）关于一体意识的描述

肯·威尔伯曾经引用下面的一些描述来说明“一体意识”，他认为这些体验都是对于“一体意识”的实际体验：

巴克（R.M.Bucke）描述：

> “片刻之间，我发现自己置身于一片绚丽的彩云之中。起初，我以为是失火了，附近的那座大城市里燃起了熊熊大火。马上，我就明白了，那火是在我自己心中燃烧。紧接着，一种兴奋和幸福的感觉向我袭来，随之而来的还有一种难以言喻的智慧的通明。我不仅相信，而且确实看见了宇宙并不是一些死气沉沉的物质，恰恰相反，它是有生命的存在，充满了生机与活力。在我自己的身上，我彻悟了生命的生生不息。这并不是确信自己将长生不死，而是意识到在那一刻我得到了永生，而且整个人类都是永恒不朽的。我洞悉了宇宙的秩序，毫无疑问，世间的万事万物都在为个体和群体的利益共同运作，世界以及宇宙的基本原则就是我们称为‘爱’的东西。从长远来看，个体以及全人类都迟早将获得幸福。”（肯·威尔伯：《没有疆界》，许金声译，中国人民大学出版社2012年版，第2—3页）

从这段描述我们可以看到，一体意识是一种身、心、灵全方位整合的感觉。如果要把身、心、灵分开，不妨这么说，身体：“那火是在我自己心中燃烧”。心理：“难以言喻的智慧的通明。”灵性：“宇宙并不是一些死气沉沉的物质……它是有生命的存在，充满了生机与活力。……彻悟了生命的生生不息。这并不是确信自己将长生不死，而是意识到在那一刻我得到了永生，而且整个人类都是永恒不朽的。”

接下来，巴克的描述仍然充满了身、心、灵的快乐：

> “心动神驰的时刻来到了。它如此强烈，整个宇宙都静默了，仿佛为那难以言表的庄严与壮丽所震慑。无垠的宇宙成为一体，泽被万物的、完美的一体……也正是在那无比幸福的奇妙瞬间，我大彻大悟了。在内心强烈的想象中，我看见构成宇宙的原子或者分子——我不知道它们是物质的还是精神的——重新调整着位置，而此时宇宙正处在绵延不断的生命历程中，从一种秩序转换到另外一种秩序。构成宇宙的原子、分子也在不断地重新组合，我不知道它们是精神还是物质。面对这环环相扣的生命之链，万物各得其所，各得其时，那是怎样一种快乐啊！宇宙中的一切都融合成了一个和谐的整体。”（肯·威尔伯：《没有疆界》，许金声译，中国人民大学出版社 2012 年版，第 2—3 页）

另外一位修行者特拉赫恩（Traherne）则是这样描述的：

> “街道上的尘土、石头都如黄金一般贵重，世界的最初就是它的最终。当我透过一扇门初次看见那些绿树的时候，我感到欣喜若狂、心醉神迷……在街头奔走嬉笑的小伙子和姑娘洋溢着青春活力，弥足珍贵。我一点也感觉不出他们是有生也有死的生命。芸芸众生都各得其所天长地久地生存。在阳光下，永恒清清楚楚地显现出来……”（肯·威尔伯：《没有疆界》，许金声译，中国人民大学出版社 2012 年版，第 2—3 页）

其实，那种洋溢的“青春活力”，就在作者自己心中。尽管一切有生有死，但刹那间的永恒感也是真实的。

特拉赫恩还说：

> “街道属于我，神庙属于我，人群属于我，天空属于我，太阳、月亮、星星，整个宇宙都属于我，我是其中唯一的观赏者，陶醉于其中。我不了解那些繁琐的条条框框，不了解什么是边界，什么是疆界，但所有的疆界、财富，以及拥有财富的人都为我所有……”（肯·威尔伯：《没有疆界》，许金声译，中国人民大学出版社 2012 年版，第 2—3 页）

这样的描写，很容易让人想到中国文化中被广泛提及的“天人合一”。

肯·威尔伯所引用的这些描述，其最重要的特点似乎是豁然开朗的一体感、充满生气的生命力感等，正是由于这种“一体感”，又会进一步地产生“大自信”。“一体意识”并不是什么不食人间烟火、虚幻不实的一种幻觉，恰巧相反，它是从宇宙的本体来看世界，是最真实、最确切的一种意识状态。“一体意识”之外的其他意识在某种意义上才是不真实的幻象。

肯·威尔伯的《没有疆界》一书的中心内容就是围绕“一体意识”进行论证。最后引导大家理解一体意识。一体意识是可以达到的，达到一体意识的过程，就是不断破除和减少疆界，走向“无疆界觉知”的过程。这个破除和减少疆界的原理与过程，还可以用我提出的“通心”的理论、方法和技术来解释乃至操作实践。

从大卫·R. 霍金斯的能量级别理论和全人能量状态理论来看，这似乎是在“平和”和“开悟”的能量级别上产生的感觉。“开悟”在 17 个能量级别上处于最高层次，“平和”次之。

我相信不少人都曾经有过类似的体验。

我注意到，声称有过“一体意识”的人，他们的描述是有一定差异的。应该说，尽管大家都使用“一体意识”这一词语，但他们所体验的“一体意识”各有不同。这种不同至少可以从程度上来看。例如，人们所体验到的世界、宇宙、万事万物等，由于知识结构的差异、见识的差异等都有所不同。由于世界、宇宙、万事万物是无穷无尽的，我们所体验到的“一体意识”永远都不是终极的“一体意识”。这也就是为什么一次或者若干次“开悟”，都不能够“一劳永逸”的原因。另外，如果仅仅是体验到“一体意识”，还可能只是偏重主体性的意义，并不具有回到实际生活的人际互动“主体间性”的意义。

四、无疆界觉知

“无疆界觉知”（no boundary awareness）与“一体意识”是非常相近的一个概念，它们主要的差异在于角度不同。所谓“无疆界觉知”是指这样一种觉知：我们在心中破除了所有的界限，醒悟到宇宙原本是没有疆界的，所谓疆界都是人为的。“无疆界觉知”和“一体意识”在某种程度上是从不同的角度来说明同一个事情，即日常的“我”是虚妄的，具有“无疆界觉知”和“一体意识”的“我”才是最真实的。禅宗所说的“自性”“本心”等概念，也有类似的含义，但此处暂时不做详细的论述。

当我们的自我同一性一步步走向“无疆界觉知”的时候，我们也正在走向大我实现。无论是“无疆界觉知”“一体意识”，还是“大我实现”，都意味着潜能的终极开发。

达到“无疆界觉知”的途径是不断地破除疆界。每当我们破除一道界限，我们就向“无疆界觉知”接近一步。这个具体过程，已经可以用通心理论的“通心的黄金三要件”来描述和操作。

对“一体意识”和“无疆界觉知”境界的接近，也可以看成一种心理调整、心理治疗过程。随着我们不断地破除疆界，向“无疆界觉知”的接近，我们心理健康的程度也在不断提升。“一体意识”和“无疆界觉知”对于心理健康、心理治疗至少有以下的意义：

1. 如果你体验过“一体意识”和“无疆界觉知”，它们会对你的自信产生巨大影响。当我们体验到了心无疆界的终极状态之时，我们的自我认同扩展到了最大限度。我们会感觉到自己的支持系统原来可以是无限的，是与整个宇宙联结的，甚至能够产生我们就是宇宙的体悟，这样就能够使我们达到最大限度的自信。我们对自己所有能做的事情也就“心无挂碍”，有最大的把握。

2. “一体意识”和“无疆界觉知”能够最大限度地消除自卑，或者说它们能够让人的自卑降低到最低限度，甚至使自卑不再成为一个问题。因为自卑感是我们进行比较的结果，“一体意识”和“无疆界觉知”使我们淡化和消融了分别心。

3. “一体意识”和“无疆界觉知”对人有一种全面调整的作用。——用一个比喻说，好像是无所不及的江水，流入广袤的、干枯的、遍体鳞伤的大地，所到之处，皆成绿荫。从这个角度看，“无疆界觉知”能够使我们的能量做到最大限度的畅通。

4. “一体意识”和“无疆界觉知”对“终极关切”极为重要。如果说“终极关切”是我们的一种“类本能”，通过“无疆界觉知”和“一体意识”，我们就真正表达和实现了这种类本能。

5. “一体意识”和“无疆界觉知”是迄今关于我们的心理健康能达到高度的较为清晰的表述，也是我们自身成长所能够达到的高度的一种表述。

正如前面曾经提示：“由于世界、宇宙、万事万物是无穷无尽的，我们所体验到的‘一体意识’永远都不是终极的‘一体意识’。”“无疆界觉知”也是一样。

人活着，不可能有什么“一劳永逸”的状态。产生“一体意识”“无疆界觉知”有助于我们走向大我实现，但这并不意味着我们的其他需要不再需要满足，它们的满足的匮乏，甚至有可能把我们的状态往下拉。

五、既宁静又热情

所谓“一体意识”和“无疆界觉知”是一种意识的高境界。那么，在达到“一体意识”和“无疆界觉知”之后，我们在情绪状态方面将会有什么样的变化呢？我们将有什么样的情感体验呢？或者换一个角度问，一个有大健康人的常态应该是怎么样的呢？当然，不能够说我们会陷入一种走火入魔的狂热，也不能够说我们会像一些声称看穿了一切的人那样对一切无动于衷。

我们的状态将是既热情又宁静。我们的热情是真正的内在的热情。应该把“热情”与“狂热”区分开。“热情”与“狂热”的共同点是有能量的上升。两者的区别在于：

1. 热情是建立在高度的自知以及对环境了解的基础上，胸有成竹，容易达到目的，在此过程中容易产生“心流”，甚至有高潮体验、高峰体验；狂热有极大成分的一厢情愿，一根筋，难免“心急吃不了热豆腐”“揠苗助长”。

2. 热情在能量的上升中保留有一定的清醒，而狂热只是盲目的冲动。

3. 热情是面对任何必要的事情，都可以兴致勃勃地去做，达不到目的则顺其自然；狂热也能够满怀热情，但是一旦受挫即如坠深渊。

4. 热情是能够入乎其中，又能够超脱其外；狂热是在躁狂和抑郁之间摇摆、跳跃，从一个极端到另外一个极端。

宁静和麻木不仁也完全不同：

1. 宁静是“空”，是心理障碍的消除，麻木是一种防御机制。

2. 宁静是处处在当下的定力，麻木是反应迟钝甚至没有反应。

3. 宁静是“无心以应有”，麻木是无所作为。

4. 宁静是“静若处子，动若脱兔”，麻木是活力的缺失。

明白以上这些，对于帮助我们体验自身的能量状态，识别一些有偏颇的修行者，以及警惕我们自己是有益的。

总之，一体意识、无疆界觉知是令人愉快的。在我们需要的时候，我们可以通过修行、修炼去达成。

根据我个人的经验，在大海里游泳，是锻炼产生一体意识、无疆界觉知的相当有效的方式。注意，不是在游泳池，甚至也不是在江河！当然，这必须在水性达到一定程度后，才容易产生。（参阅本书最后一部分最后一章《大海与“大我”》）

有时候，我们也常常会在无意之中产生一体意识。那么，产生之后，我们又会怎么样呢？我们还需要回到现实生活之中，还得应付各种各样的问题。

六、“通心辅导”对于心理治疗方法的整合

肯·威尔伯在《没有疆界》中提出了一个“意识层次与心理治疗对照图”。他提问道:“……各种不同的流派,它们针对的是不是同一个层次呢?也许我们应该说：不同的方法，是为了解决自我的不同层次的问题。那些不同的方法，实际上并不是互相矛盾的，它们事实上反映了意识层次图的不同层次的差异？或者说所有这些方法，当它们运用到自己所针对的层次上时，都具有一定的合理性？”他认为，“意识层次与心理治疗对照图”正是回答了这些问题。

关于肯·威尔伯提出的“意识层次与心理治疗对照图”，不知道是否是经过严格的研究，或者它只是一个假设？也许一些资深的心理治疗家会对此提出疑问。难道某种心理治疗方法，就只能够针对某一意识层次起作用吗？在这里，肯·威尔伯似乎排除了心理治疗师本身的心理健康程度以及功力等因素。心理学界有研究提出，心理治疗的效果，更多地是与心理治疗师本身的水平相关，而不是治疗的流派。但不管怎样，肯·威尔伯的这一“对照图”仍然是有价值的。我们可以有这样的理解：从图中我们可以看到，不同的心理学流派对应不同的意识层次。这种“对应”并不意味着一种心理学流派只能够在某一层次发生作用，不能够对其他层次的意识发生作用，而是指一种心理学流派或者治疗方法总有自己的特点，从产生效果的概率来看，它所适合的意识层次是在哪一层级，或者最适合某一意识层次的心理治疗方法是什么。

唤醒“大我”，走向终极的“大我实现”占优势，是一个艰巨的过程，在这一过程中人们需要不断地深入地调整自己，开发自己的潜能。从上图我们也可以看到，我们的意识状态要达到一体意识的水平，只有传统意义上的心理治疗是不够的，还需要借鉴宗教的修行方法。

我已经在前面指出，“身”“心”“灵”三个方面的健康是相对独立，同

时又互相影响的。这三方面的健康有时候并不是平衡和同步发展的，一个人在一定程度上可以做到在某一方面相对健康，或者某两方面相对健康，但其他方面却相对不健康。

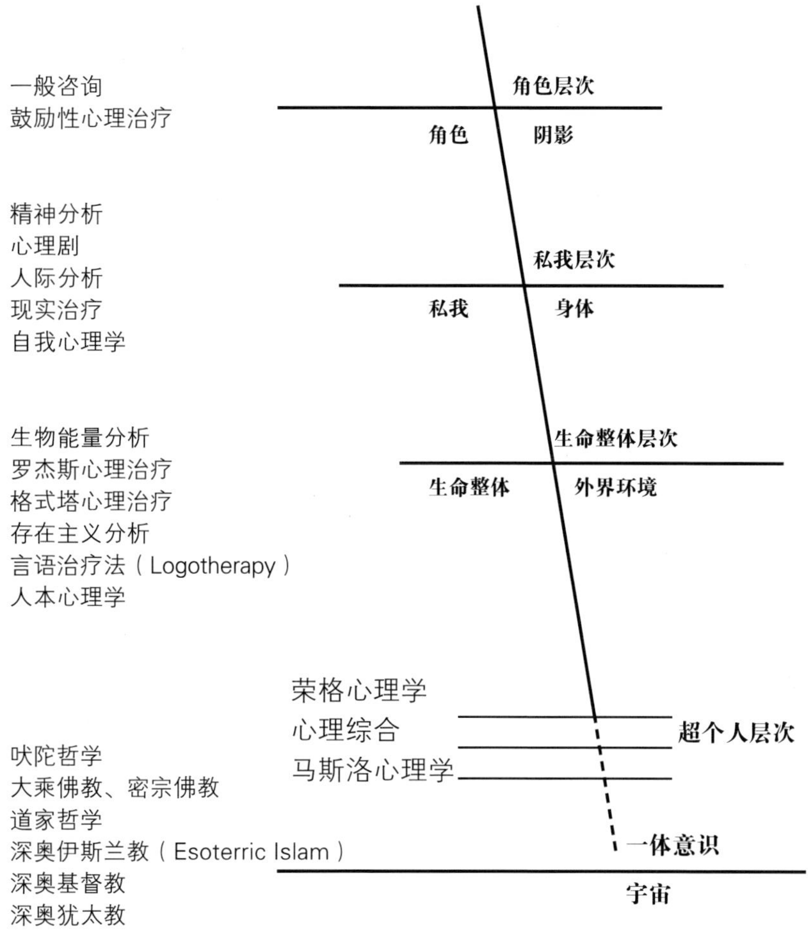

意识层次与心理治疗对照图

（肯·威尔伯 :《没有疆界》，许金声译，中国人民大学出版社 2012 年版，第 13 页）

从上面的图中，我们可以进一步地看清楚心理治疗与静修的联系：当我们的意识的发展进入后人本心理学阶段后，静修的意义逐渐充分显现。静修的意义，就在于帮助我们达到一体意识的状态。

无论是心理治疗还是静修等，其目的都是帮助人成长。从事心理治疗工作的人，最好进一步研究静修方面的问题。而一些熟悉静修的人士，则最好增加一些心理治疗方面的知识。但是，目前无论是在心理治疗领域还是宗教领域，都有一些人具有排斥另一方，或者至少看不清楚另一方作用的倾向。

我曾经遇见过学习心理治疗的人多次问这样的问题：心理治疗最多就是把人调整得完全不受负面情绪支配而已，但做到这一点后又怎么样呢？难道这样就算完了吗？——我理解问这样问题的人其背后的含义，即他们实际上已经开始感觉到，光是（狭义的）心理健康仍然是不够的，还需要有灵性健康，还需要有终极关切。我也曾经遇见过宗教人士表示：心理学有什么用处？心理学的层次太浅，仅仅是“世间法”而已，他们所信仰的宗教包罗万象，什么都有了。——我注意到，表达这种意见的宗教人士一般都不愿意接受心理学的测试和心理治疗，他们似乎不愿意和他人有深入的交流和探索。我感觉，他们的确有自己的信仰，但其信仰并不是通过踏实的、有层次性的心灵成长，而是通过心理的隔离和精巧的防御机制来达到的。他们回避了一些基础性的问题。

其实，二者的关系是互补的。心理学的心理治疗，能够帮助从事静修的人打下牢固的心理基础，从而更容易开发出灵性的体验。道教修炼有一个名词叫“筑基”，简单说就是打基础的意思。我曾经和中国道教协会副会长天台山桐柏宫道长张高澄专门讨论过这个问题，我们一致认为，筑基非常重要，道教的修炼至少在筑基阶段，可以引进心理治疗。道士在修炼前，最好至少应该先解决原生家庭的问题。

据说，现在在心理学普及的一些发达国家，不少宗教人士（包括禅师和神职人员）都或多或少地寻求心理学的帮助。而宗教的静修则能够帮助我们产生高峰体验、一体意识和无疆界觉知，使心理学工作者的能量更加畅通，更有意义感，从而在心理治疗上更能够运用自如。

可以说，肯·威尔伯的“意识层次与心理治疗对照图”，已经初步整合了心理治疗各个流派以及世界宗教与人类成长的关系。我所提出的

“通心”理论，则进一步整合了心理治疗各个流派以及世界宗教，把所有这些治疗方法、宗教，用不同层次的“通心”串联起来，统称为“通心辅导”。而我提出的全人需要层次论，则用更加清晰的语言，更严密、更精确的层次之间的关系，更具有操作性地来补充肯·威尔伯的意识层次论。

从“通心”理论看，所谓在意识的层次上不断上升，最后达到无疆界的意识状态或者说“一体意识”，肯·威尔伯列出了那么多的流派、治疗方法，然而，有没有一个统一的原则和方法呢？或者说，有没有可以称为“元理论”“元方法”的东西呢？这个“元理论”“元方法”在各个层次都适用，只是在不同层次有一定变化。

我认为有。这就是“通心的黄金三要件”。即：

1. 清晰自己，即清晰自己的立场、情绪和状态。

2. 换位体验，即尽量站在对方的立场上，体验到对方的情绪与状态。

3. 有效影响，即通过对方能够接受，甚至乐意接受的态度、方式来影响对方。

“通心的黄金三要件”亦可看成是“通心”的操作性定义。

“通心的黄金三要件”亦是心理治疗乃至灵修有效的“充分必要条件”，它同样适用于肯·威尔伯已经列出的和没有列出的各种治疗方法、静修方法。我们可以说，某一治疗方法之所以有效，是因为它符合了“通心的黄金三要件”。而某一治疗方法是对应于某一意识层次的，但在实践中并没有见效，是因为治疗师违背了“通心的黄金三要件”。

按照肯·威尔伯的说法，凡是在一个人有不接纳的地方，都有一道疆界。疆界以内是“我”，疆界以外是“非我”。从“通心”理论看：人与人的关系也一样。当一个人不接纳另外一个人的时候，实际上在他们之间就有一个疆界。当我们与他人之间有疆界、有隔膜的时候，换句话说就是我们与他人之间不通心。

“通心”的概念在进行扩大以后，从狭义的一个活人与其他活人的通心，扩大到与自己、与去世的人、与其他生物、与大自然乃至万事万物的

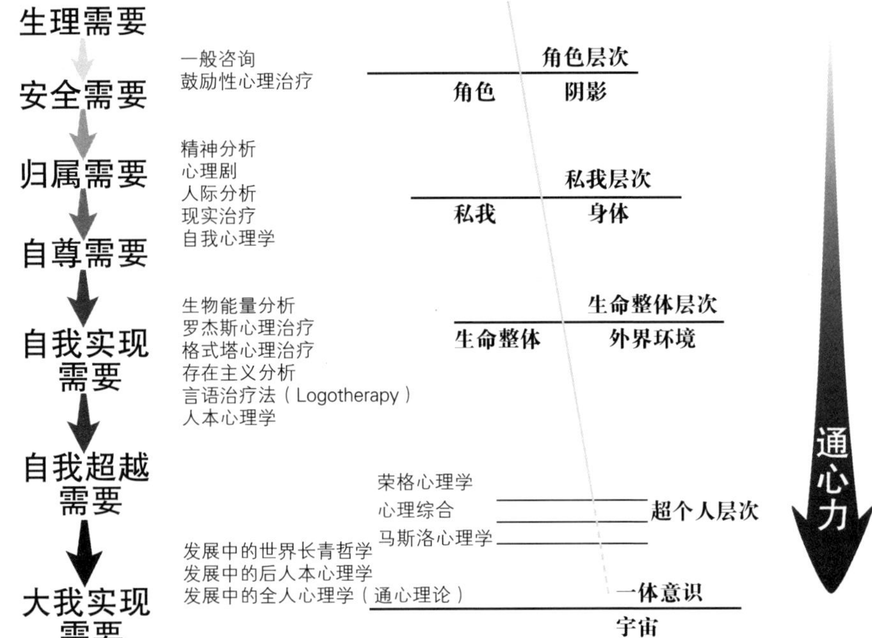

整合图

通心，即“广义的通心”。

“通心”就意味着疆界的破除。如何才能够破除所有这些人与人关系，以及人与其他关系的疆界？最根本的方法就是“通心的黄金三要件”。

凡是在我们不接纳的地方，都有一个我们的心结、障碍或者说阴影存在。每解决一个心结，突破一个障碍，消除一个阴影，我们就向“一体意识”迈进一步。

从全人需要层次理论来看，这也是一个我们的基本需要不断满足和提升的过程。整合图是我用通心理论和全人需要层次论对肯·威尔伯“心理治疗和意识层次对照图”的补充和改进。

从整合图我们可以看到，每一种心理治疗方法大致对应一定的意识层次，也大致对应一种需要层次。而治疗逐渐加深的过程，也是当事人需要满足不断上升，当事人不断突破疆界，通心力不断增大的过程，最后进入大我实现，达至一体意识。也许有人会提出质疑，难道“通心”的理论与方法，对于进入大我实现、达至一体意识也会有具体的操作办法，给人以实际的帮助吗？是的，关于这个问题，我在《全人心理学丛书》的有关书中有详细讨论，这里不再展开。

第三章 “大精神”——肯·威尔伯心理学的一个核心概念

一、什么是“大精神”？

肯·威尔伯的思想是整合的、宏大的。他为自己的著作取名《万物简史》(*Breaf Histry of Every Thing*)，听起来似乎大而言之，实际上却相当贴切，他的确是在论述整个宇宙以及万事万物进化的历史。

肯·威尔伯赞同进化论，认为进化具有方向性（directionality）。大宇宙的进化有一种使进化者不断走向更大深度的驱力。而决定大宇宙进化的东西可以称为“大精神”（spirit），或者说大宇宙的进化就是“大精神”的显现。

“大精神”是肯·威尔伯心理学的一个非常重要甚至关键的概念。世界不同的文化中其实都有相近和类似的概念。例如，“道（Tao）”“理”“绝对精神”等。这些概念所指，被先哲认为是万物之本原、万物运行的总规律，具有至上性和绝对性。肯·威尔伯用“spirit”这个词来指称、概括所有这些说法，而不只偏向其中一种文化，或者只采用其中任何一个词语，这也体现了他研究后人本心理学以及整合学的立场。

如何理解“大精神”这一概念？在中国传统文化的背景下，理解这一概念也不难。由于中国道家的“道”这一概念和“大精神”十分接近，我们只要尽量理解“道”的概念，就可以充分理解“大精神”。

如果说，关于“大精神”的概念，不少文化早已有之，那么肯·威尔伯的贡献又在什么地方呢？按照肯·威尔伯的说法，他论证了“大精神”显现的过程，即万事万物简史。简单说，“大精神”的显现过程就是大宇宙的进化过程，这一过程是从物质到生命，从生命到意识，从意识到心智，从心智到灵魂，从灵魂到灵性的过程。如果说，这一过程并非其他思想家、哲学家没有涉及，他至少是用更清晰的语言、更丰富的整合以及相当严密的逻辑详细论述了这一过程。

二、肯·威尔伯关于“大精神”的论证

宇宙间为什么有“大精神”呢？“大精神”是怎样体现的呢？

肯·威尔伯并不是简单地肯定“大精神”的存在，他也有一个详细的论证。

肯·威尔伯是从物质宇宙的进化来展开论证的。他认为，进化的本质是超越和涵括。进化总是要超越前面的进化阶段，但又必须同时包括这些阶段。这样，进化也就具有一种内在的方向性。或者说，“进化有一种神秘的冲动，那就是朝着不断增加的深度，朝着不断增加的内在价值，朝着不断增加的意识这一方向发展。如果说进化在不断演进，它就是在向这个方向演进，此外不存在其他可以选择的路径。”（肯·威尔伯：《万物简史》，许金声等译，中国人民大学出版社 2006 年版，第 29 页）

我们可以体会，这个方向背后的力量是什么呢？

肯·威尔伯指出：“因为宇宙具有方向性，我们自身也具有方向性。运动过程体现了意义，而涵括本身也体现了内在的价值。正如爱默生所言，我们身处在大智慧（immenseintellence）的怀抱中。‘大智慧’换另外的说法也就是‘大精神’（spirit）。在大宇宙的最初的脸上就写有这一主题，在‘空无一物’的墙上绘有一种图案。在大智慧的每一个姿态中都有一种意义，在智慧的每一次闪光中都有一种优雅。”（肯·威尔伯：《万物简史》，许金声等译，中国人民大学出版社 2006 年版，第 29 页）

中国的“道德”二字很有意思。古汉语“德”字与“得”相同。得道之人就是真正有道德的人。

肯·威尔伯说：“我们，以及所有的生命，都浸透了这样一种意义，融会在关爱、深刻价值、终极意义以及内在觉知的潮流中。我们是这无穷无

尽的智慧、运行中的大精神以及创造中的上帝的不可或缺的组成部分。我们不一定非把上帝看成是某种存在于显现之外的主宰一切的神秘人物。我们也不一定非把上帝描绘成某位存在于宇宙万物之内的女神，她消融在自己的创造物之中。进化既是上帝又是女神,既是超越又是固有（immanence）。它内化在进化这一过程本身。它的不断演化编织出的恰恰是大宇宙的结构。但是，它处处超越了自己的产物，同时每一刻又有更新。”（肯·威尔伯:《万物简史》，许金声等译，中国人民大学出版社 2006 年版，第 29 页）

“我们不一定非把上帝看成是某种显现之外的主宰一切的神秘人物”。所以，与其用“上帝”来称呼那种“力量”，不如使用“大精神”这个中性词更合适。当然，“道可道，非常道”，当我们企图用一个词来说清楚一个东西的时候，其实都是不可能说清楚的。

三、“全子”与“大精神”

要理解什么是“大精神”，还需要了解一下什么是“全子”。

所谓“全子”（Holon，又译“子整体”）是阿瑟·凯斯特勒（Arthur Koestler）首先提出的概念。它是指宇宙间所有的存在物既是整体，又是某一整体的部分。例如,你的肝脏是你身体的一部分,它同时也是一个整体。你的身体是你的一部分，它同时也是一个整体。你是你家庭的一部分，同时也是一个整体。你的家庭是社会的一部分,同时也是一个整体……又如，原子是分子的一部分，它同时也是一个整体。分子是细胞的一部分，同时又是一个整体。细胞是器官的一部分，它同时也是一个整体……

> “任何事物在一个背景中是一个整体，同时在另一个背景中是一个部分。例如在‘bark’（狗等的叫声；树皮等含义）这个词语中，bark 相对于构成它的字母是一个整体，同时它又是‘狗的吠声’（the bark of a dog）这个短语的一部分。整体（或者背景）决定了一个部分的含义和作用——因为“bark”这个单词有多个含义，包括：‘狗吠’和‘树皮’，因此它在短语‘狗的吠声’和‘树的树皮’

（the bark of a tree）中的含义就不同。换句话说，整体不仅仅是部分的总和，在很多情况下，整体能够影响和决定部分的功用（当然整体本身同时也是某个整体的一部分……）。”（KenWilber,*Sex,Ecology,Spiritualty*,Shambhla Publication,1995:35.）

全子具有“深度”和“广度”两个基本的特征。

所谓“深度”，是指全子所具有的精神性和意识丰富的程度。不同事物的精神性和意识丰富程度是不一样的。例如，与低等动物相比，高等动物的精神性和意识是更加复杂和丰富的。

所谓“广度”，是指全子所具有的数量。不同事物的数量是不一样的。例如，低等动物和高等动物相比，其数量更多。

全子的“深度”越深，“广度”就越小。全子的“广度”越大，“深度”就越浅。

所谓进化是有方向的，就是指全子的进化程度越高，则其“深度”就越深，“广度”也就越小。宇宙进化的方向就是不断进化出深度更深的全子。例如，宇宙间最早存在最多的是无机物。从无机物进化出生命，“深度”越来越深，“广度”越来越小。

生命物质，从原始生命开始，从单细胞到多细胞，菌类、藻类分化出植物、动物，从无脊索动物到脊索动物，哺乳类、灵长目、猿科，进化出人类，再到当今自我实现的人。到了自我实现的人之后，深度已经很深，广度已经很小。自我实现的人的精神和意识状态已经非常丰富。自我实现的人再继续进化，那就是圣贤了。可以说，由于他们的深度极深，他们的广度在他们的那个时代只有“一”。

这是一般人很难理解的地方。这应该怎样来理解呢？

肯·威尔伯把深度和意识也联系起来：“意识和深度实际上是同义语。所有的全子，不管它有多么微小，都具有一定的深度。因为深度不存在最低点。随着进化的发展，深度变得越来越大，意识程度也变得越来越深。例如，不管原子具有什么样的深度，分子的深度一定比原子大，细胞的深度一定比分子大，植物的深度一定比细胞大，灵长类动物的深度一定比植

物大。”（肯·威尔伯：《万物简史》，许金声等译，中国人民大学出版社2006年版，第28页）

按照肯·威尔伯的说法，既然深度无处不在，那么意识也就无处不在了。“从里面，从内部观察深度，意识和它是一个模样，因此，可以说深度无处不在，意识无处不在，‘大精神’也无处不在。随着深度的逐渐增加，意识也逐渐被唤醒，‘大精神’也逐渐充分展开。我们说进化向前演进产生更大的深度，深度随着进化的发展不断增大，也就是说，进化展开了更深的意识”。当深度达到最深的时候，全子对自身的认识就达到“大精神”的程度和高度了。

黑格尔说：“上帝无处不在，充满了生气与活力。就是这些石头也呐喊着，要将它们自己提升为神灵。”他的话听起来有一些幽默，而且意味深长。无机物也是一种全子。尽管无机物的深度最浅，但不等于没有深度。也就是说，在无机物中，也有非常非常微少的“精神”和“意识”。肯·威尔伯把这种“精神”称为“捕捉性”（prehension）。例如，把水倒入沙子，尽管它们不会发生化学反应，但水会渗透进去。“捕捉性”意味着全子与全子之间的某种最低的关系，而这种关系亦可以理解为精神性。

康德普谈道：“物质，看起来似乎是消极的，也谈不上什么形式和排列，但是，即使是在它最简约的状态下，它也有一种动力要通过自然的进化来优化自己的结构。”（转引自肯·威尔伯：《性、生态、灵性》，李明等译，中国人民大学出版社2009年版，第30页）否则，我们怎么能够理解通过进化，为什么可以从没有生命变成有生命呢？

第四章　肯·威尔伯论人性能达到的最高境界

在有了“大精神”的概念后，从“大精神”的角度，我们对于人性以及人性能够达到的最高境界就可以有一个新的理解。所谓人性的境界，其表现之一也就是意识状态。有没有什么意识状态是迄今最高的意识状态呢？

肯·威尔伯出语惊人：

> “是的。我相信，我们是在走向醒悟。在这个过程中，恰巧是处于我们自身之内的大精神变得自觉起来，或如某些人所说，变得具有‘超意识’(superconscious)。从潜意识到自觉意识，再到超意识，深度不断地增加，在对自己令人震惊的认识过程中，单一与辉煌的万物融合，我们大彻大悟，犹如那独一无二的‘上帝’(oneness)。”(肯·威尔伯：《万物简史》，许金声等译，中国人民大学出版社2006年版，第30页)

我们通过自身的成长，“深度”不断增加，直到最后唤醒我们内在的“大精神”或者说“道”！这是肯·威尔伯的感悟。我相信他的感悟有他实际的体验做基础。他已经把这些感悟通过富有严密逻辑的语言表达出来。应该注意的是，肯·威尔伯并不是主张人可以成为“上帝”，人是永远不可能成为“上帝”的。他的意思是，我们通过自身的成长，其“深度”可以达到“一”，“犹如那独一无二的上帝”。这“犹如”二字是绝不能够少的，如果少了是大错误，甚至会有心理上的麻烦了。肯·威尔伯的这一感悟很可能使暂时还没有类似体验的人们不知所措。肯·威尔伯似乎早已经预料到这一点。他说：“谈到这里，你对此有什么看法？你认为这种说法是精神错乱吗？难道这些神秘体验论者、圣者和贤人都是疯子吗？他们都在演奏同样传奇的变奏曲，不是吗？某日清晨醒来，发现自己以一种超越时空的方式与万事万物同一，这样的故事听起来是否有一些荒诞无稽？”

肯·威尔伯的态度表达了开悟者对他人误解的接纳和幽默：“是的，也许他们是疯狂了，他们是一群神圣的傻瓜。他们面对不测的深渊，正在喃喃自语。也许，他们需要一名具有优秀理解力的治疗家？”(肯·威尔伯：《万物简史》，许金声等译，中国人民大学出版社2006年版，第30页)

肯·威尔伯所生动描述的开悟者被误解的情况，并非戏言，现实生活中，的确有许多这样的人。他们正是缺乏灵性健康的人。恰恰相反，他们才需要“具有优秀理解力的治疗家”，以开发他们封闭的灵性的潜能。

肯·威尔伯继续描述重视神秘体验者（mystics）对进化的洞察：“……进化的顺序是从物质到身体，从身体到心智，从心智到灵魂，再从灵魂到灵性。每一次都是超越和涵括，每一次都比前者有更大的深度、更深的意识、更大的容量。在进化所能够达到的最高阶段，也许，仅仅是也许，个体的意识也能够达到无限大的程度，它将整个大宇宙都包括在其中，这是一种真正醒悟到自己本质的大精神的大宇宙意识。”（肯·威尔伯：《万物简史》，许金声等译，中国人民大学出版社 2006 年版，第 30 页）

肯·威尔伯所说：“个体的意识也能够达到无限大的程度，它将整个大宇宙都包括在其中，这是一种真正醒悟到自己本质的大精神的大宇宙意识。”这是什么意思？按照广义通心理论，整个大宇宙、大精神，都可以作为我们的“通心对象”，而肯·威尔伯说的正是与大宇宙、大精神通心，做到了清晰自己、换位体验时的状态，仿佛自己就是大宇宙、大精神。

所谓的“我们大彻大悟，犹如那独一无二的上帝”，而是指人在心理上可以与万事万物通心，接纳、包容万事万物。“个体的意识也能够达到无限大的程度，它将整个大宇宙都包括在其中”，是指个体意识的一种通透的与大宇宙的认同状态。

肯·威尔伯并不是第一个有上述思想的人。类似的论述有不少，例如，中国传统哲学的“天人合一”就有着这方面的含义。但是，应该肯定的是，肯·威尔伯的论述具有更广阔的背景，整合了更多的知识，有更严密的论证。他把人放在大宇宙进化的框架之中来理解，这样“人性”的概念也就有了更加深邃的含义。其基本逻辑是：“大精神”的显现从物质到生命，从生命产生意识，从意识产生心智，从心智产生灵性。当进化产生出人之后，人的性质也在不断地进化，最后通过自己的灵性觉知到“大精神”的存在。而人觉知到“大精神”的状态，就是人与“大精神”通心的状态，就是“天人合一”的境界。所谓个体的人与“大精神”的通心，反过来也可以理解为“大精神”演化的必然结果，是“大精神”与个体的通心。当人性进化到了个体的人能够体悟到自己是“大精神”的显现之时，也就是“大精神”的演化发展到了“大精神”看到自身的时候。

为了深入理解“大健康”“灵性健康”这些思想，此处谈谈它们与“神秘体验论”“生存论的生态主义”这些概念的关系。

所谓表述为英文的“mysticism”，我国以前一般翻译为“神秘主义”，它是世界文化的组成部分，其内容非常丰富。关于它的解释有很多。

我国学者卢风认为：“我们可把神秘主义概括为如下三个信念：（1）存在某种整体或大一（The One），这种整体或大一决不仅是一切可感知的现象的总和，它总内蕴某种超验的奥秘或力量。这可称作神秘主义的本体论预设。（2）与大一感通的途径是超语言、超逻辑的，更是超越于感性知觉的。正因为如此，神秘主义者大多强调物我两忘、主客不分的精神体验。这可勉强称作神秘主义的认识论原则。（3）人生最重要的事莫过于通过神秘体验而与上帝一类的大一相感通，故人生幸福不是向外搜求所能获至的。这一信念可称作神秘主义的价值论信念。至于把大一具体理解为什么，在不同神秘主义者那儿有不同的说法。有神论者把它理解为上帝或真主等，而无神论或泛神论（抑或自然神论）则通常把它理解为具有无限性或包含无穷奥秘且具有统一性的整体。”（卢风：《论神秘主义与自然主义》，《科学技术与辩证法》第15卷，1998年4月第2期）

我国学者王六二对于有关神秘主义的研究进行了概括。他认为：“对神秘主义进行理性、客观、科学的研究，始于十九世纪下半叶兴起的宗教学。以往，无论在西方还是东方，神秘主义作为各个民族文化、各种宗教、哲学、文学艺术中的一部分，在整体上并未被人们当作客体来对待。在民族文化方面，民间流行的大量有关神秘主义的著作，主要是对各类秘籍奇书的发掘整理、演绎翻新，以及对各种神秘知识、奇门道术的私授秘传、改造创新，并时常伴之以各种末世学说，推算祸福，预言大劫、灾难、恐怖等等。而在宗教方面，这类著作往往是信徒对其宗教经验中神人如何感应、相遇、相通、合一的见证描述，或是对各类佛经道藏、圣典圣书、教理信条中有关神秘知识的义理探讨、注解阐释，或是讲解如何通过祈祷忏悔、冥想静观、禅定止观、禁欲苦修、道德净化，以及各种修习、修持、修炼等方法，达到一种靠人的理解或感觉经验无法达到的最高认识。在哲学上，这类著作大多是以形上思辨或超验直观来探究天地万物的初始原因或宇宙人生的终极意义；在文学艺术、音乐绘画方面，还有不少表现个人内在体验，可以称之为审美神秘主义的作品。这些传统上的有关神秘主义的著作本身，事实上往往构成神秘主义新的传统，并成为它在各个时代的表达，其中一些作品，还上升为神秘主义新的经典，一些作者被奉为神秘主义大师。实际上，神秘主义也正是依靠这些传统式的注解、阐释、探讨、引申，逐渐地发展、完善，形成系统。”（王六二:《近现代神秘主义研究状况》,《世界宗教研究》2001 年第 3 期）

王六二的看法是一种较为全面的归纳。他进一步指出：“在哲学方面，成系统的有，天人合一说、老庄哲学、阴阳学说、柏拉图的理念论、新毕达哥拉斯主义、普罗提诺的新柏拉图主义、哈拉智的泛神论、商羯罗的不二论、辨喜的新吠檀多学说等等。值得注意的是，历史上，哲学神秘主义常常就是宗教神秘主义的理论表述，二者往往相互纠缠，打成一片。”（王六二：《近现代神秘主义研究状况》,《世界宗教研究》2001 年第 3 期）由此我们可以看到，所谓“神秘主义”的范围之广，内容之深。

王六二还进一步对我国学者的研究进行了概述：神秘主义作为宗教的核心和奥秘之所在，作为民族文化之一部分，近年来，受到我国一些学者的重视和关注，取得了可观的研究成果，积累了相当的研究资料，主要集中在三个方面：一是对典籍的翻译，如《五十奥义书》(徐梵澄译，中国社会科学出版社，1984 年)；阿丁·施坦泽兹诠释：《阿伯特》(张平译，中国社会科学出版社，1996 年)等。二是对经典著作和研究著作的翻译，如铃木大拙：《耶教与佛教的神秘教》（徐进夫译，台湾志文出版社，1984 年）；马丁·布伯：《我与你》（陈维纲译，三联书店，1986 年）等。三是对各种宗教神秘主义的研究，如萨满教、禅宗、藏密、道教中的神秘主义，以及印度的瑜珈和克里希那崇拜、犹太教的喀巴拉和哈西德派、中世纪基督教神秘神学和隐修主义、伊斯兰教苏非派等；如果我们把对纷繁杂乱的神秘文化的重新整理和再阐释都算在内，如四库全书中的类书，从谶纬、符咒、数术、风水、星占学、内外丹术到养身等方面，则此类著作文章不胜枚举。（王六二 :《近现代神秘主义研究状况》,《世界宗教研究》2001年第3期）

王六二的上述论文对于神秘主义作了一个很好的梳理，为我们进一步研究“神秘主义”提供了线索。但他的论文中没有涉及世界心理学的许多成果，例如，在20世纪末，从美国兴起的“后人本心理学”（超个人心理学），以及以肯·威尔伯为代表的“整合学”。也没有涉及我国学者研究的富有创造性和创新的部分。

张祥龙先生认为 :“神秘体验论”的英文“mysticism”，沿袭已久的一般的汉语译法是“神秘主义”。这种译法没有表达出“mysticism”一词在发展、变化中的真实和准确的含义。他指出，将“mysticism”译为“神秘主义”是不妥的 :“几乎所有的‘mystic’或主张‘mysticism’的人都强烈反对让任何‘主义’（观念化的理论、作风和体制）来主宰和说明自己的精神追求。他们所寻求的是超出任何现成观念的原发体验 ；在基督教（主要是宗教改革前的基督教和改革后的天主教），可说是与神或大精神（Godhead）相通的体验;在非基督教,特别是东方文化传统中,则是对本源实在（梵—我,道,佛性）的体验。这样,称之为‘主义’就有悖其义。此外,在当今汉语界中,‘神秘体验主义’似乎带有浓重的反理性色调，在许多语境中已不是个中性的，而是否定性的词。将‘mysticism’译为‘神秘体验论’就避免了这一层不必要的成见。”（张祥龙:《感受大海的潮汐》,《西方神秘主义哲学经典》总序，中国致公出版社2001版）

张祥龙先生在这里强调的是思想的开放、自由，体验的鲜活。不管是不是所有使用或者主张“mysticism”的人都反对用任何“主义”来束缚自己的精神追求，但对待神秘体验的开放态度在多个领域，尤其是心理学领域已经成为一种强大的潮流。以马斯洛等为代表的人本心理学，以及继往开来的后人本心理学就是如此。我们读马斯洛的著作可以发现，尽管他也使用“mysticism”一词，但他也是指一种重视灵性体验、神秘体验的倾向，它与那些保守的、因循守旧的、反理性和反科学的倾向完全不同，如果我们按照旧的习惯，将其翻译为“神秘主义”是不恰当的。

马斯洛更多地谈论了“高峰体验”这一更容易被大众接受的概念。他把神秘体验也看成一种“高峰体验”。他还提出“约拿情结”“超越性病态”等概念以论述这方面的问题。他生动地用“在一个不到 1.5 米高的房间里量身高，所有人都不超过 1.5 米”这样的警句来表达人性发展、开放心态的重要性。我认为，神秘体验论最重要的特性之一就是开放性。

肯·威尔伯在有关神秘体验的看法与立场与马斯洛是类似的，他在论证方面也有相当的特色。他说：“重视神秘体验者要求你不可轻信任何一件事情，他们要你以自己的觉知和体验进行一连串的实验。你的心就是你的实验室，而静修就是你的实验。等自己尝试后，再把结果和别人的实验比较。”（肯·威尔伯：《超越死亡：恩宠与勇气》，胡因梦，刘清彦译，许金声审校，三联书店 2006 年版，第 73 页）

有的人认为重视神秘体验者的“神秘体验”不确实。肯·威尔伯对此回应：“我赞同神秘体验不见得比其他的直接经验更确实，然而这个论点不但没有贬低神秘体验，反把它提升到与其他经验等同的地位。换句话，如果你反对神秘体验，必须反对所有以经验为基础的知识，包括实证科学。例如，我认为我正在看月亮，但我可能是错误的；物理学家认为电子是存在的，他们也许是错误的；评论家认为《哈姆雷特》是一位叫莎士比亚的人写的，他们也可能错误。那么，我们如何才能够明白？必须从更多的经验中加以检查——这也是历史上的重视神秘体验者一直在做的。”（同上，第 72 页）

其实，他们所使用的“mysticism”一词的含义似乎更接近“重视神秘体验的研究倾向”。但如果这样译，就显得太长了，姑且译为“神秘体验论”罢。不过，我还是把“mystic”稍微啰唆地改译为“重视神秘体验者”。

与“mysticism”相应，我把“esotericism”翻译为“深奥体验论”，把“esoteric religions”翻译为“深奥宗教”。原译者把“esoteric religions”翻译为“秘密宗教”，把“esotericism”翻译为“秘密主义”。正如肯·威尔伯所说：“神秘体验论或者深奥体验论并不意味着它是秘而不宣的，而是直接的体验和觉察。深奥宗教要求不迷信或者盲从任何教条，相反，它要求以自己的知觉做实验。如同所有杰出的科学，它以直接的经验做基础，绝不是以迷信或者希望。此外，它必须被公开检验或者被一群亲自做过实验的人认可，这项实验就是静修。”（同上，第172页）所以，“esoteric”的主要含义是与“世俗”相对，而不是与“公开”相对，强调需要通过艰难过程的静修，强调的是深奥，而不是保密。另外，如果把“esoteric religions”翻译为“秘密宗教”，容易与“Tantra”（密宗）混淆。

关于这方面的研究，我国学者卢风则另辟新路，从生态主义的角度，提出“生成论的生态主义”的概念。他提出：“生态主义不必表述为神秘主义，但生态主义必须反对物理主义世界观和科学主义方法论（现代光荣的分析、批判方法的典范），并指出只有生态主义才能指引我们走出现代性思想的困境，从而走出全球性的生态危机。”（卢风：《科学主义、生态主义与神秘主义》，《以人为本与中国特色社会主义建设》，现代教育社2011年版，第322页）

他还指出：“生态主义只需要与生成论（或有机论）联姻，不必与神秘主义沾边。生成论不再预设本质与现象的截然二分，不再追问构成万物的本质或‘宇宙之砖’是什么，也不再设定形式与内容的截然二分，却认为自然是生生不息的，用普利高津的话说即：‘大自然确实涉及对不可预测的新奇性的创造，在大自然中，可能性比实在性更加丰富。’大自然的创造就展现为自然物的进化，其典型表现就是地球上各种生物的进化以及整个地球的进化。现代宇宙论也告诉我们，自‘大爆炸’始，宇宙的演化就是一个不断生成新元素的过程。我们可通过各种科学了解部分自然奥秘，但绝不可能通过发现某种纯形式的数学结构而逐步接近对自然奥秘的完全把握，因为没有什么永恒不变的‘存在’（being）、形式、理念或本质供我们把握，万物皆处于生成（becoming）过程中。”（卢风：《科学主义、生态主义与神秘主义》，《以人为本与中国特色社会主义建设》，现代教育社2011年版，第323页）

卢风先生的这些看法，与我们上面关于“重视神秘体验的研究倾向”的看法大方向是一致的。

他清晰地指出：“只要一个学说承认自然具有神秘性，那么它就是神秘主义的吗？不对！必须进一步追问，它是如何体认自然的神秘性。如果认为，只要断言自然永远隐藏着无穷奥秘，就是神秘主义，那么我们只好承认生成论的生态主义是神秘主义。但这样界定神秘主义是不恰当的。”（卢风：《科学主义、生态主义与神秘主义》，《以人为本与中国特色社会主义建设》，现代教育社 2011 年版，第 324 页）

我们可以看出，为了区分使用“神秘主义”一词的不同情况，凸显当今对于神秘体验的新理解，以及对于人性不断进化与发展的看法，他关于“生成论的生态主义”的提法是非常有价值的。

卢风先生具有批判性地指出：“人是万物之灵，是自然界最复杂的存在者（至少无神论者持此观点）。如果人的本质也被科学把握得一清二楚，且对人的认识也奠定在物理学基础之上，那么还有什么能超越物理主义的知识视野呢？然而，21 世纪的科学早就不再是铁板一块的科学了。以诺贝尔奖得主普利高津为代表的一批科学家已断然拒斥了还原论的物理主义，而清晰地表现了一种生成论的世界观。这种世界观显然就是怀特海、伯格森等人阐述过的世界观。怀特海说：自然是变化不息的脉动着的有机体，‘宇宙就是产生新事物的创化过程（acreative advance intonovelty）。’怀特海承认，他的‘机体哲学似乎更接近于某些印度思想或中国思想的支脉，而不是更接近西亚或欧洲人的思想。’中国传统的道家和儒家都认为‘天地之大德曰生’，都认为大自然是生生不息的。”（卢风：《科学主义、生态主义与神秘主义》，《以人为本与中国特色社会主义建设》，现代教育社 2011 年版，第 325 页）

在全球化的今天，中国传统文化以及东方文化正受到更多的重视，我们会发现卢风先生的这些看法是很令人引起共鸣和具有启发性的：

“生成论的生态主义会告诫人们：不要把自然的全部奥秘设想为一个数学结构或逻辑体系（永恒不变的形式）；不要以为发现了某些基本公理以后，真理就会在一个逻辑体系内不断积累；不要以为知道了基本粒子、场、黑洞等就知道了万物的构成；不要以为知道了基因的双螺旋结构就把握了生命的一切秘密；不要以为人类凭借科技力量的增长可以在宇宙中为所欲为。生成论的生态主义会提醒我们：人是有限的、脆弱的，是依赖于大自然的，具体说是依赖于地球的生态健康的，如果地球上的非人生物活不了，人也活不了；因为大自然永远隐藏着无限奥秘，所以人类对自然物的干预力度越大，其干预活动之不可预测后果就越严重，或说自然物对人类的反作用力就越大；因为人永远改变不了其有限性和脆弱性，故随着征服性科技力量的增长和人类对自然物干预力度的增强，总有一天会达到这样的地步——自然物对人类的反作用力达到了彻底毁灭人类的‘量级’，或说人类干预自然物的后果已到了自己所不能承受的程度。生态主义明确告诉我们，地球生物圈的承载力是有限的，人类经济活动对生物圈的破坏若超过其承载度，生物圈会被毁灭，生物圈毁灭了，人类也就被毁灭了。”（卢风：《科学主义、生态主义与神秘主义》,《以人为本与中国特色社会主义建设》，现代教育社 2011 年版，第 326 页）

这些看法，揭露了物理主义的科学主义的局限性，是对唯科学主义的有力批判。

第五章　肯·威尔伯的四大象限理论与“通心”

由于世界、宇宙、万事万物是无穷无尽的，我们所体验到的“一体意识”永远都不是终极的“一体意识”。

一、肯·威尔伯的四大象限理论及其意义

在肯·威尔伯所提出的理论中，最为人称道的是“四大象限”理论。“四大象限”理论是他描述万事万物（发展、进化）最有力的新工具之一。

肯·威尔伯研究了历史上许多思想家所绘出的人类发展图，包括生物图、心理图、认知图和灵性发展图等等。这些图表达数百幅。这启发肯·威尔伯认识到，它们都不过是在从不同侧面描绘的真理而已。例如，发展

的外在模式都是可以客观地或经验地加以测定的。但肯·威尔伯清楚地指出这种真理形式只能引导你到此为止。任何综合性的发展模式都同时包含着一个内在的维度——这是一个主观的、解析性的、依赖于意识和内省的维度。不仅如此，肯·威尔伯还看到，内在的发展和外在的发展不仅是分别独立进行的，而且也是在社会和文化的背景中同时进行的，因此他又增加了两个维度，提出了四大象限理论。

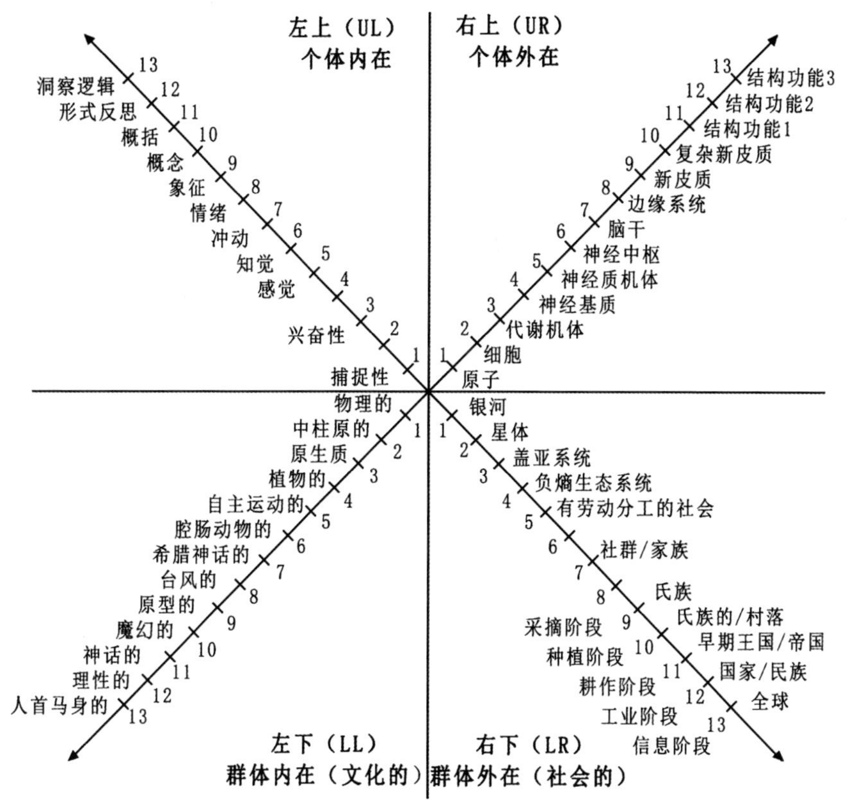

全人需要层次图

肯·威尔伯用一系列生动的例子证明了这一观点：所有这些真理形式都不能简化为、归结为另外一种形式。例如，一个行为主义者不能仅仅依据观察一个人的外在行为或其生理上的关联理解他内在的体验。这一真理确实可以使你获得某种自由，但是要做到这一点，你首先要懂得世界上不仅仅存在着一种真理形式。

肯·威尔伯提出，每一个全子都可以从四个方面来描述，即心理、行为、文化、社会。这四个方面也就是四大象限。“四个象限都有不同的关于正确性的假说”。 它们对于描述全子的意义是不一样的。（肯·威尔伯：《万物简史》，许金声等译，中国人民大学出版社 2006 年版，第 122 页）

肯·威尔伯认为：“因此，当我们说每一个全子包含有四大象限，或者更简单地说有三大区域时，也就意味着每一个全子都具有只能用各自相对应的语言来描述的方面或者层面。我们不能够用其中任何一种语言来代替其他语言；同理，我们也不能够用其中任何一个象限来代替其他象限。因此，如果我们要详尽地、充分地描述一个全子，我们就必须使用全部三种语言，以描述各自对应的象限，而不是简单地只偏重一个象限或者一种语言，当然，这种偏重的情况是经常发生的。”（肯·威尔伯：《万物简史》，许金声等译，中国人民大学出版社 2006 年版，第 122 页）

肯·威尔伯的四大象限理论是怎样提出的呢？肯·威尔伯认为：

“各种各样的‘新范式’理论家，不管是有神论者、无神论者、生态女权主义者、深度生态学家，还是系统思想家，都提出了各式各样的‘层次性’（holarchies）和‘等级性’概念。即使是反对等级性的生态哲学家也有自己的等级性概念。例如，原子是分子的组成部分，分子是细胞的组成部分，而细胞又是单个生物体的组成部分，单个生物体构成了家庭，家庭构成了文化，而各种文化则构成了整个生物圈。无独有偶，传统的研究者们也提出了他们自己的等级性的概念。我们在道德发展、私我发展（ego development）、认知发展、自我需要（self needs）和防御机制等诸多方面也发现了等级性的存在。而这些关于等级性的定义看起来也是相当准确的。从马克思主义到结构主义、语言学，再到计算机程序设计，我们也可以发现发展的层次性——层次性可谓举不胜举。

“换句话说，不管对世界的描绘如何，大多数对世界的描绘事实上都是具有层次性的，这只是因为层次性在所难免（因为全子在所难免）。毫不夸张，我们所说的这种层次性遍布全世界，包括东方和西方，南部和北部，古往今来——而且许多这种描绘还包括了绘图者自身。

“所以，在一定意义上我只是开始简单地列举出对这些具有层次性的对世界的描绘，包括传统的、新时期的、东方的、西方的、前现代的、现代的和后现代的，从系统理论到‘存在之巨链’的思想，从佛教徒维南诺斯（Vijnanas）到皮亚杰、马克思、科尔伯格、维登提克·考斯哈斯、洛文格（Loevinger）、马斯洛、伦斯基、科巴拉等等。我把数以百计的这些层次性的描述以一种约定俗成的方式准确地罗列在大家面前。”（肯·威尔伯：《万物简史》，许金声等译，中国人民大学出版社 2006 年版，第 59 页。）

肯·威尔伯认为，所有这些描述指的都是同一领域，它们具有太多的相同点和重合的地方，可以说是极为相似的层次性的不同版本。肯·威尔伯想通过对这些层次性的对比和比较，找到一种单一的、基础的层次性。但他越是试图寻找这种单一的、基础的层次性，就越发现它是不可能存在的。“不容置疑，这些层次性的确有许多相似之处，但它们在某些深层次方面却是不同的，而这些差异的本质并不是那么醒目。最令人费解的是，在某些层次性的描述里，全子在发展过程中逐渐变大，而在另一些描述中则逐渐变小（我不理解，进化为什么会产生更大的深度和更小的广度）。这真是一团糟，由于我的研究工作一无所获。有好几次我决定放弃，忘掉那些层次。”（肯·威尔伯：《万物简史》，许金声等译，中国人民大学出版社 2006 年版，第 60 页）

肯·威尔伯锲而不舍地对这些层次性进行研究，终于有了最后的发现：“事实上有四种不同类别的层次性，它们有四种不同的整体顺序（sequences）。正如你所说，我也认为这种情况是以前从来没有被发现的——也许是因为它过于简单，但不管怎样，对于我却是崭新的。一旦把所有层次都归入这四种不同种类时，它们马上便各就各位了。——显而易见，每一类别中的每一层次事实上涉及同一领域；但总体而言，它们分为不同的四大类。”（肯·威尔伯：《万物简史》，许金声等译，中国人民大学出版社 2006 年版，第 60 页）

这四大类就是肯·威尔伯说的四大象限。四大象限的意义何在？

肯·威尔伯说，四个象限各有不同的真实。

> “当大精神照耀这个显现出来的世界的时候，这四种真实就是大精神的四种面容。关于正确性的假说就是我们与大精神联系的途径，是我们与大精神协调的途径……它使我们面对现实，制止我们自私的妄念，使我们不再以自我为中心。它们使我们意识到大宇宙的其他部分，使我们走出自己！”（肯·威尔伯：《万物简史》，许金声等译，中国人民大学出版社 2006 年版，第 102 页）

我们人类的文明也可以归纳为这四个象限，通过它们，我们获得对于大精神的认同，从而也超越我们自身。肯·威尔伯的思想高瞻远瞩。或者说从罕见的高度反观人类文明，这也正是后人本心理学所努力达到的宗旨。

在简化理论、还原主义盛行的现代世界，四大象限理论的现实意义也非常明显：“四大象限提供一个简单而易懂的方法来对治现代和后现代世界盛行的化约主义。由于简单的化约主义根本是错误的，因此会影响或者残害任何一个领域付出的努力，包括政界、商界和教育界。四大象限能够让你立刻规避这种损害。”（肯·威尔伯：《一味》，胡因梦译，先验文化事业有限公司，2000 年版，第 401 页）

运用肯·威尔伯的四大象限理论，许多学术界的纷争都可以迎刃而解，或者有一种全新的理解方法。例如，在心理学领域就有人本心理学、弗洛伊德心理学和行为主义心理学的分歧。人本心理学指责行为主义心理学忽视了心理学研究的重要主题，不能够反映、无法研究人的高级活动状况。行为主义心理学则指责人本心理学（包括弗洛伊德心理学）缺乏实证、精确性，不是真正的科学，而是哲学。从肯·威尔伯的四大象限理论来看，人本心理学、弗洛伊德心理学和行为主义心理学实际上是试图从不同的象限来对人这个“全子”进行理解。不同心理学流派对于人的研究与其说是冲突的，不如说是互补的。

在心理学领域，马斯洛、弗洛伊德的研究主要是内在个体的左上象限。华生（John Broadus Waston）、斯金纳（Burrhus Frederic Skinner）是行为主义心理学的代表人物，其研究主要是外在个体的右上象限。我们既不能够从人本心理学、弗洛伊德心理学的角度来评价行为主义，也不能够从行为主义心理学的角度来评价人本心理学、弗洛伊德心理学。两种心理学各有自己对“真实性”的理解。两种心理学各有不同的方法，它们的研究不能够被另外的心理学研究所取代。

人本心理学兴起后，曾经引起行为主义心理学阵营的批评，说人本心理学不严谨，没有精确性，不科学。为了回应科学性这个问题，马斯洛曾经提出对于科学的新理解，区分科学研究的“以问题为中心”和“以方法为中心”两种取向。这种区别造成了不同的研究对象和研究策略。人本心理学提倡的研究对象是健康的人、自我实现的人，而行为主义心理学研究的对象是大白鼠、猴子。人本心理学的研究是以解决问题为中心，强调研究课题的重要性，在研究的过程中逐渐增加研究的精确性。而行为主义心理学是以研究的方法为中心，强调研究的精确性，在研究的过程中逐渐增加重要性。在这里，马斯洛实际上已经看到了两种心理学的不同维度问题。肯·威尔伯的四大象限理论大大深化了关于什么是科学性问题的讨论。肯·威尔伯关于四大象限的理论，清晰地表达了不同的科学研究的位置。它对于不同的心理学流派，乃至不同的学科是一个协调、整合。

除了心理学外，在社会学中有韦伯和孔德的对应，在哲学中有海德格尔和洛克的对应，在人类学中有泰勒和伦斯基的对应，在语言学中有诠释学和结构主义的对应，神学中有奥古斯丁与阿奎那的对应。他们都是分别着眼于不同的象限。

全人需要层次论与四大象限有什么关系呢？

从目前的方法看，主要应该是属于左上象限和左下象限，但它并不排除从其他象限来研究的可能性。

二、肯·威尔伯的四大象限理论与“通心”

关于肯·威尔伯的四大象限，还有一个重要的问题：尽管每一个象限的研究方法各不相同，但它们有没有共同的地方呢？有没有一种更加基本的“元理论”和“元方法”可以统摄它们，一以贯之呢？有，这就是我提出的“通心的理论与方法”。

在四大象限中，其中左上象限（个体内在），主要用的是“狭义的通心”方法。所谓“狭义的通心”，主要是指人与人的通心。例如，我们要对个体的感觉、知觉、冲动、情绪、象征等进行研究，可以借助于“共情”全人心理学的“换位体验”等方法，当然也可以借助于一些仪器。——但所有这些研究，都必须把个体作为一个整体。

其他三个象限，都可以用“广义的通心”方法。所谓“广义的通心”，主要是指人与其他万事万物的通心。例如，在右上象限（个体外在）的神经质机体、精神中枢、脑干、边缘系统、新皮质等。同样，左下象限（集体内在）的文化、右下象限的社会（集体外在），在确立了研究对象之后，“通心的黄金三要件”，即简单说：1. 清晰自己；2. 换位体验；3. 有效影响。都是同时适用的。

关于为什么自然科学家（乃至难以划分类型的科学家）在进行科研的时候，也在自觉不自觉地运用（广义的）通心呢？其理由如下：

社会科学家不用说了，“通心”与自然科学家有没有关系呢？当然有。因为自然科学家也生活在现实中，也经常要进行人际交往。但我们在这里要探讨的是，“通心”与自然科学家的研究有没有关系呢？我认为也有。下面从三位曾经获得诺贝尔奖的科学家来看这个问题：

（一）汤川秀树对庄子的“鱼之乐”有更强烈的同感

日本著名物理学家汤川秀树（1907—1981），是基本粒子“介子”的发现者，曾获 1949 年诺贝尔物理学奖。他对庄子特别感兴趣。在庄子与惠子关于“知鱼乐”的辩论中，庄子说他感觉到鱼的快乐，而惠子驳斥他：“您不是鱼，怎么知道鱼快乐呢？”汤川秀树严肃地表示，他倾向于同意庄子的意见，认为庄子是可以知道鱼的感觉的。他说：“尽管我是一名科学家，却对庄子所要说的这一方面有更强烈的同感。”（陈德文主编：《冬天的富士》，百花文艺出版社2000年版，第502页）

汤川秀树的看法意味深长，他揭示了科学家在科学研究中的某些重要的心理状态。他的说法，正好支持了我关于“通心”的理论。

我的通心理论认为，“交往”“通心”这些概念，都可以从狭义推到广义（详见拙文:《通心概念的精确化与扩展》）。我在该文中，把“交往”“通心”的概念扩展到了人类活动的一切方面。人活着，就意味着生活在与万事万物的关系和交往里。“交往”“通心”不仅可以用于说明人与人之间的关系，也可以用于人与其他生物，甚至与非生物的关系。当通心所指的是人与人之间的交往的时候，这里的“通心”可以称为“狭义的通心”。狭义的通心之外的所有的“通心”，都是“广义的通心”。也就是人与其他生物，甚至非生物的“通心”。庄子说自己知道鱼的快乐，也是广义的通心。那么，在广义的通心里，通心的黄金三要件适用吗？在什么意义上适用？在多大程度上适用呢？下面将对此进行初步探讨。

（二）莫诺的“主观仿真”道出了科学家通心的奥秘

对于自然科学家搞研究，关于这三个要件的第一个要件“清晰自己”，与狭义的通心没有区别。那么第二个要件“换位体验”呢？

汤川秀树的上述看法，并非他自己一时的突发奇想，孤立无援。雅克·莫诺（1910—1976），法国生物化学家，1965年与科沃夫共获诺贝尔生理学医学奖。他在《科学的发展》一文中写道：“在科学发展的要素中，或许最重要的一个是我称之为主观仿真的过程。依靠这个过程，我们主观地模仿我们周围的事情。基本说来，这是一种预期的态度（当我们希望度假时，我们实际上想象地体验着我们可能从这个假期得到的愉悦）。当一个科学家对一个特定的现象感兴趣时，他所做的只是力图主管仿造现象的情形，以达到内心表述的外在形式。首先，现象本身和有关根源等的内心表述，这点也许他没有意识到。我已经和物理学家们包括高度抽象的理论物理学家们讨论过这一点。他们告诉我，在思考感兴趣的现象时，他们或多或少将自身比作电子或者粒子，并且问，假如我是电子或者粒子，我会干什么。”（宋建林主编：《智慧的灵光——世界科学名家传世精品》，改革出版社 1999 年版，第 181 页）

莫诺关于科学家在研究时的“主观仿真”过程，相当于我说的“通心”的黄金三要件之一的“换位体验”。物理学家们“在思考感兴趣的现象时，他们或多或少将自身比作电子或者粒子，并且问，假如我是电子或者粒子，我会干什么”。

莫诺把“主观仿真”或者“换位体验”看成是科学发展的或许最重要的一个要素，这一看法，极为重要，指出了广义通心的秘密！

大道至简，仅仅两个字“通心”，深邃地揭示了人类行为的奥秘啊！很难说汤川秀树在发现基本粒子“介子”时，是否也曾经至少在一定程度上变成了“介子”呢？

这里的“主观仿真”，用庄子的话说，也就是“物化”。

无论是“主观仿真”，还是“物化”，都相当于我说的“通心”的黄金三要件之一的“换位体验”。物理学家们“在思考感兴趣的现象时，他们或多或少将自身比作电子或者粒子，并且问，假如我是电子或者粒子，我会干什么”。这就是在物化，就是在通心。

您很可能会想，其他科学家会同意莫诺的看法吗？这个问题有待进一步考察。我猜想，他们尽管不使用“主观仿真”这个词，当然更不知道我所提出的“通心”的理论，但他们应该有类似的过程的。他们的一些说法也是值得进一步关注的。例如，爱因斯坦没有用“主观仿真”这个概念，但却十分强调“直觉洞察力”。

（三）朱棣文教授的灵感之光

朱棣文是著名华人物理学家，1948 年 2 月 28 日生于美国密苏里州圣路易斯，曾经担任美国能源部部长，是诺贝尔物理学奖获得者。1970 年毕业于罗切斯特大学，获数学学士和物理学学士学位。1978 年，担任美国物理学会理事。1993 年，获颁费塞尔国王国际科学奖。1994 年，获亚瑟萧洛奖及威廉梅格斯奖。1997 年获诺贝尔物理学奖。1998 年 6 月 5 日，当选为中国科学院外籍院士。

朱棣文最著名的研究，是 1997 年在劳伦斯·伯克利实验室发明了“用激光冷却和俘获原子的方法”。正是这一研究，使他荣获诺贝尔物理学奖。关于他发明这个方法，有下面的故事：

20 世纪 80 年代初，做了几年博士后的朱棣文设想用六个方向的激光束对原子进行照射，来达到冷却原子、减慢原子运动速度的目的。因为激光束是由大量光子组成的，当原子受到激光束照射时，原子会吸收光子。它每吸收一个光子，不仅会吸收它的能量，还会吸收这个光子的动量，从而使原子的温度降低，运动速度减慢。但这一过程极其短暂，只有 30 纳秒（1 纳秒等于十亿分之一秒）。当原子受到激光束的照射时，在一秒钟内，原子就能吸收极大数量的光子。这样，在光的传播方向上，原子所受到的光压力就要比重力大 10 倍。如此大的光压力就会迫使原子的运动速度减慢到如同一条小虫在蠕动时的速度，此时的原子温度也会随之冷却下来，人们就有足够长的时间来观察和研究原子的状态。

1985 年，朱棣文和他在贝尔实验室工作的同事设计了几个不同的实验，但仍然无法突破“如何利用激光让原子冷却下来？”这一难题。有一天，朱棣文突然想到他在纽约州北部就读罗彻斯特大学时，那里的天气非常冷，天气冷时人们就喝酒取暖，所以大学里喝酒的人很多，常看到喝醉酒的人蹒跚地走在大街上。这些醉酒的人走路左摇右晃，往往越走越往低处走，不可能往车顶上跳，这是一种惯性使然。那时他灵光一闪，想到在不同激光束作用下的原子，依照惯性，应该也是往能阶低的地方走，所以问题的关键就在如何利用激光束的作用，设计出一个接近绝对零度的陷阱。来降低经过此陷阱原子的能阶，进而达到捕捉原子的目的。以后，朱棣文和同事们经过多次实验，终于成功地达到理想的实验状态。在专题报告中，朱棣文教授形象而又实在地将由激光束形成的这种用来冷却原子的介质称为“光学粘胶”。并介绍说：“此时的原子仿佛掉进了一个光子的海洋中，它无论向哪个方向运动，都会受到巨大的阻力。”（参见陶伯华等主编《怪异思维》，黑龙江人民出版社 2000 年版，第 4 页）

朱棣文发明的一个关键，是他受到了“醉酒的人走路左摇右晃”的启示。这使他能够进一步对原子的行为进行不由自主的“主观仿真”！——

也就是说，他将原子想象成了“醉酒的人走路左摇右晃“的人。他在进行这一想象的时候，也就是对原子进行了“主观仿真”，也就是进行了“换位体验”。

我不敢奢望，通心的理论、方法和技术，能够直接对自然科学家的研究有什么意义和作用。一个人能够成为科学家,应该本身就具有了类似“主观仿真”以及“直觉洞察力”之类的能力。但我却忍不住要设想：如果能够在大学里（包括理科、工科专业）开设通心的课程，哪怕是作为选修课，有没有可能对某些具有科学家潜质的学生产生长远影响呢？

第六章　肯·威尔伯论“前”与“超”的谬误

一、什么是“前”与“超”的谬误

肯·威尔伯在论述意识发展和人的成长的时候，多次提出要避免“前”与“超”的谬误。他认为，避免对于理解和掌握更高级的（或更深刻的）意识状态以及真正的灵性是绝对重要的。

他指出，造成这两种错误的根本原因是“因为前理性和超越理性的阶段，就其本身来说都是非理性的，对于没有经过足够训练的人来说，他们看上去是类似的或者相同的。”（肯·威尔伯：《性、生态、灵性》，李明等译，中国人民大学出版社 2009 年版，第 210 页）

一旦这两个阶段混淆，其中的一种谬误就会出现。

如果超越理性的状态被看成前理性的状态，就会出现“前”的谬误。

肯·威尔伯认为，弗洛伊德是“前”的谬误的典型。他指出：“所有更高级的或者超越理性的阶段被还原为低级的和前理性的阶段。举例而言，真正的神秘的或者冥思式的经验，却被看作倒退或被掷回到自恋、海洋非二元论，混沌未分，甚至是原始自我中心的初级阶段。这也正是弗洛伊德在《幻想的未来》的一书中所走的道路。”（肯·威尔伯:《性、生态、灵性》，李明等译，中国人民大学出版社 2009 年版，第 210 页）

这种“前”的谬误也可以称为“还原主义”。

肯·威尔伯指出：“还原主义者认为，理性是个人和集体发展的伟大的和最终的结局，是进化的顶峰。他们否认更深刻的、更广泛的或更高级的意识状态的存在。弗洛伊德认为，人生或者是理性的，或者是神经质的。因为人们认为没有真正的更高级的情况，或者它并不存在，那么无论何时当真正的超越理性的情况出现，就立刻被解释为倒退到前理性结构（因为前理性结构是唯一的非理性结构，所以就成为唯一的解释的假设）。超意识被贬为是下意识，超越个人的（后人本的）阶段被贬为前个人阶段，更高级阶段的出现被解释为进入了更低级的阶段。”（肯·威尔伯:《性、生态、灵性》，李明等译，中国人民大学出版社 2009 年版，第 211 页）

另外一种情况则恰巧相反。如果前理性的状态被看成超越理性的状态，就会出现“超”的谬误。

肯·威尔伯认为，在这方面，荣格是典型。他指出：“另一方面，如果有人赞成更高级的或神秘的阶段，但仍然混淆前理性阶段和超理性阶段，他就会把所有的前理性阶段抬高到超理性的光辉阶段（举例来说，初级的自恋阶段，被认为是神秘统一体中的无意识的睡眠）。荣格和他的追随者经常走这条道路，被迫从仅仅是没有分离和分化的实际上缺乏任何融合的阶段，读出远远超越个人的和灵性的状态。”（肯·威尔伯：《性、生态、灵性》，李明等译，中国人民大学出版社，2009 年版第 210 页）

肯·威尔伯把这种“超”的谬误也称为“拔高主义”。按照“拔高主义”者的观点：“超越个人和超越理性的神秘统一被看作最终的结局，而且因为自我理性的确倾向于否认更高级的阶段，那么自我理性就被看作人类发展可能的低级阶段，是堕落、罪过、分离和疏离的根源。当理性被看作不是终点的一个点，是基督的敌人，那么任何非理性的事物都被搜罗起来，不加区别地加以赞美，当作是奔向神圣的通途，结果是最幼稚、最落后和理性之前的事物被即刻提升：无论是什么，只要能除掉讨厌的、令人生疑的理性就可以。”（肯·威尔伯：《性、生态、灵性》，李明等译，中国人民

大学出版社 2009 年版，第 211 页）

肯·威尔伯认为，在心理学上，弗洛伊德作为“还原主义者”的代表人物，他的“前”的谬误把高峰体验、海洋体验解释为一种对于孩童时期的回归。而荣格作为“拔高主义”的代表人物，混淆了“集体的”与“后人本”（超个人）的含义，把原型拔高为灵性。他们都是半对半错。一方面神经质一般是处在或倒退到前理性阶段，这种阶段是不应该被赞美的。另一方面，神秘的阶段也的确存在，这是超越了理性的阶段，这些阶段不应该被还原。

肯·威尔伯指出，两种谬误在表现的时间上有差异：“在现代的大部分时间里，当然是在弗洛伊德（和马克思、费尔巴哈）之后，对待灵性的还原主义者的立场占了上风——所有的灵性的经验，不管它们实际上是多么高级，都被简单地解释为向原始和幼稚状态的倒退。然而，似乎是对此的过度反应，自 20 世纪 60 年代以来，我们处在各种各样的拔高主义的阵痛之中（例证之一，当然不限于此，就是新时代运动）。所有的努力，不管来源如何，不管真实与否，都被拔高到超理性的和灵性的赞誉，而这种了不起的提升的唯一资格就是，这种努力是非理性的。任何理性的东西都是错的；任何非理性的东西都是灵性的。”（肯·威尔伯：《性、生态、灵性》，李明等译，中国人民大学出版社 2009 年版，第 211 页）

肯·威尔伯进一步用比较精确的语言表述：“灵性的确是非理性的；但它是超理性的，不是前理性的。它超越了合理性但是包含合理性；它没有倒退并且排除合理性。合理性，像任何具体的进化阶段一样，有其自身的局限性（通常是毁灭性的），倒退和扭曲。如我们看到的一样，某一层次的内在的问题只能在发展的后一个层次上解决（或“消除”）；它们不能倒退到前一个层次上解决，而那时还没有意识到这个问题。所以合理性就具有这样的奇迹和可怕之处：它会带来巨大的新的能力和新的解决方法，而同时带来自身的具体的问题，这些问题的解决只能等我们超越到更高级的和超越理性的阶段。”（同上，第 212 页）

肯·威尔伯认为，拔高主义者常常宣称自己是在攀登真理的高峰，达到人格发展的高层次，但实际上他们是在滑落、下跌、倒退。沿着进化的斜坡难以控制地下滑也有一种刺激感。这种刺激感却被他们称为“追寻极乐”。

肯·威尔伯指出，两种谬误导致两种不愉快的事情发生：或者把超越个人的（后人本的）心灵的实相化还原成前个人时期的婴儿状态，或者把前理性时期的情感抬举为超越个人的光辉。前面一种情况意味着你对所有的心灵的实相否定，后者则意味着对幼稚的神话和前语言时期的冲动的美化。

肯·威尔伯所指出的这种“前”与“超”的谬误具有普遍的意义，因为在人的成长过程中，很容易发生“前”与“超”的谬误。它使我们不能够客观地评价自己和他人。只有看清楚这两种谬误，才能够深入地理解什么是人性发展的高级阶段以及灵性状态，才能使我们的意识顺利地向更高的水平发展。

法兰克·卫斯 1997 年到美国采访肯·威尔伯，曾经提出这样的问题：

问：美国竟然有那么多灵修途径是退化式的。有的派别把身体的感觉和灵性的觉察混淆了，甚至还有什么生物能、生态心理学、前世回溯，一下子体会了这个又体悟了那个，有了一种感觉，又想要更多的感觉等等的花样……你不觉得你们美国人对退化状态趋之若鹜吗？

肯·威尔伯：恐怕是的。主要的原因是成长比较困难，而退化比较容易。

“成熟的儿童”。自我实现者具有儿童的自发性、开放性等特征，但这并不意味着他们就是儿童，他们具有儿童并不具备的一些健康的、成熟的、高效能的东西，它们是经过漫长的心灵成长过程生长出来的。

二、区别“退化”与“超越”

在我们的时代，在意识的发展问题上，一个最常见的混淆就是把“退化”与“超越”混为一谈。

在发展阶段上，也就是混淆“前个人”阶段与“后人本”阶段。所谓“前个人”，是指婴幼儿还没有自我意识的状态。所谓“后人本”，是指人经历了自我意识，又超越于自我意识的状态。

这种情况，归根到底是由于人格发展的不平衡造成的。一些人已经进入自我实现需要占优势的阶段，其他大多数的人却还停留在自尊需要占优势阶段。

停留在自尊需要满足阶段的人常常急于向他人甚至专家证明自己在人格发展上达到的水平、取得的成就。为此，他们常常把“前个人”拔高解释为“后人本”。

肯·威尔伯指出：“我们西方人从过去几个世纪以来，一直处心积虑地压制关于‘超越’的观念，实在极为不幸。这种压抑隐晦却十分广泛，且影响深远，它无疑要为我们对当前文明常感到的不满足、不快乐承担重要责任。它的贻害远比上述意识层次中所谈到的对性、敌意、攻击性及其他表面层次的压抑等要严重得多。虽然角色、自我以及‘人首马身’层次上的压抑，看起来混乱且神经质，却不至于影响到我们整个社会的健康状态。社会的健康状态是扎根于超越境界的土壤中的，可是我们却异口同声地否认这一事实。由于被压抑的渴求并没有真正消失，只是潜藏在某个地方而伺机乔装为其他形式出现，因此我们随时随地都可以看到它们的化身。例如越来越多的人热衷于冥想、通灵现象、瑜伽、东方宗教、生理反馈、灵魂出窍、濒临死亡的体验等等。由于对超越体验的渴求被压抑了太久，一旦现身，常显现得过于激烈而且变质，于是妖术、邪教、服用迷幻药、盲目崇拜等大行其道。”（肯·威尔伯：《性、生态、灵性》，李明等译，中国人民大学出版社2009年版，第211页）

如果人正常的追求“超越”的心理受到压制，没有正常满足的渠道满足人们对“超越”的追求，这种心理就会从非正常的渠道表现出来，引起严重的后果，包括肯·威尔伯所说的“妖术、邪教、服用迷幻药、盲目崇拜”等。压抑的结果是需要满足的低俗化。

第七章　肯·威尔伯论意识层次与心理治疗

一、灵修与静修

所谓“灵修”，一般人认为是宗教用语，是指宗教的修行。其实，“灵修”

与宗教没有必然的联系。做“灵修”的人，无须信奉一个人格化的神或者参加一个有组织的宗教。

灵修的“灵”可以理解为“灵性”。人不仅具有动物性、人性，也具有灵性。“灵修”可以看成是心灵成长、人性发展的一种继续，是对灵性这种潜能的一种深度的开发。或者说，灵修就是泛指所有旨在体悟、开发、培育“灵性”，追求“灵性”健康的活动。就疏通心理障碍、深度开发潜能、提升能量而言，灵修是一种心理咨询、心理治疗、心理调整的继续。

如果我们在非宗教的意义上谈论“灵修”，也可以用“静修”这一更加中性的词语来代替。从后人本心理学的角度来看，“静修”可以泛指不同文明达到灵性健康的所有修炼。

“静修”所对应的英文是“meditation”，它还有“打坐”“静坐”“冥想”“沉思”等译法。我国学者郭永玉先生认为，“meditation”的翻译“应该反映身心两方面，即身体的或者外部的行为和内在精神的目的与变化。打坐和静坐两种译法体现了身体行为的方面，但打坐通常使人只联想到佛教和禅修，而几乎所有宗教传统都包括静修，但现代的静修通常并不与特定的信仰系统相联系”“至于沉思、冥想或者心悟这些译法则只反映了静修的精神方面。而且只突出了状态和过程，没有突出静修的实质和目的，即内在的沉静”。（郭永玉：《精神的追寻》，华中师范大学出版社 2002 年版，第 178 页）

因此，相比之下，“静修”更准确。

二、为什么心理治疗对宗教的“静修”是必要的

2000 年前后，由于个人成长的关系，以及自己从事心理咨询实践的体会，开始注意到心理治疗与静修的关系问题。我强烈感觉到，心理咨询、心理治疗、心理调整如果不进一步涉及有关静修的一些问题，它们是不彻底的。我对现有的宗教也产生了强烈兴趣，开始比较深入地接触过一些佛教、天主教、基督教方面的人士。我曾经数次进入寺院、道场，甚至教堂学习，并且以举办全人心理学 · 心灵成长工作坊或者讲座等方式，和宗教

人士以及信众进行交流。我还为一些佛教、道教出家人和基督徒做过个案，或者比较深入地为他们提供过个体“通心辅导”。在我的“全人心理学·心灵成长工作坊”中，也不时有佛教居士和其他宗教信徒参加。

我感觉，有相当多的人之所以要进行静修，是因为他们有这样或者那样的心理问题、人际关系问题，他们的生活非常不愉快。长期的生活不愉快，促使他们去寻求出路，也使他们思考有关人生的意义等问题，甚至热心终极关切。

我所接触的一些宗教人士给我这样的印象：他们从童年的时候起就带着心灵的创伤，但他们却从来没有真正接触过心理学，当然更谈不上基本的心理治疗。他们把所有的希望都寄托在静修之上。他们通常有这样的想法：只要宗教的静修的功课做好了，其他所有问题自然也就解决了。他们常常申明，他们所信的宗教里什么都有了，包括心理学和心理治疗，他们因此排斥心理学和心理治疗。

有的时候他们的确也能够通过静修达到一种较好的状态，但他们的身体健康和心理健康的水平并不一定就能够和灵性健康的发展同步，或者说，他们或多或少是通过隔离、转移自己的心理问题来达到一种较好的状态。

我认为，他们的强调：“只要宗教的灵修的功课做好了，其他所有问题自然也就解决了。”——这是有问题的。最大的问题在于：做好宗教的静修功课谈何容易！我根据长期观察以及亲自给他们做个案发现，他们的心理问题，尤其是在原生家庭形成的心理情结严重地影响着他们做好静修的功课。如果不借用心理治疗来处理原有的心理情结，他们常常会出现这些情况：第一，他们的较好的状态是不稳定的，常常会发生波动；第二，由于他们所隔离的心理问题就是他们被压抑的心理能量，他们常常也会感觉自己的能量不够用，感觉到难以恢复的疲乏；第三，他们的人格可能会有某些畸形，性格可能有某些怪癖，这使他们容易与他人造成隔阂；第四，在他们的基本生存状态中，常常是独处而不是交往做得更好，他们在独处中能够也许可以有较多的充实性独处，但在交往中却不一定有较好的通心，即使有，也是范围狭窄。他们的交往常常局限在一定范围，一旦突破这个范围，就容易有纠缠。也就是说，尽管他们在独处中自我感觉不错，但他们的人际关系并没有或者很少有相应的改善。

宗教修炼有时候也可能成为人们逃避成长的一种防御机制。

在没有心理治疗做基础的情况下，修炼者容易发生“拔高主义”的谬误，即把某些自恋的、混沌未分的状态，看成是高层次的高峰体验、高原体验、灵性体验等。

其实，人的“身、心、灵”发展也有一定程度的层次问题，只有“身、心”具有一定的健康之后，才谈得上“灵性”的进一步开发。基础的心理治疗和灵修各自具有相对的独立性。当宗教着眼于人们具体的心灵成长的时候，基础的心理治疗就能够发挥它的作用了。在这里，我对心理治疗的含义做了一些限定，在前面加了一个“基础的”，是为了把传统的心理治疗与与时俱进、不断发展的心理治疗区分开。在心理治疗发展到后人本心理学阶段后，也发展出了大量调整和开发灵性的方法。

基础的心理治疗和静修之间的联系在于，它们均着眼于人的成长。它们的区别在于，针对的是处于不同阶段的成长。大体上说，基础心理治疗是把病态的人转化为正常的人，而静修则是在“正常”的基础上的进一步提升。

杰克·康菲尔德是美国著名心理学家，也是著名的禅修者。他指出：“从积极的方面，禅修与心理治疗可以彼此互相支持。心理治疗，为禅修创造出更肥沃丰厚的内在‘土壤’（ground），禅修得来的慧见，也可以为心理治疗提供方向，为人格发展提供组织框架（orientation），尤其是在超个人的层面。大体而言，禅修与心理治疗的主要工作点位于意识发展的不同层次，或者说是人格组织的不同维度之上。彼此并不能完全互相代替。作为现代的修习者，有机会从东方和西方，古典与现代的智慧传统中，汲取多种养料，结合个人实践加以整合，是一种福气，也是一条可行之路。”（转引自薛建新 2016 年 6 月 27 日博客）

后人本心理学出现后，对宗教造成了一定的冲击。这里所说的宗教，是指有组织的宗教以及宗教组织的活动。

肯·威尔伯说：

“20 年前当佛法第一次传入美国时，你根本甭想提出结合冥想与心理治疗的说法，因为大家都认为佛法已经是一个‘完整’的体系，如果你按照佛法正确地修炼，你就完全不需要心理治疗了，在现代世界里每一种宗教都遭受到相同的阻碍；只要相信基督你就会得到平安，只要祷告你的心灵就会得到治疗；只要练习苏菲动禅你就会痊愈；只要按照解脱者约翰的途径修行就足够了；瑜伽已经道出了一切。这些说法很清楚地暗示着，如果你拥有足够的信心或努力修炼某一种法门，你就永远也不需要心理治疗这类的方法；相反的，如果你需要心理治疗，那意味着你的信心已经严重出了问题。灵修与科学的关系，尤其是与心理治疗的关系，是灵修在现代世界中所面临的最严重的问题，而大部分的宗教在这个问题上处理得都不好。

“虽然我一向都采用佛家的修炼方法（以及吠檀多哲学），但是佛教圈子却一向对我的理论抱持怀疑态度：那个叫威尔伯的家伙，好像在暗示光凭佛法是不够的。许多佛教徒都拒绝阅读我的著作，某些人甚至用相当不佛教的语言告诉我他们的看法。

“20 年后，情况就大不相同了。到目前为止，美国著名的佛教老师几乎每一个人或多或少都接受过心理治疗（他们其中有一些人仍然对学生隐瞒这项事实）。在私底下他们大部分都已经承认某些问题是冥想所无法解决的，当然回到觉知中心的祷告、坐禅、苏菲动禅、瑜伽也都无法解决所有的问题。在意识光谱中，灵修与心理治疗对治的是截然不同的两个次元，如果你在其中一个次元出了问题，并不代表你在另一个次元的表现也很差劲。神经官能症并不是一种罪恶。

因此，一年以前当《香巴拉之光》（一本佛教杂志）表示想要采访我时，我并不是十分情愿，然而我又很愿意支持一份强调实修的杂志，于是我终于答应了他们的要求，这项访谈一开始便提出了‘你为什么认为佛法不是完整的途径？’的标准问题，但接下来很快就朝着更有意义的方向发展。虽然这次的讨论针对的是佛家的修炼，我还是要强调这些观点也都适用于基督教、犹太教、伊斯兰教和道家的修炼，这些信仰的追随者可以将下面的观点运用在自己的修炼中。我认为宗教与心理治疗可以透过这次的访谈而建立起对谈的可能性。”（肯·威尔伯：《一味》，胡因梦译，先验文化事业有限公司2000年版，第350页）

肯·威尔伯认为“宗教一向具有两种非常重要而又截然不同的作用”，这两种作用分别是“转译”与“转化”。

第一种作用称为“转译”。“它为小我制造了生命的‘意义’：提供神话、故事、传说、口述的典故、仪式与信仰的复兴，帮助小我产生意义感，而有能力承受厄运之矢”。例如，“整体论取代原子论，宽恕取代谴责，连结取代分析”。（肯·威尔伯：《一味》，胡因梦译，先验文化事业有限公司2000年版，第44页）

第二种作用称为“转化”。它是指宗教对极少人而言所具有的彻底解放和解脱的作用。这种作用可以粉碎“小我”，在意识最深处产生突变的转化。之所以叫“转化”，是因为它能够促进“新我”的诞生，或者称为人的“第二次出生”。

一般来说，只有当人的成长达到一定阶段之后，或者说，当人的人格发展到一定的程度之后，宗教的“转化”作用才能够起作用。

第八章　全人需要层次与意识发展层次

肯·威尔伯在论述内在性和意识时，提出了下表。我们可以把该表看成是关于地球生命的主体与功能的发展表：

我认为，根据全人需要层次论，可以对肯·威尔伯的思想进行补充。列表如下（补充部分用粗体字表示）：

从肯·威尔伯的四象限理论来看，左边“主体”部分，是可以看成主要是右上象限研究的对象。右边的“功能”部分，尤其是高级部分，则主要是左上象限研究的对象。

主 体	功 能
原子	摄受性
细胞（基因的）	兴奋性
有代谢能力的机体（比如植物）	基本的感觉
基本的神经元机体（比如腔肠动物）	感觉
神经元机体（比如节肢动物）	知觉
神经中枢（鱼 / 两栖动物）	知觉 / 冲动
脑干（爬行动物）	冲动 / 情绪
边缘系统（古哺乳动物）	情绪 / 表象
新皮层（类人猿）	符号
复杂皮层（人类）	概念

（肯·威尔伯 :《性、生态、灵性》，李明等译，中国人民大学出版社，2009 年，第 104 页。）

主体	功能
原子	摄受性
细胞（基因的）	兴奋性
有代谢能力的机体（比如植物）	基本的感觉
基本的神经元机体（比如腔肠动物）	感觉
神经元机体（比如节肢动物）	知觉
神经中枢（鱼/两栖动物）	知觉/冲动
脑干（爬行动物）	冲动/情绪
边缘系统（古哺乳动物）	情绪/表象
新皮层（类人猿）	符号
复杂皮层（含不发达镜像神经元）（人类） 较为发达镜像神经元（低于自我实现的人）	**概念（以及一般共情能力）**
镜像神经元（自我实现的人）	**共情（以及一般通心力）**
复杂镜像神经元（大我实现的人）	**通心（高通心力）**

第五部分　全人需要层次论与“开悟”

第一章　飞鱼的启示：“人性”与“对人性的超越”

我们用“大我实现”来代表人类成长、发展和生活的终极状态。那么，什么是大我实现状态？

在本书的这一部分，我们着重谈了一个人。他是中国佛教禅宗创始人，他的思想对人类做出了重大贡献，他的思想也是“全人需要层次论”的来源之一。他就是惠能。

惠能强调直觉、直观。为了说清楚他在中国文化方面的贡献，我们可以先了解一下世界上一种奇特的动物——飞鱼。

俗话说:“鱼儿离不开水”。鱼是终生生活在水中,用鳃呼吸,用鳍运动,具有一个心房、一个心室的脊椎动物。我们都熟悉“鲤鱼跃龙门”的说法，也知道有许多鱼儿都可以跃出水面，不过最善于跃出水面的鱼类并不是鲤鱼，而是飞鱼。

一般的飞鱼能够凭借自己流线型的优美体型，在海中以每秒 10 米的速度高速运动。它能够跃出水面十几米，在空中停留 40 多秒，飞行距离达 400 多米。

如果你有机会到我国南海，就有可能看到这种飞鱼。

有人曾在热带大西洋测得飞鱼最好的飞翔记录：飞行时间 90 秒，飞行高度 10.97 米，飞行距离 1109.5 米。位于加勒比海东端的珊瑚岛国巴巴多斯，以盛产飞鱼而闻名于世。这里的飞鱼种类近 100 种，小的飞鱼不过手掌大，大的有两米多长。据当地人说，大飞鱼能跃出水面约 400 米高，最远可以在空中一口气滑翔 3000 多米！

我国临近海域记录共有飞鱼 6 属 38 种。以南海种类为最多。据惠东双月湾海龟研究基地的动物学博士夏中荣先生说，在惠东双月湾也有飞鱼。

其实，飞鱼的“飞行”只是一种滑翔而已。科学家们用摄影机揭示了飞鱼“飞行”的秘密，飞鱼实际上是利用它的尾巴猛拨海水起飞的，而不是像人们所想象的那样，是靠振动胸鳍来飞行。飞鱼在出水之前，先在海面下调整角度快速游动，快接近海面时，将胸鳍和腹鳍紧贴在身体的两侧，然后用强有力的尾鳍左右急剧摆动，划出一条曲折水痕，使其产生一股强大的冲力，促使鱼体像箭一样破水而出……

飞鱼的飞行现象，可以看成一种关于“人性”与“对人性的超越”之间关系的形象的比喻。

1. 对于灵性的开发，正可以用飞鱼能够跃出水面来作比喻。鱼儿一般都生活在水里，跃出水面的情况很少，而且时间非常短，正如对于一般人来说，灵性的开发是比较困难的事情。

2. 飞鱼可以跃出水面，飞行时间能够达到 90 秒，距离达到 3000 多米，但它们大部分时间还是必须生活在水中。这意味着，人类中有很少的一部分工，他们具有强大的超越性，开发出了灵性。

3. 迄今为止，人类中有极少的一部分，他们就像特殊的飞鱼一样，既能够自由地在水中游泳，自由地在水面穿梭，还能够短暂地在天空中飞翔。他们就是大我实现需要占优势的人。而一般的人，就像一般的鱼一样，只能够在水中游泳。

第二章　从全人需要层次论看“开悟”

什么是“开悟”？“开悟”与日常生活有什么关系？“开悟”之后会

有什么情况？“开悟”与人的需要层次的满足有什么关系呢？

所谓“开悟”，是一个有各种各样解释的概念。我所理解的“开悟”，简单来说就是“明心见性”，也就是对自己的“大我”“真我”有切实的发现和体验。“开悟”是一种心灵成长的特殊的关键的时刻，在这个时刻，我们的心理活动状态在认知、情绪两方面都有重大意义的变化、发展，伴随这些变化、发展，我们的意志、行为甚至人格常常也可能有一定变化、发展甚至转化、飞跃，人格力量大大增加，能量状态大大提升，我们行为的效能也大大增强。

大卫·霍金斯在他的能量级别理论里，把“开悟”定义为一种最高的能量级别。他的定义并不影响本书对于“开悟”的解读。

“开悟”令人向往，但正因为如此，在它的周围，弥漫着一些迷雾，引起了诸多困惑。

全人需要层次论在一定意义上可以驱散这些“开悟”的迷雾。

有不少人都自称有过开悟体验，但并不一定能够清晰地说出这些体验让自己生活发生了什么变化。

全人需要层次论尽量消化和涵括人们关于“开悟”的理解和体验。它试图从更大的人类成长和发展的系统来看“开悟”，既保留了一般人理解的“开悟”的特点，又不至于让人们不切实际地对“开悟”抱有幻想。从全人需要层次理论看，“开悟”体验最多是一种大我实现需要满足短暂的闪光，在那个时刻人们达到了自己以前从来没有过的高度。

“开悟”的局限性在于，它往往只是意味着人们认知状态暂时的改变、认知水平的提升，这种改变和提升常常伴随愉悦的情绪体验。“开悟”，并不意味着人们的生活形态本身发生了变化，并不意味着人们在实际的生活中有新的稳定的人格状态以及生活模式，或者说，在有“开悟”之后，“大我实现需要”就一直保持为“优势需要”。全人需要层次理论认为人们不可能永远停留在一种一劳永逸的状态之中。只要是人，他的状态就会在生活中有或多或少的波动。

关于“开悟”，美国禅修者兼心理学家杰克·康菲尔德在《狂喜之后——踏上内心的探险之旅》这部著作中有详细的、富有创造性的论述。

关于杰克·康菲尔德，胡因梦认为："西方社会里能身兼传统学问僧与实修僧双重身份的精英，寥寥无几——譬如肯·威尔伯、拉姆·达斯、迈克尔·墨菲、罗杰·沃尔什、艾伦·沃茨、约瑟夫·戈德斯坦等人，杰克·康菲尔德可以说是其中最擅长说故事，语言平易近人，又能恰如其分地传达灵修奥义的博学的说法者，他也是将南传佛法介绍到西方的重要法师。"（肯·威尔伯：《超越死亡——恩宠与勇气》，胡梦因、刘清彦译，许金声审校，三联书店 2006 年版，第 172 页）

杰克·康菲尔德在《狂喜之后——踏上内心的探险之旅》里阐述的中心论点是："开悟的确存在。人确实有可能证悟而体验到无边的自由和喜悦，进入天人合一的状态，心灵融入永恒的恩宠中——这些狂喜经验比你想象的来得常见，它们并非遥不可及，同样的，它们也不会久留。悟道和觉醒让我们窥见了世界的实相，它们带来心灵的提升与转化，但它们终会过去。在内心觉醒这件事上，并没有永远维持开悟这种一劳永逸的事情。在我们身上发生的悟境并非如此。"大部分静修的故事都只描述修行者那灵光乍现的片刻与开悟，且点到为止。如果我们追问接下来的光景呢？当禅修大师回家去跟老婆和孩子一起生活时，会发生什么事？基督教神秘主义者是怎么逛街的？经历过狂喜之后的生命是什么样的滋味？我们该如何把自己的开悟经验融入生活，保持一颗完整的心看世界？"（杰克·康菲尔德：《狂喜之后——踏上内心的探险之旅》，周和君译，云南人民出版社 2014 年版，第 4 页）

杰克·康菲尔德关于"开悟"举了不少例子，他并不囿于宗教："最简单、基本的神秘体验，似乎是对某个偶然扫过心头的格言或公式其意义的彻悟之感。我们惊叹：'我这辈子一直听到这个，但到现在才明了其全部的意义。'路德说：当我听到一位僧侣反复诵念信经（Creed）中的'我信罪恶的赦免'时，突然对《圣经》有一种全新的理解，我马上仿佛重生了，就好像发现天堂之门大敞一样。——这种深刻意义的感受并不限于理性的命题。当心境调整正确时，单词、词语的组合、光线对陆地和海洋所造成的光景，以及香气和乐声，都会激发这样的感受。"（杰克·康菲尔德：《狂喜之后——踏上内心的探险之旅》，周和君译，云南人民出版社 2014 年版，

第2页）

杰克·康菲尔德描写的这些状态是难能可贵的，如果能够经常或者至少多次如此，应该看成是大我实现需要占优势了。“灵修生活所面对的真正挑战不是在深山隐僻处，或意识进入超凡状态；真正的挑战就在当下。它要求我们怀抱着一颗睿智而充满尊敬和慈悲的心，以欢喜之情迎接生命中遭遇的万事万物。我们能同时向美善和苦难致敬，向我们内心的纠葛和困惑，向我们的恐惧以及世界诸多的不公义致敬。”（同上，第2页）

如果生活的每一个当下我们都没有任何纠葛与困惑，没有任何负面情绪，或者都是一种超凡入圣的状态，那就等于没有开悟了。

杰克·康菲尔德精彩地论述了开悟之后的情景：“通常，我们对悟道者的印象是他们一旦开悟就从此幸福快乐，但如果我们想对这个故事追根究底呢？”“几个月之后，所有悟道的狂喜都化为沮丧之情，连我的工作也出现严重错误。我和小孩以及家人的相处也不断出状况。噢，我的教学情形还不错。我讲的课很精彩，但你若问我太太，她就会告诉你我变得愈来愈暴躁和没耐心。我了解这份伟大的灵性洞见是真理，它存在于人生表象之下，但我也明白人生没有因悟道而产生任何改变。老实说，我的心智和个性跟以前几无差异，我的感官知觉也一如往昔，或许反而更糟了，因为如今我的感官更敏锐。虽然我得以体验这些宇宙大奥秘，但我仍然仰赖心理治疗来协助我弄清楚日常生活中所犯的一些错误，并记取凡人生活的各种教训。”（同上，第6页）

“一旦开悟就从此幸福快乐”，或者“从此就过着幸福的生活”，这些都是一般人的思维方式。在回到现实关系之后，变成这样，说明还没有踏实成长。或者说，这是缺乏通心的成长，只讲主体性的成长，没有涉及“主体间性”的变化。

杰克·康菲尔德指出：“只碰触到心灵觉醒的领域是不够的，我们必须找出实践之道，让悟道的精神真实体现于生活中。许多经文都提到圆满开悟，但在我们认识的西方大师和老师当中，这类大圆满情况并不多见。在开悟之际体验的大智慧、慈悲心和了悟真相的大自在和大解脱，常夹杂着恐惧、困惑、精神官能症以及内心挣扎等状况，这些情绪会交替出现。

大部分老师都同意这项事实。”（杰克·康菲尔德：《狂喜之后——踏上内心的探险之旅》，周和君译，云南人民出版社 2014 年版，第 10 页）

从全人需要层次论看，“在开悟之际体验的大智慧、慈悲心和了悟真相的大自在和大解脱，常夹杂着恐惧、困惑、精神官能症以及内心挣扎等状况，这些情绪会交替出现”。是因为开悟仅仅意味着自我超越需要和大我实现需要的一时满足而已，并没有成为一种稳定的人格状态。而一个人在低级需要尚未足够满足，能量级别还不够高的情况下，开悟的出现也是有可能的。“东方有许多受人敬重的高僧大德都说过，自己仍是求道的学生，总是在错误中学习。就连禅学大师铃木大拙也不敢自夸已经悟道。铃木大师反而说：‘严格来说，世上没有开悟之人，有的只是开悟的活动。’这句不凡的话告诉我们开悟本身无法被拥有，它只是存在于当下那稍纵即逝的自由。”（同上，第 11 页）

从全人需要层次理论看，这些说法，乃是强调了在大我实现需要占优势的情况之下，人们的那些更低的需要仍然是需要满足的，有时候甚至会暂时处于优势。

第三章　惠能论通心

一、惠能论“人性”与“佛性”

惠能是中国佛教禅宗创始人。他关于佛教的思想，被众多研究者认为是佛教的一次革命。有人认为，惠能对于禅宗的发展相当于马丁·路德的宗教改革。在这里，我们仅仅从全人心理学的角度，对惠能的一些重要思想做一些解读。

就像马丁·路德的宗教改革，超越了通向上帝的代理人，人们并不通过神职人员，可以直接向上帝祷告，与上帝产生连接，进而促进了基督教的世俗化。惠能的革命性的思想，也促进了佛教信仰走向世俗化。

惠能在《坛经》中对于“人性”与“佛性”关系的论述，是他最深刻的、最富有特色的洞见之一。

惠能认为，“人性”与“佛性”之间没有绝对的、不可逾越的界限：“前念迷即凡夫。后念悟即佛。前念著境即烦恼。后念离境即菩提。”（《坛经·般若品第二》）又说:“不悟佛是众生。一念悟时,众生是佛。故知万法尽在自心。何不从自心中，顿见真如本性。”（《坛经·般若品第二》）

惠能的上述论述，很有创见。为什么“一念之差”，人可以是凡夫也可以是佛呢？这正是由于人同时具有两种性质,即“佛人二重性”。所谓“佛人二重性”是指人人皆有成佛的潜能，即“众生皆有佛性”。

关于“佛人二重性”乃至“众生皆有佛性”，究竟与人的发展、人的成长有什么关系呢？这些思想，与当代心理学有什么关系呢？随着人本心理学、后人本心理学思潮的出现，人性的最高境界，人的灵性等逐渐进入了心理学家的视野。我所提出的“全人需要层次论”，也是这种情况的一个反映。

全人需要层次论，涵括了对于灵性、佛性等的研究，提供了关于“佛人二重性”等问题更加清晰的理解。也就是说，惠能关于“前念”“后念”的这些思想，可以转换成全人需要层次理论的语言进行论述。这种转换和论述，可以为我们人性的发展、潜能的发挥，提供一些更通俗的、更有价值的参考。这种转换和连接，也可以看成佛学、禅学与心理学之间的一座桥梁。例如，关于“前念迷即凡夫。后念悟即佛。前念著境即烦恼。后念离境即菩提”这段话，经过全人需要层次理论的转换论述，就可以是：前面迷恋于低级需要、中级需要的满足或者最多不过自我实现满足的都是凡夫，后面只要能够超越自我，进入大我实现境界的就是佛。前面执着于自我超越需要以下境界的皆有烦恼，后面通过自我超越需要，进入“大我实现需要”的满足就是解放。

惠能说：“不悟佛是众生。一念悟时，众生是佛。故知万法尽在自心。何不从自心中，顿见真如本性。”在这里，“不悟佛是众生”应该如何理解？这句话听起来非常令人费解，实际上这正是惠能高明之处。既然称之为

"佛"，就是意味着已经开悟，凡夫就是意味着没有开悟，怎么又来一个"不悟佛是众生"呢？这句话相当于："不悟的已经悟了的人（佛）是众生。"难道这不是自相矛盾吗？

正是在这里，隐含着惠能对成佛的深刻理解。据《南传大般涅槃经》记载，佛陀在世时的最后一年，吃了弟子供奉的一种木耳而患血痢，严重地损伤了自己的身体。我在《与先哲通心》一书中，详细地对此做了探讨，包括："如果佛陀没有任何判断失误方面的问题，也有拉肚子本身的问题。拉肚子，就说明身体出了问题，还有病痛。成佛以后还有病痛，这是不少人以前没有想到的。佛陀也拉肚子，这对于我们理解什么是'成佛'有意义。'成佛'并不是某种开悟之后就一劳永逸的不变的超越状态，当还在人世之时，就像已经永远在天堂生活一样。佛陀拉肚子，说明成佛以后也会有病痛的，并不是成佛以后一切都好了，在所有方面都健康了，再也没有任何问题了。——这是一种不是黑的就是白的两分法的思维方式。"

我所探讨的是"成佛"之后在环境适应、人际交往、日常生活方面还会不会有任何问题，这种"问题"，不是指不能够解决的烦恼，也不是指使总体状态下降的障碍，甚至是失去洞若观火的能力，而是指变化莫测的大千世界的某些难以预测因素，会对其身心灵的能量状态产生一定影响。例如，佛陀拉肚子，必然造成他的体力的至少暂时的下降，这种体力的下降意味着他像众生一样，也难以避免疾病对身体的影响，但在这个时候。他的心理健康、灵性健康仍然保持着高水平。

按照全人需要层次论的理解，任何人的需要层次的满足，都不是直线性的，而是波浪性的。其间，既有相对的稳定性，又有难以预测的上下波动、错位。如果我们把典型的佛陀的生活定义为大我实现需要占优势的话，那么这个大我实现需要的优势地位在某些时候，是可能有下降的。

关于惠能的说法，还可以有一种更加严肃的理解。所谓"不悟佛是众生"说的就是人在"成佛"以后，还有暂时倒退为"凡夫"的危险和可能性。

这并不就是说，真有过在成佛之后，又倒退为凡夫的佛。惠能在这里谈的是一个深刻的理念："不悟佛是众生。"这句话，是与后面"一念悟时，众生是佛"相对应的，不能够割裂开，而应该相辅相成地来理解。在"众生"与"佛"之间，并不是一条不可逾越的鸿沟。这条可以逾越的鸿沟，就是一个"悟"。当然，这个"悟"，不单纯是认识，而是"知、情、意"的统一，是"知行合一"。

惠能的这一理念，突出地体现了佛教"诸行无常"的法印。

大千世界变动不居，人的生存状态也变动不居，尽管有"戒、定、慧"护持，也不能够穷尽其变动。这也正是老子"道可道，非常道"的深刻含义之一。

惠能的这一理念，也正支持了全人需要层次论关于从一个人整体的、系统的动力结构来看人的思想。或者说，全人需要层次论的论述，可以对惠能的思想进行发挥。

正如惠能所说："菩提在世间，不离世间觉。离世觅菩提，犹如求兔角。"（《坛经》）一个人不能够扯着自己的头发离开地球。成佛之后，也要吃喝拉撒睡。进入大我实现需要之后，所有的大我实现需要以下的需要，依然存在，依然必须得到一定满足，只是它们不占优势而已。

这些更低需要的存在，同时也是大我实现需要之所以能够占优势的一个前提，如果没有它们的支撑，意味着你已经扯着自己的头发，离开地球了。

它们的存在，也并不意味着在你的大我实现需要占优势之后，在任何情况下，都不会下降。人活在社会环境和自然环境中，周围的各种各样的因素无时无刻不在变化，它们使你的大我实现的需要，其支配力至少有临时下降的可能性，甚至变成其他需要占优势。

在本书的第三部分第七章《一般人也可以达到"大我实现"吗？》已经讨论了两种"实现"的问题，即在观察人的生存状态时，可以做一个重要的区分：根据需要层次系列中，某一基本需要的支配力的大小和稳定情况，把个体的生存，分为"需要的短暂的满足"与"稳定的人格状态"两大类。

1."需要的短暂满足"——一种需要从寻求满足到得到满足，这种过程由于时间短，难度小，强度低，对于我们整个人的支配力小，它就只能够被称为“需要的短暂满足”。例如，我们大多数人，平常一日三餐，在吃饭的时候，我们也许会把注意力集中在吃饭上，这个时候我们的生理需要或许称得上是短暂地处于优势地位，我们处于对于食物的生理需要的短暂满足状态。满足之后，食物就不再吸引我们的注意。在现代社会中，生理需要的满足往往不是消耗我们主要精力的需要，它们只具有短暂满足的意义。

2.“稳定的人格状态”——一种需要从寻求满足到得到满足，这种过程由于时间长，难度大，强度高，对于我们整个人的支配力大，它就能称为“稳定的人格状态”。例如，一个长期缺爱的单身男子，现在急于找一个对象结婚，碰见任何一位年轻女子，他都要琢磨与他发展感情的可能性，甚至不顾可能性而唐突地行动，而又屡屡失败。这种情况说明他长期处于归属需要占优势的状态，归属需要长时间对他的支配力最大，我们因此可以称他在这段时间的人格状态是“归属型人格”。——在这里，我们排除了他的行为主要是寻找性需要满足，他已经通过自慰或者其他方式，满足了他的性需要。我在《人格三要素》等书里曾经认为，中国封建社会长期发展缓慢，向中国人当时的人格状态追溯原因，在于中国人的普遍人格处于“归属型人格”状态，即追求和维持“三十亩地一头牛，老婆孩子热炕头”的理想生活。那么对于佛陀、孔子、老子、庄子等而言，长期都是“大我实现需要”占优势，所以我们称他们为“佛”“圣贤”“圣哲”等。

在这里，可以发现惠能的思想与全人需要层次的思想是完全相融的。惠能强调的也是流动的状态。而状态是可以变化的，所以可以从动态的角度来看“成佛”。他的这一思想，与全人需要层次论把“需要短暂的满足”与“稳定的人格状态”区分开的思想是一致的。

“前念迷即凡夫。后念悟即佛”中的“凡夫”“佛”所指的情况都是指“需要的短暂满足”，而不是“稳定的人格状态”。

惠能关于“前念”“后念”的观点，《坛经》中还有一些说法。法海问，什么是“即心即佛”？惠能答：“前念不生即心，后念不灭即佛。”这些指的是“需要的短暂满足”，而不是“稳定的人格状态”。

也就是说，如果存在“前念”“后念”巨大差异的问题，它们都只是“大我实现需要”的暂时满足。只有长期能够如此这般，才称得上是“稳定的人格状态”。

历来有不少人强调，称惠能所传为“顿悟”。其实惠能认为“顿”“渐”是不分的，不是只讲顿悟，不讲“渐悟”。“法即无顿渐，迷悟有迟疾。”（《坛经·般若品第二》）其实，惠能最突出的贡献，是强调了顿悟也可以“成佛”。在这些说法的背后，是打破了“凡夫”和“佛”的绝对的两分法，对于“成佛”作了更详细的、具有层次性的理解。他的这种理解，在某种意义上拉近了人与“佛”的距离，增加了人们对“成佛”的信心。

我国有不少学者都认为，“顿悟”作为一个概念，一种思想，并不是由禅宗首先提出来的。在禅宗之前的佛教经典里就有。例如，刘立夫认为，《维摩诘所说经》中的“实时豁然，还得本心”，《大乘本生心地观经》中的“如是之人能够断三障、速圆众行、疾得阿若多罗三藐三菩提”。都涉及“顿悟”。（明生主编：《禅和之声：2011—2012 广东禅宗六祖文化节研讨会论文集》，羊城晚报出版社 2013 年版，第 240 页）

这种情况，正说明惠能的思想也具有一个源与流的关系。

二、 惠能与“通心”

从全人心理学 · 通心理论的角度，对惠能的思想还可以有一些殊胜的诠释。例如，从通心理论的角度看，“悟”没有“悟”，就是看“通”没有“通”。

“通”在《坛经》里是相当重要的一个概念。在《坛经》里，多次提到“通”。例如：

“内外不住，去来自由，能除执心，通达无碍。”（《坛经·般若品第二》）

“来去自由，通用无滞，即是般若三昧……”（《坛经 · 般若品第二》）

“悟无念法者，万法尽通。”（《坛经 · 般若品第二》）

这些话，都突出了一个“通”字。

“通”与“空”“无”“悟”等关系密切。那么，它们具体有什么关系呢？

可以说，“通”是“空”“无”“悟”的前提。

从通心理论看，悟还是不悟？空还是不空？无念还是有念？不是一个理论问题，也不只是主体的一个状态问题。生命是流动的，生命是在时间之中。生命不是孤立的，生命无时无刻不在关系之中。

正是一个“通”字，表达了我们自身的状态和万事万物的关系。

《坛经》中下面的一些话，道出了其中三昧：“说通及心通，如日处虚空。唯传见性法，出世破邪宗。”（《坛经·般若品第二》）

“说通及心通”，这里惠能直接说到了“通心”的问题。这里的“说通”，即第一个“通”，指的是法通，是个体与万事万物的“通”，亦即个体在关系中的自由状态。这里的“心通”，即第二个“通”，是指你处于自心、自性、真我、大我的“心量广大”的状态，即：“心量广大，遍周法界，用即了了分明，应用便知一切。一切即一，一即一切，去来自由，心体无滞，即是般若。”（《坛经·般若品第二》）“说通及心通”是说，你与万事万物的关系是通畅的，事事无碍，这是由于你自身是畅通无阻的。反之亦然，如果你自身是畅通无阻的。你与万事万物的关系就会是通畅的，事事无碍。

读过《坛经》的细心读者会发现，为什么惠能一会儿说“心如虚空”，一会儿又说“如日处虚空”呢？

在这里，是不是有矛盾？这个“心”到底是指“虚空”，还是“一轮红日”呢？

我是这样理解的。前面说“心如虚空”，是指开悟后的无为状态。后面“如日处虚空”，则是指“不住无为”的状态，即“入廛垂手”。所以惠能接着说：“唯传见性法，出世破邪宗。”

也就是说，一个人开悟了，通透了，还需要回到大千世界去生活，去度众生。这也是全人需要层次论说的“大我实现”的状态。

度众生，就是与众生通心。所以惠能又说：“心量广大，遍周法界，用即了了分明，应用便知一切。一切即一，一即一切，去来自由，心体无滞，即是般若。”（《坛经·般若品第二》）

惠能的这句话，在心理学上具有深远的意义。它讲出了人具有通心力的原理，以及人的通心力有无限发展的潜能。

如果“悟”，你就是“通”的，否则，你就不通。不通，就说明在“悟”

上出了问题。

通心的理论和方法继往开来，有助于将禅宗的积极思想更加发扬光大。

惠能强调："不能自悟，须求善知识，指示方见。"有人点拨，总比独自摸索好。

所谓点拨就是进一步地落实"心心相印""以心印心"，帮助人认识自性。

如何帮助人认识自性？

从通心的黄金三要件看：

1. 清晰自己。

2. 换位体验。

3. 有效影响。

关于惠能的"说通即心通，如日处虚空"，我尝试再补充两句："说心即通心，如月万川映。"合起来就是：

说通即心通，如日处虚空。

说心即通心，如月万川映。

这几句，简单地描述了惠能的境界和所做的事情。

只是惠能在度人的时候，他富有穿透力的他心通能力，省略了中间"换位体验"这一步，直奔"有效影响"这一主题和过程。

惠能是怎样度人的呢？

在《坛经》上，有很多这方面的记载。例如，仅仅是《坛经·机缘品第七》，就记载了惠能对无尽藏尼、法海、发达、智通、智常、志道、行思、怀让、玄觉、智隍等数十位弟子的说法。

这些说法都是使弟子们当下就有所开悟的案例。这些案例，也可以说是通心的典范。惠能对他们要言不烦，直指开悟突破口。

但是，正如惠能自己说，法无顿、渐之分。面对大众讲法的时候，他也讲了一些渐修的方法。例如，他也讲坐禅、入定，甚至针对大众百姓，讲一些通俗易懂的东西。包括"恩则孝养父母，义勇则上下相怜。让则尊卑和睦，忍则众恶无喧"等。但惠能的思想毕竟有其历史局限性。

那么，在当今世界，有没有更多更好的方法来帮助大众呢？

有。一切都在发展之中。通心理论即是其中之一。“通心的黄金三要件”就是心理健康服务工作者的方便法门。

如果一个人通过顿悟就可以解决所有问题，他一般也就不会来咨询。所以，对于咨询师来说，无论是训练自己的通心力，还是帮助来访者学会与他人通心，“换位体验”都是至关重要的。

第四章　活出大我的次第：“十牛图”

我们挖掘自己的潜能，能够挖掘到什么深度？

我们发挥自己的潜能，能够发挥到什么程度？

这些问题，在有了全人需要层次理论之后，就有了一种比较满意的说法。这就是“大我实现”。大我实现是迄今人类需要的终极实现。

如果我们把走向大我实现的过程看成是一个修行的过程，那么修行将会经历哪些阶段呢？这一过程与宗教修行传统和文明的传统有什么关系呢？

我以为，全人需要层次这一成长、发展的框架，与这些传统都不矛盾，相反，从全人需要层次的角度来理解，可以更加清晰，更加具有精确性。全人需要层次论，对于不同层次需要之间的关系的论述，都更加详尽与精细。

例如，我们可以从全人需要层次论来看禅宗“十牛图”。

廓庵是我国宋代的禅师，全名为廓庵思远，是大隋元静禅师法嗣。在法脉上，他属于临济宗。他的“十牛图”把修行分为十个阶段，通俗、生动地表达了度己度人的成佛过程（参见李存周：《廓庵禅师〈十牛图颂〉解读》,《岭南师范学报》2016 年第 4 期）：

一、寻牛；

二、见迹；

三、见牛；

四、得牛；

五、牧牛；

六、骑牛归家；

七、忘牛存人；

八、人牛俱忘；

九、返本还源；

十、入廛垂手。

这十个阶段表现出的次第，在一定意义上可以看成是与全人需要层次相对应的。全人需要层次理论关于各种需要之间的相互关系，可以反过来看各种次第之间的关系。例如，“优势需要”这个概念，至少在一定程度上可以用在这十个“次第”上，即“优势次第”。

“一、寻牛；二、见迹；三、见牛；四、得牛；五、牧牛”，以上几个阶段，尽管都是认知导向的，但与基本需要的满足也有一定的对应关系。可以大致同时理解为归属需要、自尊需要的满足过程。例如，在我国的柏林禅寺、四祖寺，从 20 世纪 80 年代起，就开始举办佛教夏令营，每年一届。我也有幸作为嘉宾参加过三届。我观察到，不少居士参加这些活动，实际上是在满足这些需要。“六、骑牛归家；七、忘牛存人”，以上可以理解为自我实现。自我实现虽然有“忘我”之体验，但这种“我”是缺乏超越性的。“八、人牛俱忘”，这可以理解为自我超越，自我超越的含义之一就是“忘我”，或者真我的“空”的状态。“九、返本还源；十、入廛垂手”，以上可以理解为“大我实现”。这里的“返本还源”的“本”和“源”可以理解为“大我”。“返本还源”就是发现和体验到自己的大我。“十牛图”的最后一图为“入廛垂手”。可以理解为做人的“终极境界”，也就是大我实现需要占优势的状态。

如何理解“入廛垂手”？

所谓“廛”是指人口密集、集中之处。它是指在得道之后，以“不住无为，不尽有为”的状态在人群中生活，所谓“大隐隐于市”。

“何谓不尽有为？谓不离大慈，不舍大悲，深发一切智心，而不忽忘记。”（《维摩诘所说经·菩萨行品十一》）

“何谓菩萨不住无为？谓修学空，不以空为证明，修学无相、无作、不以无相无作为证。……”（《维摩诘所说经·菩萨行品十一》）

“垂手”一词意味深长、生动形象。

我曾经就“入廛垂手”的理解请教过净慧老和尚。

他当时站起来，比画了一下，说：“就是这样：双手自然垂下，有缘分有需要随时接引的状态。”我当时听得很起劲，满心喜欢，心里在说：“这也不就是师父的样子吗？”

别小看这一双看似平凡垂下的手，到时候就可能变成观音的千手。

“入廛垂手”的境界，也可以理解为“道人合一”，也就是说，此时、彼时，人活着的一言一行都体现了道。

第六部分　从全人需要层次论看现实世界

第一章　悄然兴起的“精神贵族”

全人需要层次论只是一种空洞的理论吗？它与当今的现实生活有什么联系？尤其是在我国，它能够更好地解释一些重要现象和人们的思想动态吗？

早在 2002 年，就有一篇文章写道：“在人潮汹涌、纷繁忙碌的都市中，有这样一群白领：他们每天为了公司业务而拼命打拼，也换来丰厚的回报，但他们的生活状态却简单得出人意料。除去每周几次去体育场馆健身外，几乎所有私人时间都是在家里度过的：看书、看电视、看碟片、玩游戏、上网，几乎不与身边朋友保持联系，即便周末也是如此。……都市孤独族，虽生活简单，但个性充分舒展，是真正的精神贵族。”（李江：《都市里孤独的人，是真正精神贵族》，《北京晚报》2002 年 3 月 29 日）

这篇报道鲜明地使用了一个概念：“精神贵族”。当时我就感觉，这个概念是有一定意义的，它反映了国人的一些心理发展状况，即对于精神生活的重视。十多年过去了，我认为，更加重视精神需求，甚至自称是“精神贵族”的人有增无减。当然，这些人的表现不仅不一定和他人类似，而是且可能有区别。

这种情况至少说明：物质主义、消费主义的潮流并非一统天下。

当今中国，正在实现复兴中华民族的理想，对于精神价值的追求，也正在形成一种潮流。“精神贵族”这一概念是否具有现实意义，应该如何看待？“精神贵族”是一个混乱的、复杂的，容易引起误解的称谓。“精神贵族”一词在我国曾经是一个贬义词，它常被用来对知识分子进行批判，指责他们脱离群众，带有浓厚的政治色彩。

我当时写了一篇文章，对“精神贵族”这一概念进行辨析，发掘它的积极价值。现在看来，这一概念仍然具有一定意义。

1. “先物质后精神”“只有物质生活丰富了，才能够讲精神”“物质、精神都要丰富”。

以上是一些非常普遍的说法。这些说法都是不清晰的。它们体现了强大的来自西方物质主义、消费主义文化的影响。

从需要层次论来看，人们的低级需要，即生理需要、安全需要，的确需要物质做保障，但关键在于，物质需要满足到什么程度，我们才追求精神？

在这里，我们一定要清楚“满足”是一个具有极大的可塑性的概念。

一般说来，人们的物质生活所必需的物质并不多。一个人能够吃多少，吃多好？能够穿多少，穿多好？能够住多少，住多好？在这里有很大的可塑性。在很多时候，人们对物质生活的要求，包括名车、豪宅，在很大程度上是出于虚荣心，而不是实际的需要。而这个可塑性取决于文化的影响和个体的价值选择。在这方面，中国传统文化强调的都是物质需要的适当满足，即“节欲”。

最后一种说法尽管说的是“物质、精神都要丰富”，但实际上仍然没有给精神以应有的位置。

什么是物质生活丰富？物质生活怎样才算丰富？物质生活与精神生活二者能够等量齐观吗？二者会不会发生冲突？二者能不能整合？如果发生了冲突，我们应该如何选择呢？如果需要整合，我们应该如何整合呢？

尽管物质生活和精神生活可以并行不悖，但是，选择仍然是必要的。

物质生活的丰富有时候有助于精神生活的丰富，但在把握不住“度”的时候也会阻碍对精神生活的追求。

2. 真正的健康是“身、心、灵”三方面的健康，即“大健康”。这也是真正的“精神贵族”所追求的。“身体健康”“心理健康”的重要性已经被公认了，但是“灵性健康”还没有。但如果一位自称是“精神贵族”的人只强调灵性的价值，忽视“身心”健康，也是属于矫枉过正。真正注重精神价值的人，绝不会忽略“身、心”的健康。

3. “精神贵族”表面看来有一些“犬儒主义”？实际上并不相干。他们只是一种当今社会面临选择时的价值取向。而许多人左顾右盼，拿不定主意，什么都想要、什么都不放弃的心态明显是病态的完美主义。

4. “精神贵族”有正面和负面两种含义。它的正面含义是强调追求精神和超越的价值。价值意味着选择。所谓“精神贵族”就是以精神为贵。这也就是孟子所言:“(鱼与熊掌)二者不可得兼,舍鱼而取熊掌者也。”(《孟子·告子上》) 它的负面含义是有可能被停留在自尊型人格阶段的人津津乐道，作为自卑情结的一种防御。

5. “精神贵族”与物质方面的基本需要的满足没有必然的联系。物质方面的基本需要满足后两种情况都可能发生。有的人很容易纵向发展，即走向更高的需要，走向自我实现。有的人则不容易，他们是横向发展，即执着于物质需要的满足，不断地提高满足标准。真正的“精神贵族”当然属于容易向自我实现发展的一类。

6. 马斯洛说得好：高级需要的满足能引起更合意的主观效果，即更深刻的幸福感、宁静感，以及内心生活的丰富感。低级需要和安全需要的满足最多只产生一种如释重负的感觉，无论如何它们都不能产生像爱的满足所导致的那种高峰体验、极度幸福、令人心醉的爱，或是宁静、理解、高尚等感受。在马斯洛的需要层次论里，高级需要是指“自我实现需要”。在“全人需要层次论”里，高级需要是指“自我实现需要”“自我超越需要”“大我实现需要”。重视高级需要的满足就是高扬精神的价值。精神的价值具有长远的意义。精神的价值是绿色的价值,有助于使人类持续发展。

7. 精神的价值是重视整个生态的价值。越强调精神，意味着越淡化对物质的追求和消耗，减少对自然界的索取，减少对生态的破坏。这样，也就越有利于生态的平衡。

“精神贵族”这一称谓，有时候有愤世嫉俗的意味。它对现实世界的过分物质化感到不满。

它强调精神，以对抗浮躁的物质世界；它强调精神的价值，以淡化狂热的物质主义和消费主义。

8. “精神贵族”为社会增加了色彩与丰富感。人是需要一点精神的。如果没有“精神贵族”，所有的人饱食终日，无所事事，社会将会是什么样子呢？

9. “精神贵族”与“贵族精神”的含义并不是一致的。后者是指历史上的一个特殊阶层所具有的意识形态。“贵族精神”不一定是含有注重精神生活的意思。

10. “精神贵族”与“宗教信徒”的含义也并不一致。尽管后者大多都重视精神生活，但并不是所有的宗教信徒都这样。“精神贵族”强调人要有信仰，但并不是一定要信教。

11. 在精神生活与物质生活的关系上，“精神贵族”就像马斯洛描述的某些自我实现的人。“精神贵族”也看重物质生活，但有时候似乎也有一点不拘小节。由于他们的精力常常高度集中于精神的创造上，有时候也会显得有些大大咧咧。如果说他们是“蓬头垢面，不掩国色”，这当然是一种夸张，但透过他们平凡的外貌，你就会发现他们的精神在闪光。

12. “精神贵族”的含义应该是“看重精神价值”的一些人。他们把终极关切看得非常重要，其需要的满足毫不犹豫指向创造与超越。

他们不是不愿意享受物质生活，而是在进一步扩大物质生活的高消费和追求精神生活两者矛盾的时候，认为精神生活更加重要。在价值取向上，他们强调物质需要的适度满足。在物质需要的满足上，他们不贪婪。但对于精神上的创造，他们充满了不懈追求的动力。

13.“精神贵族”和马斯洛所描述的自我实现的人有什么关系？应该说，马斯洛描述的自我实现的人都可以被称为“精神贵族”，但可以称为“精神贵族”的人却不一定符合马斯洛的自我实现的标准，例如凡·高、卡夫卡、尼采等。由于全人需要层次论把马斯洛需要层次论原来的高级需要，扩展为了自我实现、自我超越和大我实现，同时清晰地区别了“自尊需要”与“自我实现需要”的满足。凡·高、卡夫卡、尼采等人，都可以看成是波动很大的，他们在自我实现、自我超越之间波动，并且不乏大我实现的时候，但常常也会跌入自尊需要，甚至归属需要。

14.“精神贵族”应该从心理素质体现出来。三种人格力平衡而且强大的人，必然重视精神，都应该是精神贵族。但是，精神贵族的三种人格力也许只是某一种、二种强大，不一定都强大。他们有可能是发展不平衡的，甚至是畸形的，例如凡·高、卡夫卡、尼采。有的“精神贵族”的人格力甚至严重畸形，例如，尼采对于意志力的体验和强调。

15. 诗人顾城算不算“精神贵族”？他写过那么多文学作品，那些作品不无对精神的细腻的追求，在那些状态下可以算是。但是解释顾城更好的理论构架是全人需要层次论。正如需要的满足是一个动态的过程，也许他在有的时候已经进入自我实现的境界，在这个时候他有某些人性的闪光。但当他举起斧头砍向妻子的时候，他的兽性已经压倒了一切。最后他上吊自尽了。以此为他盖棺论定：一个偏执的会写诗的心理病人。

16. 拒绝“假精神贵族”。所谓“假精神贵族”主要是指那些附庸风雅者。区别在于动力结构：精神贵族是出于终极关切，附庸风雅是出于虚荣心。

17. 有不少人在发财后没有更高的追求，而是吃喝嫖赌。这其实是他们的“低俗化”防御机制的表现。还有不少的人根本就没有发财的欲望，他们的注意力集中在精神成长之上。凡注重追求精神的人都是精神贵族。

18.“精神贵族”这一说法有它的积极意义。在中国，有很多人对西方文化中的物质主义、消费主义感到不满。他们追求精神的成长。“精神贵族”这一说法使他们有一种自豪感，使他们可以用精神的价值去抵御世俗的追求。

提到生活中的精神贵族，我想起在 20 世纪 80 年代曾经参加过的北京的一个“天地生人沙龙”。参加者以从事自然科学和工科的教授、研究员居多。他们就是重视精神价值的人。他们衣着简朴，喜欢思想交流、讨论。他们滔滔不绝地谈老子、爱因斯坦、宇宙、相对论，不亦乐乎。

19.“精神贵族”的价值取向与中国优秀传统文化有较为密切的关系。中国传统文化反对“纵欲”，主张和强调“节欲”。中国的先贤、圣人，大多都是“精神贵族”。孔子是最典型的“精神贵族”。他赞扬弟子颜回：“贤哉，回也！一箪食，一瓢饮，在陋巷，人不堪其忧，回也不改其乐。”（《论语·雍也》）贫乏的物质生活中也可以有精神的富足。

20. 中国有“精神贵族”的传统。在中国古代文学作品中我们不时可以看见诗人们表达的终极关切。例如：

陈子昂：“前不见古人，后不见来者。念天地之悠悠，独怆然而涕下。”（《登幽州台歌》）

苏轼：“哀吾生之须臾，羡长江之无穷。”（《赤壁赋》）

佚名：“生年不满百，常怀千岁忧。”（《古诗十九首》）

21. 亨利·圣·约翰（Henry St. John）在《给斯威夫特的一封信》中写道：“我们所有的需要，除了那些适度的生活必需品之外，纯粹都是想象的。”（转引自美国戴维·迈尔斯：《社会心理学》，侯玉波、乐国安、张智勇等译，人民邮电出版社 2017 年版，第 468 页）我很高兴国际社会心理学界也关注到这样的问题。这段话，实际上说的是人类需要满足的可塑性。

1986 年，我曾经对中国人的人格发展发表过这样的看法：中国人的人格正在发生转化，转化的大趋势是普遍人格从“归属型”转向“自尊型”。光阴似箭，一转眼已经三十多年。应该说，中国人的普遍人格从归属型转向自尊型的过程仍然在进行，但就像经济发展一样，人格发展也是不平衡的。进入 21 世纪后，中国人的人格发展又出现了一种新的趋势。这种新趋势就是普遍人格从“自尊型”走向“自我实现型”，甚至越来越多的人追求身心灵的“大健康”以及潜能最充分的发展。

第二章　让“道”发挥作用——两次访问海灵格

一、海灵格工作坊的初步印象

在心理治疗和修行领域中，有很多人具有“大我”的境界，或者在为开发“大我”的潜能做出努力。

伯特·海灵格（Bert Hellinger）是德国的著名心理学家和心理治疗家。海灵格先生二战后到南非做神父10多年，然后回到欧洲，研究心理学，创立了家庭系统整合疗法（family consterlltion）。他开始研究心理学之时，已经50岁。2002年他年届78岁高龄，仍然在全世界范围内演讲，举办工作坊。2002年7月，他第一次来到中国举办家庭系统整合工作坊。

当时，他已经在中国讲了三次工作坊，分别在广州、上海、北京。他的到来引起了极大的反响，有一些人在广州听了以后，又到上海，一直跟到北京。

在北京，从2002年7月5日到7月7日，两个白天和一个晚上，一个又一个人走上台，寻求他的帮助，接受治疗。上台的总人数30人至50人。

下面是关于一些个案的印象，由于是凭记忆，不一定完全准确。

7月5日晚上所做的第一个个案，是一位年轻姑娘。她的问题是和男朋友的关系都不能够持久，最长的有4年，最后还是分手了。海灵格叫上来一些人，分别扮作她的父亲、母亲、兄弟，他让姑娘凭感觉把他们一个一个地推到自己认为是适当的位置，然后停下来……

在排列完之后，他问：“感觉怎么样？”

回答：“好多了。”

也许，在这个排列的过程中，这位姑娘获得了某种启示。

当那些当事人在海灵格的身边坐下，他常常先是一句话不说，似乎只在默默地感觉他们的呼吸、心跳……

我亲眼看见了这样一个令人惊讶的个案：一位30岁左右女性走上台。他让这位女性坐在旁边。沉默了大概3分钟，海灵格似乎在感受她的呼吸，然后他转过脸，第一句话就问：“小的时候，你的什么亲人死了？”

“我4岁的时候，我的一个哥哥死了。”

“不对，不止一个人。”

“对，小时候食物中毒，死了好几个。”

他叫一个人扮演她的哥哥，站在她面前。他让他们互相凝视，然后问他们彼此的感觉。

……

海灵格什么都没有问她，何以知道她小时候家里有亲人去世呢，而且还指出不止一个？这使在场的人目瞪口呆，包括我自己。这显示了海灵格惊人的直觉和经验。

有一次是一位50多岁的先生，这位先生坐在台上，没有任何表情，一直沉默着。海灵格也沉默着，等待着，一会儿看看他，什么也没有问。又过一会儿，他叫来志愿者中的一位女士，说："你是他的母亲，请跪在他的面前。"他让他们互相对视。过了一会儿，海灵格问那女士："感觉怎么样？"女士回答："我讨厌他。"

于是他又问那位先生感觉如何。那位先生对女士说："我也讨厌你！"

海灵格要求："再大点声儿！"

那位先生的音量大了一些。

"再大点声儿！"海灵格继续要求。

那位先生的音量又大了一些。

"再大点声儿！！"海灵格还是不满意。

最后，那先生几乎是在吼："我讨厌你！！"

他让那位先生下去了，这次没有问他什么。

作者与海灵格先生合影

这位先生的问题是什么我们不得而知。这次治疗的效果如何呢？我恰好认识那位扮演母亲的女士。她告诉我：后来，这位先生主动找到她，向她深深地鞠躬，表示感谢。她说，这位先生的脸上露出了原来没有的笑容。好几位学员对我说，这位先生原来一直郁郁不乐，寡言少语。经过海灵格的治疗后，变得很活跃。

最后一天，海灵格给中国康复中心的一位病人做心理治疗。那个病人在车祸中受了伤，受伤的共有 8 人，他是最严重的一个……海灵格叫 8 个人扮演受伤者，一个人扮演司机。他们俩对站了一会儿。司机先是躺在地上，过了一会儿，他站起来，向后退了几步。然后，不安地走来走去，最后，他和 8 位受伤者站在了一起。

海灵格叫这 8 个人对“命运”深深地鞠躬。

海灵格最后总结说：“你们看见了，受害者是怎样演变成了加害者，这样，悲剧永远没有完结的时候。”

最后，他还对全场的人同时进行了治疗。

他在工作坊结束时总结说：“现在，你们都已经明白了，系统整合是一种为了和平和解的方法。如果它能得到更多地接受和运用，人类会发展得更好。”“好的事情，当它在好的时候，它就会继续发展。……那股更大的力量在推动着”“在这里我很愉快，感觉是在自己的家。有这么多的人对我注意和照顾。我还会回来”。

他说话的声调平缓、柔和，音量很小，但很清晰，用词简洁、朴实。当他讲完最后一句话，停了下来，沉默着……

中国康复中心的报告厅里座无虚席，连过道上都摆满了椅子。全场一片安静，连咳嗽的声音都听不见，仿佛能听到大家的呼吸声，这呼吸声又像地球在太空中运转的声音。足足有 5 分钟，他没有说一句话，目光慢慢地移动，（后来我了解到）全场的很多人都觉得他在和自己交流，其实，这是能量巨大的人目光的特点，当他们往前看的时候，他们的眼光是向外发散和四射的。

海灵格先生的治疗和他的言论使我相信，他是一位至少在心理治疗中进入了“大我”状态的心理治疗师。

关于海灵格先生的工作坊，著名心理治疗师张宝蕊在网上也发表过自己的意见。有肯定，也有质疑。在这里，我不准备就海灵格先生的工作坊进行详细的讨论，只就我感受到的一些特点发表看法。我完全同意张宝蕊女士的肯定意见："海灵格的这种排列法是很特别的，它强调了心理治疗上对过去事情的'再经验''原谅''接纳'，并且主张与过去'修好'，他符合了整合原则；另外，在系统的排列中，将当事人的家庭，特别是当事人本身的消极能量，提升到积极能量的'转化'规律，我并不怀疑它对人们的帮助。"（张宝蕊《海灵格家庭系统排列之我见》）鉴于目前国内这方面的研究不多，张宝蕊女士发表的意见非常宝贵，但这里我也不准备对这些意见进行详细讨论。

由于海灵格先生在工作坊中表现了惊人的直觉和洞察力，使许多人觉得他的心理治疗功力很深厚。"神奇""震撼"——有不少人参加后有这样的感受。那么，海灵格的治疗有什么秘密呢？我认为，他的秘密就在于：在治疗中他"放空"了自己，具有"大我"的状态。

二、海灵格夫人促成了对海灵格的采访

我能够采访海灵格，应该说主要是海灵格夫人的作用。

司徒年好（Rebecca）女士是海灵格的一位学生，也是我的一位朋友。她跟随海灵格学习多年，曾经多次去德国，当时自己也在欧洲举办心灵成长类的工作坊。她也在海灵格工作坊。我答应送她一本《活出最佳状态》。

7月7日（海灵格讲课的最后一天）下午，我特意返家拿了书来。看到司徒女士就坐在第一排，我走过去，把签好名的书交给她，她非常高兴。

司徒年好女士的旁边坐着一位漂亮的中年德国女士，但当时我没有注意到她，更没有想到她就是海灵格夫人。我根本不知道她伴着海灵格一起来北京了，在工作坊上也从来没有人介绍。另外，在场还有好几位德国女士。

这位德国女士很感兴趣地从司徒那里把书拿过去，笑着说能不能把这本书送她。司徒说，上面已经写了她的名字了。见此情景，我对德国女士

作者与海灵格夫妇合影

说，我送你一篇我的文章吧。

我回到我的座位，取来《我的一次神秘体验》（英文）送给她。她很快地翻阅了一下，对我说：“你想不想请海灵格看？”

这篇文章正是我为海灵格先生准备的，我很想知道海灵格先生对这篇文章的意见，只是一直没有机会给海灵格先生。现在，这位德国女士这样问我，我当然求之不得，就说：“很想让他看，如果他没有时间给我提意见，你能不能看了后告诉我意见？”她说：“当然”。

由于我是站着和她说话，她们也站了起来，在说话的时候，情绪略有一些兴奋。看得出来她对这篇文章以及与我进一步的交流是有兴趣的。她继续翻了一会儿《活出最佳状态》，翻到书中我与潘鹤的《自我完善》雕塑的合影时，她指着照片问我：“这是你吗？”我点了点头。

我看她主动牵线让我与海灵格联系，而且是如此有把握，我何不进一步提出采访海灵格先生。于是，我说了自己的要求。她非常爽快地答应了：“就明天。”我说：“明天上午 10 点。”地点还没有说清楚，课程继续开始了。

我先回到自己的座位。

中间例行休息30分钟，我又走过去，她拿出一张前门饭店的名片，在上面加写了房间号。大概是由于她显得还比较年轻，我当时没有意识到她是海灵格夫人，多少有一点唐突地问她：能不能告诉我她的名字？出乎意料，她似乎犹豫了一下，没有立即回答。我又问了一次，她于是在名片上写了几个字。我一看，是大写的“HELLINGER”。

司徒也连忙告诉我：“她就是海灵格夫人！”

三、第一次采访海灵格

时间：2002年7月8日上午10点—12点。

地点：前门饭店。

采访开始前，我把一本签好名的《活出最佳状态》给他。扉页上写着：“To Hellinger：The Great Friend of Chinese People Xu Jinsheng”。

海灵格翻开扉页，看见里面写的文字，笑了。

这时候，海灵格夫人把我送给司徒女士的书，还给了司徒。原来海灵格夫人为了给海灵格提供更多关于我的信息，把这本书带到前门饭店来了。

我对他的采访的部分内容如下（记录未经海灵格先生审阅，评注为笔者所写）：

许金声：李中莹先生说，他感觉你衰老很快，这与你从事的工作有关系吗？心理治疗工作是不是很消耗能量？你在治疗中运用同理心（empathy）吗？

海灵格：我做的工作给了我力量。在做这种工作的时候，我受到各种各样的问题的挑战，从中我也得到大量的经验。每一个案例都是独一无二的，必须以不同的方式处理。我和许多人接触，他们好的能量作用于我，使我成长。如果我只是单方面地给他人做治疗，我就不会得到迅速发展并且成长。

评注：自我超越型的心理治疗师的典型特征之一，他们在治疗他人之后，不是能量的衰竭，反而是能量的增长。

许金声：你在工作时是否运用同理心？

海灵格：是的，但有各种各样的同理心。有一种同理心与我的治疗差不多，它是一种强调同理心的治疗方法。但同理心有时候是危险的，它妨碍你真正帮助人。给你举个例子，医生做手术就不能够运用同理心。我有时候没有用同理心，但是我有尊重。

老子认为“道”不是仁慈的。如果我们仁慈，我们就不能够做很多的事情。这是不同的态度。

还有灵性的同理心（spiritual empathy）。你理解吗？

评注：海灵格先生在这里所表达的对“同理心”的看法十分精彩。他洞察了罗杰斯以及一般人本心理学治疗流派治疗师所使用的“empathy”的局限。罗杰斯所诠释的“empathy”在一定意义上限制了治疗师的立场和状态，即具有被带走的风险。海灵格先生认为，治疗师应该有更高的境界。他说：“医生做手术就不能够运用同理心。”或者说，他是升华了同理心的概念，是站在“道”的立场上面对当事人。他谈到了老子认为“道”不是仁慈的，即“天地不仁，以万物为刍狗；圣人不仁，以百姓为刍狗”（《老子》第五章）。按照“道”来做事情就是“灵性的同理心”（spiritual empathy）。他的这种做个案的状态，我理解为就是一种“大我实现”的状态。

……

许金声：“灵性的同理心”就是“大我”。你的治疗是快速的。你还同时能够解决很多人的问题。

海灵格：（海灵格先生回答了这个问题，此处录音记录不清楚）

许金声：你说过老子是你的朋友，你对他的优点很清楚，你认为他有什么不足吗？

海灵格：每一个优点同时也是缺点。我看《老子》，在我的心灵里有共鸣，我与老子有同样的感觉，读老子的书，做家庭系统排列的时候，与

“道”连接起来，尊重“道”。

评注：海灵格先生在这里说“每一个优点同时也是缺点”，是用老子的思想来回答关于老子的问题。他虽然没有具体说“缺点”是什么，实际上也可以说是回答了。这里最重要的是说到他做个案的时候，与“道”连接起来，尊重“道”。——这就是一种典型的大我实现的状态。

许金声：马斯洛（A.H.Maslow）曾经提出“helpful let it be”（有帮助的顺其自然）的概念，如果你知道他的这一概念，是否认同这一概念？你还有什么不理解老子的地方吗？

海灵格：“无为”……

许金声：在“无为”和“有帮助的无为”之间有一些区别？

海灵格：“道可道，非常道”。在心理治疗方面，要帮助人，但是不造作。例如，有人坐在我的旁边，他没有做什么，但是在他那里有一些事在发生。当事人在旁边，我保持自己的状态。做同时也不做什么。不做有最大的能量。

评注：我曾经看到有资料说：在一次治疗后，工作坊进入休息时间，一位当事人还在哭泣，海灵格先生似乎视而不见，旁若无人地从其面前走过。当时，有一位被请来做观察员的资深的心理咨询师看见了，觉得很奇怪，就询问海灵格，怎么能够不管当事人呢？海灵格先生回答说：“每个人都有一个自己的过程”，有时候甚至不用去陪伴。这位咨询师又问：你不是心理治疗师吗？海灵格先生回答：“我不是治疗师。”他的意思是，家庭系统排列，不能够从一般的心理治疗流派和方法来理解。海灵格先生上面谈到道家“不做有最大的能量”，也可以用来解释这一在工作坊休息期间发生的事情。

许金声：据说，孔子年轻的时候曾经向老子请教，老子是不是比孔子高？

海灵格：我知道这一故事。要看谁追随谁。有一个时期我对孔子不太重视，但是现在我发现孔子有大爱，我开始非常尊敬他。老子和孔子各有所长，我并不想比较他们。对于马斯洛也是这样。

评注：海灵格先生对孔子的关注体现了他的开放性和不断探索的精神。

许金声：“家庭系统排列”（family canstellation）是否可以考虑家庭以外的人，如朋友、老师等？对于一些人来说，这些人有可能比家人更重要？

海灵格：是的。可以考虑。这些人的确很重要，帮助他们分离这些牵连。

评注：我问了一个自己关于系统排列的思考，没有想到得到了海灵格先生的肯定。从全人需要层次论看，“家庭系统排列”的深层含义是帮助人们走向大我实现。为此，人们必须首先从一个一个的牵连中独立出来，获得独立而又完整的个性、大我，或者用荣格的话来说，是“自性化”。

许金声：你知道马斯洛和皮尔斯（F.Perls）发生过一次冲突吗？你认为谁的人格更健康？

海灵格：什么冲突？

许金声：一次马斯洛做演讲，皮尔斯也参加了。他对马斯洛的演讲不满意，忽然躺在地上，发出像婴儿一样的声音。

海灵格：皮尔斯的确是一个很疯狂的人。

评注：海灵格对整个事情似乎不是很清楚。我对于这个事件的认识，则经历了一个过程，这个过程与我主讲全人心理学·通心工作坊有关。我原来认为马斯洛与皮尔斯的冲突，主要问题在皮尔斯，现在认为并非完全是皮尔斯的过错。但在我讲了十多年的工作坊后，我深刻体会到了工作坊的形式与一般的讲课的巨大差异。马斯洛一直没有主办过工作坊，他似乎不太了解体验式的心理学工作坊的做法，他所做心理治疗的实践也很少。重要的是，他当时讲课的状态似乎并不是很好，似乎偏离了“通心”，忽略了听众们的状态。也许可以这样认为，他们是各自显示了自己的个性。但从当时的能量状态来看，皮尔斯甚至略高一筹。

许金声：你对海德格尔（Martin Heidegger）有什么看法？他在二战期间，还有没有可能有更好的选择？

海灵格：我读过他写的好几本书。他是我最重要的老师之一。我不能够想象他的书能够翻译成任何语言。改动任何一个词，就有完全不同的意思。

许金声：你见过海德格尔吗？

海灵格：没有见过。他几年前就去世了。他在二战时做得不好，但他仍然是一位伟大的哲学家。

许金声：如果希特勒没有死，你能够为他治疗吗？

海灵格：是的。可以。

评注：海德格尔、希特勒都是我关注的人物。这个地方，我的本意实际上是想知道他对海德格尔在二战时表现的感觉。海德格尔在二战时，曾经与纳粹有一定瓜葛。我没有明确提出这个问题，他却主动回答了。他的回答虽然简单，也使我感受到极大的信息量。他对希特勒的看法，印证了我关于政治人物的看法。政治人物的心理健康状况，甚至对历史有重要的影响。

许金声：音乐对你意味着什么？例如，喜欢贝多芬吗？

海灵格：喜欢。我更喜欢瓦格纳，他是一位哲学家，他有丰富的思想。

许金声：希特勒为什么也喜欢瓦格纳呢？

海灵格：（录音不清。略）

评注：以上谈到好几位人物，海灵格先生有问必答，要言不烦。在这里，海灵格先生对瓦格纳的评价显示了他的音乐素养。瓦格纳的确是一位被公认思想丰富的音乐家。——顺便说，在我的工作坊上，常常使用他的一个著名音乐剧中的音乐，尤其是表现内心纠缠的部分，来唤起学员的深层的潜意识。这部音乐剧被称为是瓦格纳半音和声体系达到巅峰的作品。其诞生后，对无数作曲家乃至整个欧洲文化产生震撼性影响。

许金声：我们希望明年邀请你再到中国来。我可以成为这件事情的发起者。你想来吗？

海灵格：是你准备主办吗？

许金声：也许是我办，也许是和其他人合办。

海灵格：你想不想单独主办，专场请一些富有灵性的人来听？

许金声：那好呀！

评注：海灵格先生看来很喜欢与有灵性的人接触，也把我看成是有灵性的人，这使我非常荣幸。他似乎对“通心”的意蕴很有兴趣，尽管没有用这个词。正如前面他谈道：“我和许多人接触，他们好的能量作用于我，使我成长。如果我只是单方面地只是自己做治疗，我就不会这样迅速地发展并且成长。”

四、第二次访问海灵格

2003年3月海灵格先生第二次来北京举办工作坊。继2002年7月之后，过了大约8个月，我在北京前门饭店再一次见到了海灵格先生。他当时已经79岁高龄。这次见到他时，我又向他提出了访问的要求，没有想到他又爽快地答应了。这一次采访，我主要想了解一些有关他经历的问题以及他对于灵性智力（spiritual intelligence）等概念的看法。为了答谢海灵格先生两次接受我的采访，我在采访前送给他一个礼物——《清明上河图》名画的复制品。海灵格先生非常高兴地打开看了看。到了海灵格下榻的房间后，意外地发现某位女士也在场，而且准备好了录音机。我事先并没有邀请她参加采访。海灵格先生也没有告诉我她会在场。

下面是采访的部分片段（评注为笔者所写）：

许金声：我想能不能先从你自己的经历开始。17岁的时候你就开始经历战争……

海灵格：一般我不谈我个人的生活。

许金声：（仍然想坚持）我的意思是17岁的时候，我也有类似的经历，那时中国也在“打仗”，不过那是“文化大革命”。我竭力想体会你当时的状态、心情。

海灵格：我不想谈个人的生活。我从来都是这样（他非常坚决、干脆地拒绝谈个人经历）。

评注：我理解这种“拒绝”不一定说明他在这方面有什么问题，或者还有什么没有完成、消化以及解决，甚至还有什么隔离等。这也许只是他自己习惯的一个立场而已。其中一种最大的可能是：当人们觉得某个问题难以说清楚，难以让人理解之时，还不如不说，也就是考虑“通心成本”问题。

许金声：（沉默了约 5 秒钟之后）昨天你在讲课的时候说，你是一个“没有道德的人”，你只有爱……

海灵格：并不总是这样。比如老子认为道并不是善良的，如果只有爱的话，那是不可能的，即使是基督，也并不是一直都是在爱的。

评注：“如果只有爱的话，那是不可能的，即使是基督，也并不是一直都是在爱的。”这句话含义深邃，可惜我当时没有追问。

许金声：我理解你说的“道德”只是一个小系统内的道德。如果扩大到道、扩大到“大灵魂”（great soul）、到更大的系统……

海灵格：道德是和意识相联系的。世界是没有良心的，是在一个没有道德的状态下运行的。问题在于我们会把家庭的道德观念投射到世界中去，把自己的东西强加给别人，所以道德是冲突的根源。……在更深的层次有一种别样的力量在起作用，那就是和平的力量，它正好和意识是对立的。我称为“灵魂的运动”。也许更确切地可以称为“道”的运动。

评注：海灵格先生再次提到“道”的问题。他的工作坊就是尽量让“道”这种“别样的力量”发挥作用。

许金声：你是否喜欢这样一个概念：灵性智力（spiritual intelligence）？

海灵格：我不喜欢。“灵性的”（spiritual）这个概念是和世俗相对立的。人们往往会做世俗和精神的分割，这种分割基于这样的观念，认为世俗的就是坏的、肮脏的，灵性的是纯净的，灵性在某种程度上是被困在身体里的，如果要发展就必须离开世俗，这样才能够发展灵性。追求灵性的这些人试图摆脱世俗生活，远离社会、世界，实际上他们选择了一种更简单和方便的生活。可以说他们决定追随灵性的这条路，那就是远离社会，很难说这是不是好的。

许金声：我觉得海灵格先生所理解的只是字面上的概念，spiritual intelligence（灵性智力）——很多人现在在用这个概念，它指的是我们与超越的东西、与“道”的沟通能力。

评注：海灵格先生在这里谈到“灵性”，与上次的说法略有不同。他在上次使用了“灵性的同理心”这个概念。其实，我们可以在与世俗对立的意义上使用“灵性”这一概念，也可以在与世俗整合的意义上使用灵性的概念。

海灵格：我之所以对“spiritual intelligence”这样解释，是因为人们对它有些误解。“道”绝对不是灵性的，不是“spiritual intelligence”，因为你说“spiritual intelligence”的时候，意味着就有一种二元分化的概念在里面。有神性的，就必然暗含有另外的力量和神性对立。但是作为“道”，是没有丑和美这个二元分化在里面的，其实在深层是没有这个区分的。说“spiritual intelligence”时，就暗含还有其他的 intelligence。我在根本上是反对这种二元对立的。但你要说到一种运动的话，运动是渐进的，也可以去想（think），去感受（feel），和它们融为一体（into）。三种运动是一种逐渐延伸的过程，而不能说某一个词和某一词是对立的，在这种运动状态中你不是去感受、去分化，不是在二元分离这个概念中，而是把所有的概念都包容了，我要有一些理解不对的地方……

许金声：我感觉海灵格先生对西方文化的问题看得很清楚，西方文化好像是有这样一种倾向，身心二元有可能分开，但在最新的心理学里面，例如 transpersonal psychology，在提出 spiritual intelligence 的时候，有一个确定的含义，是从更大的系统来看问题，是从“道”这个角度来看问题。不过，我认为这个并不重要，这只是一个概念，一个名词的使用问题……

在你的家庭整合治疗里面，“道”存在于每个人当中，我们是整个宇宙中的一分子，整个宇宙是循“道”而行的，所以我们也是依“道”而行，我感觉你这种治疗方法是不是有一个最大的优点：能够把来访者心中的“道”启发出来。

海灵格：我没有什么雄心壮志，实际上我的目的很简单。我一般面对的是不同的人，他们有不同的问题，而我的目的就是帮助他们找到方法来解决问题，每个人都是和更广大的东西联系在一起，不同的情况，完整地放大。我的方式就是让人跟更广大的东西联系起来，并没有找具体的针对不同人的东西，我的方式是引导人们去做事、行事。这就是我的目的，让他们去做，而不是去想。而人们在做的过程中思考，所以是先做后想，而不是先想后做。那么过一段时间后，我就会看到有一种运动会自发、自动地进行下去。所以你在我的工作坊中会看到这一点儿,我并不指导具体的事,或者指向具体的事,我只是使这种运动开始,然后运动就会自发地进行下去,我只是坐在一边观看。我只是去帮助他们，只是帮助他们这个必要性而已，而不是更多。

许金声：我所体会的你的治疗工作能够达到的最好效果，就是使每一个人和尽量多的人流动起来，不仅仅包括自己家人、地球上的整个其他的生物，甚至整个宇宙。当你第一天做治疗的时候，你叫我们跟自己的祖先沟通，祖父母沟通，我当时就有一种非常奇妙的体验，我不仅跟我的父母亲沟通，我跟在场的每一个人也在沟通。我在沟通的时候，我甚至开始体会到了你的父母和你的祖先。

海灵格：你们之间的界限慢慢被推倒到一边去了。这种分割线一下就垮掉了。

许金声：为什么我对于你说的这一点儿体会得比较深，原因就是在这个之前，我正在读肯・威尔伯的书，研究后人本心理学，这是肯・威尔伯的《没有疆界》(*No Boundary*)。(手指茶几上放的这本书)

海灵格：我认识这个人……(后面的录音不清楚)

评注：海灵格先生描述治疗的效果："你们之间的界限慢慢被推倒到一边去了。这种分割线一下就垮掉了。"由此我马上联想到肯·威尔伯的《没有疆界》一书，以及其中的思想。他显然看过此书。他的说法与肯・威尔伯是一致的。

许金声：我采访你，是更想和你进行心与心的交流，而不是问一些知识性的问题。如果需要了解知识方面的问题，我看一些书就行了，我主要想和你进行心与心的交流，所以就有可能涉及关于你个人经历的问题，如你不愿意回答也可以。我特别感兴趣的是：你是怎么样从天主教中走出来的？谈谈我自己的感受——我曾经喜欢过很多宗教，如果让我只信仰一种宗教，这使我感到很困难。因为每一种宗教指的仅仅是一个系统。

海灵格：我是一个没有宗教情感的人，就像我没有道德一样。

评注：海灵格先生这里的“就像没有道德一样”，是非常重要的一句话，显示他的境界已经超越世俗的道德，进入“大我实现需要”占优势的阶段。正如老子所言：“圣人不仁，以百姓为刍狗。”（《老子》第五章）

许金声：我理解的你说自己是“没有宗教情感的人”，是指对“有组织的宗教”的一种态度。但我们对“道”的信仰是不是也可以理解为一种宗教？

海灵格：“道”是一种体验，我们不用去信仰它，“道”是流动的。

许金声：你理解的“道”是没有人格的？

海灵格：是的。……我认为“道”不是神圣的，只是自然的。

许金声：但你是否相信有一种神秘的、不可解释的力量推动着我们呢？

海灵格：人的体验是有边界的，有时候他们会感觉到被某种外在的、不知道的力量所影响。我知道有些东西，但我不信那些东西。如果我信仰的话，这个东西在我脑海中一定会有一种形象。如果我能够的话，我一定抱持这种形象。对我来说，宗教是一个很人性的东西。宗教发源于人们的渴望，很多宗教都是将孩子与父母之间的关系加以扩大，就像孩子渴望从父母那里得到帮助那样渴望从宗教得到帮助，当父母不在时，孩子就创造出一种父母或更伟大的形象，然后他们就会抱持这种形象。这实际上就是人类的一种经验的扩展，在经验之外我们是一无所知的。所有宗教都是建立在这种儿童渴望父母的框架、结构之上的。所以，上帝在这种架构中，可以说是比父母或者比国王的更大的一种形象。这种形象有这样一种特征：他们可以去帮助，但本身不容侵犯。

所以，宗教是在某种程度上，把家庭生活扩展化了。但是，原初宗教（original religious）和宗教现象是截然不同的。这种宗教的特征是你向往这种边界（boundary），追随这种边界，但你却一直过不了这一边界。你无法超越它，在边界之外有一些神秘的力量。而你到了边界这地方就停下了，你就不会再前进了。你在这个时候尽管没有看到任何东西，但你是全神贯注的。这时你是在一种“空”的对面，这种空只是对我们来说是空白的。我们感觉自己渺小，但不会再前行了，只是面对着空，那就是很大的成就。如果你不再前行，而是等着的话，你看到的前面就是黑暗。很少人能够忍受这种状态，和众神（gods）或者上帝（God）一起来感受这种虚无，感受这种“空”。

所以，与最原初宗教的动力来比较，现在的宗教这是一种退步。在寺庙中就可以观察到这种现象，我在香港看人们拜佛的时候，我注意了那些人的脸——他们都是小孩。

评注：海灵格先生精彩地谈到了对“原初宗教”的看法。我理解，他所说的“原初宗教”是指一种宗教精神，其状态是不少修炼者都曾经体验过的状态。世俗的宗教是一种投射，是家庭的放大。而“原初宗教”是“和众神（gods）一起来感受这种虚无，感受这种“空”。这一感觉与《心经》所说的“色即是空，空即是色”不谋而合。感受到了“空”与“虚无”之后，就可以做游戏了，“空即是色”，真空生妙有。海灵格所谈到的感受“空”这一思想，与自我超越、大我实现有没有什么关系呢？我们认为有。大概体验过大我实现的人们都体验过这种“空”。海灵格的这一思想，与本书后面将写到的净慧老和尚关于“善法”“善念”的说法是相应的。感受到“空”的人们进一步的行为，就是按照“善法”“善念”去做事情。正如海灵格自己，在90岁高龄时，还在奔波，举办工作坊……

第三章 “平常心”与“活在当下”——访问净慧老和尚

2003年年底，我有幸在北京见到了圣严法师。从他身上，我第一次领略了佛教高僧的风采和气象。

2004年5月21日，我有幸在中国佛教协会认识了净慧，并向他请教。

他平易近人、富有深度地与我交流，使我对高僧有了更深的体验和理解。他是虚云大师的弟子,时任中国佛教协会副会长,湖北四祖寺、玉泉寺方丈。我向净慧请教的问题，主要是两个重要的佛学观念："平常心"与"活在当下"。下面是我请教和采访的片段（根据录音整理，未经净慧审阅）与他的这次交流，对于我意义重大，让我对"大我"有了活生生的感受。

许金声："平常心"与"活在当下"有什么相同与不同?

净　慧：一方面,平常心不容易，活在当下也不容易。如果能够做到平常心，也能够活在当下。另一个方面，你如果可以活在当下，你也就可以做到平常心。这两者都是要做很深的功夫才能达到的一种境界。但这两者如果说同时能够达到,是有很大的距离的。我想我们在探讨这个问题时,可以这样去探讨,但引导人们去实践、去落实的时候,还是只讲一条比较好。讲"活在当下"比较好，因为只有念念都活在当下，把握了当下，你才可能达到平常心这样一种思想境界，不要同时去记两个东西，而且也不要把两个东西等同。因为要活在当下,一定要专一,在开始的时候,他不专一啊,来不了当下，他的念头不是在过去就是在未来，老不在当下。我们可以来观察自己的心念，因为这是一个很实际的问题，你在观察自己的心念的时候，你总是把握不住，它总在走，而且往往是离开当下很远，或者回到昨天，或者走到明天去了，这个就是人们思想的一个……所以叫作"妄念"。

许金声："妄念"？

净　慧：对。这个妄念它有一个惯性，深层次说就不是自我，不是自我就不是在当下，这跟人的习惯也是分不开的。因为人总是不安分，你叫他活在当下，总觉得活在当下太简单，觉得当下太寂寞，但不知道当下就是功夫，如果真正做到家了，一切的东西就在这个地方开始。

还有一点就是说我们在谈心理学的时候,我注意到你要人们活在当下,这是一个很关键的问题，怎么关键呢?还是要从我们心念的展开的源头来说这个问题，一切的善念、恶念、是和非，都是从当下一念展开的，那么人们注意观察当下一念，活在当下一念，把握当下一念，就很重要了。

所谓把握当下一念，就是说，有心去让当下一念沿着一个正确的理念

作者（左）与净慧（右）合影

来安顿你生命的当下。有时候活在当下的一念搞得不好，它不是一个正确的理念，沿着当下一念开展的可能就是另外一件事情，和善相反的事。啊，所以一定要有一个价值判断。

那么，这个是不是说平常心和这个当下一念有矛盾呢？一牵涉到价值判断就是妄想，是吗？牵涉到价值判断就容易是妄想，那么如何把握这个问题？这个是很关键的，那么我平常所说的先有“心用”，然后进入到“无心用”的境界，有心用就是有心用价值观念，正确的价值观念来引导自己的思想。如果不是这样，那么当下一念往往很容易走到误区去，因为人还是有一种价值判断在里面的。人也有不同的利益，把人区分成各种各样的阶层也好、集团也好，人类都有一个功利所在。我们可以抛开一切利益的区分，小的这些什么团体也好，阶级也好，但是人类总还有一个功利，使得人类有共同的善法、善念，我想讲的就是这个，这个是最重要的东西。功利，所以要引导。那么佛教做的功夫，就是引导人们怎样沿着这个正确的价值判断，来安顿这个当下一念，所以我们教什么呢？

安身立命，也是安下当身的这个念，安身的命，要有一个正确的价值判断，那么这个正确的价值判断来源于什么地方呢？从佛教上讲，是来源于信仰。为什么讲将信仰落实于生活，就是把你的正确的价值观，在生活里体现出来。这个信仰的引导就是培养人的善心、善意、善念的先决条件。

你是研究心理学的，我这样讲不知道是不是符合心理学？

许金声（笑）：或许对您来说，应该是心理学是否符合佛法的问题，

佛法是更根本的……（我们二人一起笑）

净　慧：……心理治疗和禅定的修行所要达到的目的并不完全一样。心理治疗是解决人们的心理问题，只要他成为一个正常的人就可以了。而禅定的修行是要一个正常的人变为一个超常的人把你所有局限的东西都突破，有局限性的东西突破了，那么就成了一个超常的人了，所谓超常的人就是一个更有智慧的人。

许金声：不过你说的“心理学”……现在已经发生变化了，20 世纪 60 年代之前，心理学的目标是把人治疗成正常的人就行了。

净　慧：正常的人就行了。

许金声：但是从人本心理学发展到后人本心理学（超个人心理学）之后，心理治疗的目标就更高了，就是跟你所说的一样，使人开发出超常的能力。

净　慧：哎，就是把你本来就有的智慧，本来就有的能量，通过心理的方法全部发挥出来。

许金声：对，对，就是这个意思！

净　慧：这个是一个高层次的心理修养。

按照净慧老和尚的“超常的人”的说法，可以把他的意思理解为，不仅要自我实现，还要自我超越和大我实现。人的自我超越、大我实现是有方向性的，即人类共有的“善法”“善念”。——如果换成后人本心理学的说法，就是世界长青哲学所体现的价值观。既然人的需要满足是不断上升的，那么随着优势需要的提高，人们活在当下的状况是不是也会有变化呢？我认为是的。活在当下与环境密不可分，从自我实现、自我超越到大我实现，人们活在当下的这个“当下”，逐渐地扩大到更大系统……

第四章　直面大师：从肯·威尔伯看人性的丰富性

尽管肯·威尔伯的著作蜚声世界，他自己却相当低调。1997 年美国著名香巴拉出版社记者曾经采访他，问及其著作的影响问题：

香巴拉：你希望造成什么样的影响？读了你的哲学著作，在意识上会有什么样的进展？

肯·威尔伯：老实说不会有太大的进展。我们每一个人还是必须找到一条实修的途径，也许是瑜伽，也许是禅，也许是香巴拉战士之道，也许是默观祈祷或是其他的转化修炼，这些途径才真的能促进意识的发展，我的著作和一些言论只是文字禅罢了。

但如果你想知道你所选择的修炼方法如何与其他的途径相融，那么我的书可能会帮助你有一个好的开始，它们所提供的是一张将各种途径整合的地图，但这些都无法取代真正的实修。（肯·威尔伯：《一味》，胡因梦译，先验文化事业有限公司2000年版，第551页）

肯·威尔伯很清楚地知道他的著作的作用，并没有任何的夸大。他强调成长“必须找到一条实修的途径”，而他的书不过是一些“文字禅”罢了。——在这里，实修不是指宗教的修炼，而是泛指所有的修炼方法。如果以为看书可以解决问题，这本身就受到质疑，有可能是害怕触及自己的真正的问题或者动力不足。不过，固然看书不能够代替实修，好的著作，也常常能够使人开窍，让人产生实修的动力。

1997年1月30日，肯·威尔伯即将年满48岁。这一天，他在日记中写道：

“明天是我的生日，然而那只是‘肯·威尔伯’的生日，而不是那个不受日期、期限、时态、时间所指染的无边的空性或者不生不灭的本来面目的生日。这无垠的自由、澄明的宁静的海，才是最深的我，我并不存在于那无尽的十字路口，因为神性只是如如。……那永生不灭的并没有生日，因为它从来没有诞生过。它就是一切万有，向永恒散发着光辉……每一个苍生都可以说：真正的我是永恒的，真正的我就是一切……”（肯·威尔伯：《一味》，胡因梦译，先验文化事业有

限公司 2000 年版，第 31 页）

所谓“不受日期、期限、时态、时间所指染的无边的空性或者不生不灭的本来面目”“这无垠的自由、澄明的宁静的海”，这是肯·威尔伯对“大我”的体悟。他说这个“大我”才是“最深的我”。这表达了肯·威尔伯所推崇的一种长青哲学以及“梵我一如”的境界，这是一种他经常体验到的境界，大体上与中国的“天人合一”相似。

从肯·威尔伯所推崇的“全子”理论来看，宇宙万物都是“全子”。和宇宙万物一样，人也是一种“全子”。人与万物不同的地方在于，人能够意识到自己是全子，人具有高度的自知，知道自己的特点和性质。也就是说，人具有双重的天性，一方面人是现象的小我（phenomenal ego），一方面人又是永恒的大我（eternal self）的一部分。人能够通过自己的修炼将两者结合起来，使“小我”与“大我”融合在一起。

肯·威尔伯所推崇的这一精神境界，在他的这两本带自传性质的著作中，时时可以发现一些印证。

有趣的是，我们是否可以用肯·威尔伯提出四大象限的理论，来看看他的情况呢？

他所描述的这些境界，不过是从主观心理的第一象限来看的情况。从客观的行为的第四象限来看，他的大脑的功能和状态会不会有什么变化呢？

在《一味》中，肯·威尔伯谈到了自己这方面的情况。他曾经接受过脑电波的测试。测试的结果显示，当他在静修时，能够产生与灵性状态有关的德尔塔波。通常这一脑电波只在深睡、无梦的状态下出现。（肯·威尔伯:《一味》,胡因梦译,先验文化事业有限公司2000年版,第31页）

无可争议，肯·威尔伯是十分优秀的。但肯·威尔伯是人，不是神，他也有自己的问题。难能可贵的是，肯·威尔伯没有回避这一点。他在《超越死亡——恩宠与勇气》中，记载了自己与崔雅的冲突。在这次冲突中，他甚至殴打了崔雅。

为陪伴崔雅做漫长的癌症治疗，肯·威尔伯已经有很长时间没有看书和写作了。一天，他烦躁地独自一人坐在起居室的书桌前——那是他习惯一个人独处时的空间，准备要写作。崔雅带着报纸，重重地拖着步履走过来，坐在他的附近。

肯·威尔伯感到烦躁。他请崔雅离开，说报纸的声音快搞得他发疯了。崔雅拒绝离开，他们吵了起来，声音越来越大。

肯·威尔伯大概已经很长时间没有写作和看书了，长久的压抑使他无法控制自己的愤怒：

“给我出去，你这讨厌的母狗！”（Get out,you goddamn obnoxious bitch！）（注：bitch 也有“婊子”等意思。）

崔雅并不示弱：“要出去，你自己出去！”

肯·威尔伯的愤怒如河水决堤，开始动手打崔雅，一下接一下，并且不断地对她大吼大叫：“出去，该死的东西，给我出去！”

肯·威尔伯不停地打，崔雅则不停地尖叫：“住手！不要再打我了！……”（肯·威尔伯：《超越死亡——恩宠与勇气》，胡因梦、刘清彦译，许金声审校，三联书店 2006 年版，第 148 页）

如何看待这一事件？

我感觉，这一事件非常重要，使我们能够认识一位大师，认识两性关系。肯·威尔伯对这一事件的记叙，体现了他脆弱的一面，也体现了他的人性的丰富性，体现了他更真实的一面。

肯·威尔伯的自我检讨是：“这件事情突显了我们两人的绝望。在崔雅，她的专断倾向开始减低，不是因为她怕我又动手打她，而是她了解到那种想掌握一切的欲望，其实是源于恐惧。在我这方面，我学会了如何向一位有可能死亡的病人表示自己的需要和保有自己的空间。”（肯·威尔伯：《超越死亡——恩宠与勇气》，胡因梦、刘清彦译，许金声审校，三联书店 2006 年版，第 149 页）

看起来，肯·威尔伯在这个问题上的认识似乎还不够深刻，仅仅停留于表面。

所谓突显了他们的“绝望”,在这里“绝望”是指什么？为什么会有“绝望”，这说明他们双方都有不恰当的希望，有不恰当的希望才有绝望。他们原来对于双方的关系都有某些妄念和幻觉。

他对崔雅的解释：“她的专断倾向开始减低，不是因为她怕我又动手打她，而是她了解到那种想掌握一切的欲望，其实是源于恐惧。”

他在这里提到了崔雅的“专断”“想掌握一切”“恐惧”。他不是一直描写崔雅是善良、宽厚、善解人意吗？想当初，他们一见钟情，他们是那样的“心有灵犀一点通”……

在这里，我们应该回到本书第二部分第二章对于“大健康”的讨论。本书认为，人的身体健康，是会对人的心理健康、灵性健康产生影响的。崔雅在患了乳腺癌这样严重疾病的情况下，人格产生了一定的退行。在全人需要层次论看，崔雅从原来的自我实现、自我超越层次占优势的情况，下降到了（至少是在相当多的时候）归属需要、安全需要的层次占优势的情况。不过，要说崔雅“专断”“想掌握一切”也未必，她不过有对死亡，对失去肯·威尔伯支持的“恐惧”而已。那天她坐到肯·威尔伯的附近，只不过是习惯性的依赖和归属感而已。她对肯·威尔伯心情变化没有觉察。

再来说肯·威尔伯。难道他的问题仅仅是“如何向一位有可能死亡的病人表示自己的需要和保有自己的空间”吗？他的“需要”是什么？如果仅仅想安静一会儿,值得发这么大的脾气吗？他想保有的“空间”是什么？他在那个时候为什么会讨厌崔雅坐在一边？他似乎忽略了自己的情绪问题。他对崔雅的照顾，并不是完全出于责任。他一直有压抑的愤怒、恐惧等情绪！

关于这一点，一般人会对肯·威尔伯提出质疑：既然肯·威尔伯达到了那么高的境界，修炼了那么长的时间，为什么他还会发生打崔雅这样的事件呢？这不由得让人对心理学的力量感到悲观。

我认为，肯·威尔伯首先是一位学者，尽管他注重修行，但并不能够把他看作一位完全的修行者。作为一位学者，能够坦然地写出这一问题，已经很不容易。他能够披露这样的事情，已经表明他对自己有相当高的接纳度。即使是从修行者的角度来要求他，他已经做得相当不错。

全人需要层次理论恰恰可以很好地解释这些现象。一个人已经进入了很高的境界，甚至可以说是“自我超越需要”或者“大我实现需要”在占优势了，但这并不意味着，他的更低需要的满足已经不复存在，实际上它们只是不占优势而已。它们常常有可能如沉渣泛起，至少短暂地占优势，在生命中表达。

正如肯·威尔伯所说：“为了通过口腔性欲期的成长阶段，你就必须成为一名大厨，或者为了发现超越语言的境界，你就必须成为莎士比亚。换句话说，你不需要在低层得到完美的发展，才能晋升到高层，反而在达到很高的境界时，仍然可能存在着各种低层的问题。接通高层并不意味着低层的问题就消失了。”（肯·威尔伯：《一味》，胡因梦译，先验文化事业有限公司 2000 年版，第 134 页）他的这些话，似乎也可能来自他对自己的观察。——有句格言说：“鹰有的时候飞得比鸡还低，但鸡永远飞不到鹰那么高。”

可以假定当今还有不少人达到了更高的水平，但不能够只根据是否打人来判断高低。如果要质疑，倒是应该质疑那些“对心理学感到悲观”的人。为什么要对心理学感到悲观？学习心理学就能够解决一切问题？为什么要如此完美地要求一个人？正如我们在前面已经指出，人有四种性质：物质性、动物性、人性、灵性。当人的灵性得到开发的时候，并不意味着人的物质性、动物性已经消失，人仍然要受这些性质的支配。只不过在一个成长水平较高的人身上，这些性质占主导的时候更少而已。

肯·威尔伯在 1979 年出版了《没有疆界》一书。这是一本论述了意识以及人格最高境界的著作。所谓“没有疆界”是指人至少暂时放下了一切，接纳所有的东西，体验到与宇宙同一的“一体意识”。

肯·威尔伯既然能够写出如此境界的著作，应该说对“一体意识”不无亲身的体验，但这并不意味着从那个时候起，他就一劳永逸地留在了这种“没有疆界”的境界之中。我们认识到某种境界，与把这种认识变成一种稳定的生活方式，是完全不同的事情。

对于肯·威尔伯可能还有另外一个质疑，就是他与众不同的独处。他是一个人际交往、社会活动极少的人。有时候会有很长时间的独处。据他说，在 1988 年崔雅去世后，他曾经连续三年潜心写作，三年之中，总共只见过四个人。作为一个关注人类命运、重视人的成长的心理学大师，发生这种情况会不会有什么问题呢？

我提出的“人的基本生存状态理论”认为：我们只有两种基本的生存状态：独处状态与人际交往状态。通俗地说：我们在世界上生活，其状态要么是独处，要么是和他人在一起。所谓独处状态，是指在一定的环境条件下，只有当事人一个人的状态。独处状态可以分为“匮乏性独处”“维持性独处”“充实性独处”。最好的独处状态是“充实性独处”。所谓人际交往状态，是指在一定的环境条件下，当事人和他人在一起的状态。人际交往状态可以分为“纠缠性交往”“维持性交往”“通心性交往”。最好的交往状态是通心性交往。一般来说，人的这两种基本的生存状态缺一不可。缺少一种，人在生存中就有能量不畅通的状态，甚至可能处于病态。（参阅《全人心理学丛书》之《通心的理论与方法》）

按照这一基本生存状态理论，肯·威尔伯在独处的能力方面是出类拔萃的，他能够长久地进入“充实性独处”状态。肯·威尔伯在人际交往方面的时间较少，这并不是他没有意识到人际交往的重要性，而是由于追求交往的质量，在交往时难以有通心性交往的情况下，他宁可有更多的独处。一个人的生存状态是否良好，不是看他有多少独处，有多少人际交往，而是看他在独处中有多少是“充实性独处”，在人际交往中有多少是“通心性交往”。肯·威尔伯也许独处的时间占很大比例，但只要他独处时更多的是充实，在人际交往中更多的是通心，他的生存状态应该说质量很高。

肯·威尔伯对待爱情和婚姻的态度，集中体现了他的基本生存状态的特点。在没有通心的异性的情况下，宁愿独处。一旦有所选择，则能够心心相印。肯·威尔伯与崔雅的关系正是这样。肯·威尔伯之所以能够如此漫长地留在寂寞中，也正是由于与崔雅的那段经历为他补充、调动了能量。一个人经历过心心相印的通心的（交往）体验以后，往往更能够进入独处，因为通心本身就意味着孤独感的消除。

肯·威尔伯对自己的生活有高度的自知，他显然意识到了独处与人际交往的平衡问题：

> “我必须找出一条路，既能够专注地工作，又能够享受社交生活。巴尔扎克在每次性高潮之后都说：‘我又完成了一本书。’我的情况却刚好相反。崔雅过世到这个月已经八年了，起初我有一年没有和女人约会，之后我有过几个不错的关系，但没有一个是完全对盘的。我不知道是……”（肯·威尔伯：《一味》，胡因梦译，先验文化事业有限公司 2000 年版，第 2—3 页）

他对待独处的态度，使我想到尼采笔下的查拉图斯特拉，一位经过退隐又重新出山的“超人”。大凡有大智慧者，都需要相当时间的退隐，这样才能够有足够的时间酝酿和创造。

第五章　庄子：中国古代先哲的大我实现者

唐朝诗人李白在《大鹏赋并序》中赞叹庄子：

> 吐峥嵘之高论，
> 开浩荡之奇言。

要言不烦，生动地表达了庄子的特色。

庄子究竟是什么样的人？他实际的生活状态如何？他有什么样的境界？

《庄子》第一篇就说：“若夫乘天地之正，而御六气之辩，以游无穷者，彼且恶乎待哉！故曰：至人无己，神人无功，圣人无名。”（《庄子·逍遥游》）

这段话，不仅是篇名“逍遥游”的注解，也可以理解为《庄子》全书的总纲。“逍遥游”三字可以作为庄子的名片，它展示了庄子的高度、深度和格局。“逍遥游”，生动、形象地表达了庄子的世界观、人生观、价值观。

这里的“正”，是指万事万物的规律、本性。“御”，是驾驭的意思。“六气”，是指阴、阳、晦、明、风、雨等影响环境变化的因素。“辩”，与“变”相同。“无穷”，是指空间和时间的无限。“恶”，疑问代词，如何、怎么的意思。“无己”，是指超越了自我。“无功”，是指超越了建功立业。“无名”，是指超越了荣誉名声。

这段话的大意如下：

那些能顺应万事万物规律、本性，把握环境和各种因素的变化，以此遨游于无穷无尽的宇宙，没有疆界地自由自在地生活的人，对他们而言，有什么需要依靠的呢！所以说：至人超越了自我，神人超越了功业，圣人超越了名声。

越是静心读《庄子》，越是为庄子的通透、高超、深邃所折服。庄子就是至人、神人、圣人，是中华民族的骄傲，是中国古代先哲的大我实现者。

学术界有这样一种看法：

> 庄子的逍遥自由，不是指现实中人的人身自由。人生在世，人身是不自由的。所以，庄子的逍遥游只能是精神上的逍遥而游。心游就是在精神上虚拟出一个幻化之境，让精神得以安闲自适、自由自在地逍遥而游。庄子的逍遥游之所以是心游，是有其时代背景的。庄子所处时代，正值“争地以战，杀人盈野；争城以战，杀人盈城”的战国中期。这样的“昏上相乱”时代显然是黑暗的。然而，庄子却又无力与现实抗争。他所能做的仅仅是拒绝接受楚威王的“许以为相”，表示“终身不仕，以快吾志”而已。他的一系列对黑暗社会的控诉也只能是泄恨，而不能由此得到真正的解脱。若要真正在黑暗中得到解脱，办法只有一个：消除黑暗。然而，这对于庄子来讲是无能为力的。因此，庄子便选择了避开黑暗的道路。（李牧恒、郭道荣：《自事其心——重读庄

子》，四川人民出版社 1996 年版，第 10 页）

有这种看法者不在少数，但我不赞同。所谓“庄子的逍遥游只能是精神上的逍遥而游。心游就是在精神上虚拟出一个幻化之境，让精神得以安闲自适、自由自在地逍遥而游”，很像是现代心理学所说的自我催眠。我认为，庄子所说的“逍遥游”，完全可以是现实中人的自在生存状态。固然，在庄子所处时代，正值“争地以战，杀人盈野；争城以战，杀人盈城”（《孟子·离娄上》）的战国中期，但在一个严酷的、病态的社会中，仍然可以有相对健康的人。正如马斯洛在研究自我实现者时指出，自我实现者的一个重要特征，就是能够做到超然独立，抵御所在社会、文化的不良影响。

“北冥有鱼，其名为鲲。鲲之大，不知其几千里也；化而为鸟，其名为鹏。鹏之背，不知其几千里也；怒而飞，其翼若垂天之云。”《逍遥游》一开篇，就是这样奇幻的句子，乍一看，似乎是在讲述一个神话，描述一个想象。其实，这是庄子在对任何想活得自在的人在进行心理调整和心理治疗。人之不自由，首先是心不自由，被俗世的枷锁束缚。庄子正是要让我们打开想象的空间，解放心灵。只有先做到了心灵的开放、解放，我们才可能有进一步的自由的行为，做到逍遥。

“逍遥”，并不是庄子一种不可实现的幻想，而是一种实际的生活方式。不仅是庄子，其他人在实际生活中，即使是在庄子那样的时代，完全有可能做到逍遥。何以见得呢？关于庄子以及与他同时代的人的实际生存状态，这里先从理论上予以论证。论证的角度，是我提出的“东方自我实现理论”“人的基本生存状态理论”以及“通心理论”。

一、从东方自我实现理论看庄子

所谓东方自我实现理论，是我在 20 世纪 80 年代提出的一个理论。它是借用了马斯洛自我实现心理学，结合中国传统文化和中国实际社会生活提出的一个新的理想人格设计思想。我在一些文章和著作中，提出了

“东方自我实现人格”的概念。（许金声：《走向人格新大陆》，工人出版社 1988 年版；许金声：《人格三要素改变命运》，北京航空航天大学出版社，2003 年版）

所谓东方自我实现人格，具有两层含义：

第一层含义是指在非良好条件下的自我实现倾向。所谓非良好条件，是指不利于人自我实现的社会生活条件。在非良好条件下，具有这种人格倾向的人能够忍受中级需要甚至低级需要满足的匮乏，向自我实现需要满足的方向发展。东方自我实现人格的这一倾向，与自我萎缩人格形成鲜明对照。后者只能够停留在低级需要和中级需要的满足之上。在非良好条件下，由于中级需要甚至低级需要都没有充分满足，个体常常面临这样一种选择：是把更多的精力用于继续提高中级需要和低级需要的满足水平，还是用于追求自我实现需要的满足？

一个人的人格力量越是强大，他就越是愿意并且能够选择高级需要的满足。马斯洛说：“那些两种需要都满足过的人们通常认为高级需要比低级需要有更大的价值。他们愿意为高级需要牺牲更多的东西，而且忍受低级需要满足的匮乏。”（马斯洛：《动机与人格》，许金声等译，中国人民大学出版社 2010 年版，第 114 页）

从马斯洛需要层次论来看：较低一级基本需要有一定满足之后，较高一级的基本需要才有可能占优势。然而，需要的满足只是一个模糊概念，在环境、习俗、文化氛围的影响下，所谓“满足”具有极大的可塑性。在自我实现层次以下的需要的满足中，个体必须要有适当的克制，才能有利于高层次潜能的发挥。

从东西方文化比较的角度来看，东方传统哲学具有这样强烈的特点：为了高级需要的满足，或者说为了达到某种精神境界，可以调整、协调、克制、节制、减少低级需要的满足。例如，在中国传统文化里，儒家主张节欲，道家主张寡欲，墨家主张苦行等，都在不同程度上体现了这种精神。

当社会已经发展到有相当部分的人的低级需要已经有了一定程度的满足，这种精神就可以转化为普遍有益的思想资源。在强调自我实现的前提下，通过发挥自身的人格力，达到潜能的充分发挥。

节欲与禁欲有本质的区别。东方自我实现人格不是不满足低级需要，孟子说："可欲之谓善。"(《孟子·尽心下》) 意思是能够满足需要的都是好事情，关键在于当需要的满足之间发生冲突时怎么办？孟子给出了答案："鱼，我所欲也，熊掌亦我所欲也；二者不可得兼，舍鱼而取熊掌者也。"(《孟子·告子上》) 孔子说："食不厌精，脍不厌细。"(《论语·乡党》) 但是他在齐国听韶乐了之后，却可以"三月不知肉味"。(《论语·述而》)

在这方面，庄子也有不少精彩的话。例如："鷦鷯巢于深林，不过一枝；鼹鼠饮河，不过满腹。"(《庄子·逍遥游》) 翻译为白话文：鷦鷯鸟在深林中筑巢，不过占用一枝之地足矣，何必要拥有整个森林？鼹鼠在河边饮水，不过以喝饱肚子为限，何必要占有整个河流呢？

第二层含义主要是指自我实现应该体现人的全面发展，体现普遍的和谐。马斯洛指出："我们面临的一个巨大挑战就是如何把西方文明中关于自我实现和东方文明关于内在和谐的观念结合起来。"(马斯洛:《洞察未来》许金声译，华夏出版社 2003 年，第 32 页) 东方文化具有强调整体性，强调和谐、协调、平衡等特点。如果说西方近现代文化对于理想人格的设计偏重个人自由与独立性，东方文化对于理想人格的设计则偏重人际关系的和谐与整体性的话，东方自我实现人格这一提法，含有综合两种文化结构的优点，超越两种文化缺点的意图。未来的理想人格，应该融合这两种文化优点，或者说是使两种文化协同发挥作用的人格。(更详细的论述，请看《全人心理学丛书》之《人格三要素》)

汤一介先生认为，中国传统文化所强调的和谐有四层意思：1. 自然的和谐；2. 人与自然的和谐；3. 人与人的和谐；4. 个人的身心和谐。(《汤一介在中国首届第四产业研讨会上的发言》,《当代企业家》, 1994 年总第 67 期，第 40—45 页))

这是一种完美的和谐观念。东方自我实现人格就是向这四种和谐接近的理想人格设计。就是说，东方自我实现人格所追求的和谐，是大和谐，是《易经》所说的"太和"。

二、从人的基本生存状态看庄子

人的基本生存状态理论，是我提出的又一个理论。其中，有这样一些看法，人有两种基本生存状态：独处、交往。在实际生活中，这两种生存状态缺一不可。如果长期缺少其中一种，人的心理健康，进而生存质量就会受到一定影响。独处状态又可以分为三种形态：匮乏性独处，维持性独处，充实性独处。交往状态又可以分为三种形态：纠缠性交往，维持性交往，通心性交往。这些状态是可以互相转化的。个体的生存质量与独处与交往的比例没有直接关系。也就是说，一些人独处多，一些人交往多，他们都有可能生存质量高或者低。个体的生存质量主要取决于个人在独处中有多少充实性独处，在交往中有多少通心性交往。（参阅《全人心理学丛书》之《通心的理论与方法》）

作为个体，具有一定自由对自己的基本生存状态进行调整。阅读《庄子》一书，庄子应该在两个方面体现出他的大智慧：

第一，他能够相对自由地选择一个独处与交往的比例，参照老子体现出来的特质，以及当时的严酷的时代特征，他有可能是把交往减少到最低限度，而增加独处的比例。这样做的目的，是避免现实生活中人际关系的纠缠。一个社会的人际关系的恶劣，意味着沟通乃至通心的成本大。当然，这并不是他放弃了社会交往，而是说他所选择的交往都是他愿意付出通心，并且能够做到通心的。例如，庄子有惠施这样的朋友，能够常常与他进行“濠梁观鱼”这一类高质量的精神交流。

第二，他之所以能够相对自由地选择一个合适的交往的比例，是建立在他的独处能力之上的。庄子在独处中无可置疑地能够经常进入充实状态。也就是说，他有能力把自己在独处时的匮乏、维持减少到最低限度，在独处中过得充实，富有创造性。

三、从通心理论看庄子

通心，包括狭义的通心和广义的通心两种。庄子“逍遥游”的基础，是他兼有狭义和广义的通心力。所谓狭义通心，是指一个人和另外一个人的通心。所谓广义通心，是指狭义通心以外的所有的通心。包括一个人和去世的人、古人、大自然、自己与自己以及与“道”的通心。

（一）庄子的狭义通心力

通心是通过通心黄金三要件来运作的：

1. 清晰自己。即清晰自己的立场、情绪和状态。

2. 换位体验。即站在对方的立场上，体验对方的情绪和状态。

3. 有效影响。即以对方能够接受甚至乐意接受的方式来影响对方。

无论是狭义通心还是广义通心，“清晰自己”都是一个不变的要件。道家在这方面有非常独到的见解和操作方法。老子：“致虚极，守静笃。”庄子则提出了“心斋”的概念。斋戒，旧指祭祀前整洁身心。例如，“斋，戒洁也。”（《说文》）什么是“心斋”？在《庄子·逍遥游》中有详细的描述，大意是指消除杂念，达到虚静纯一。心斋，在通心黄金三要件里，可以理解为是对“清晰自己”的高境界的表达。

在《庄子·人间世》中，有一个关于颜阖请教蘧伯玉的故事。在这个故事中，庄子通过蘧伯玉对颜阖的教诲完整地体现了通心黄金三要件。这个故事，实际上可以看成庄子借蘧伯玉之名给大家做了一次“通心教练”。

> 颜阖将傅卫灵公太子，而问于蘧伯玉曰：“有人于此，其德天杀。与之为无方，则危吾国；与之为有方，则危吾身。其知适足以知人之过，而不知其所以过。若然者，吾奈之何？”
>
> 蘧伯玉曰：“善哉问乎！戒之慎之，正女身哉！形莫若就，心莫若和。虽然，之二者有患。就不欲入，和不欲出。形就而入，且为颠为灭，为崩为蹶。心和而出，且为声为名，为妖为孽。彼且为婴儿，亦与之为婴儿；彼且为无町畦，亦与之为无町畦；彼且为无崖，亦与之为无崖。达之，入于无疵。
>
> “汝不知夫螳螂乎？怒其臂以当车辙，不知其不胜任也，是其才之美者也。戒之，慎之！积伐而美者以犯之，几矣。汝不知夫养虎者

乎？不敢以生物与之，为其杀之之怒也；不敢以全物与之，为其决之之怒也。时其饥饱，达其怒心。虎之与人异类而媚养己者，顺也；故其杀者，逆也。

“夫爱马者，以筐盛矢，以蜄盛溺。适有蚊虻仆缘，而拊之不时，则缺衔毁首碎胸。意有所至而爱有所亡，可不慎邪！”（《庄子·人间世》）

大意如下：

颜阖将被请去做卫国太子的师傅，他向卫国贤大夫蘧伯玉求教：“如今有这样一个人，他的德行生就凶残嗜杀。跟他朝夕与共如果不符合法度与规范，势必危害自己的国家；如果合乎法度和规范，那又会危害自身。他的智慧足以了解别人的过失，却不了解别人为什么会出现过错。像这样的情况，我将怎么办呢？”

蘧伯玉说：“问得好啊！要警惕，要谨慎，首先要端正你自己！表面上不如顺从依就以示亲近，内心里不如顺其秉性暗暗疏导。即使这样，这两种态度仍有隐患。亲附他不要关系过密，疏导他不要心意太露。外表亲附到关系过密，会招致颠仆毁灭，招致崩溃失败。内心顺性疏导显得太露，将被认为是为了名声，也会招致祸害。他如果像个天真的孩子一样，你也姑且跟他一样像个无知无识的孩子；他如果同你不分界线，那你也就跟他不分界线。他如果跟你无拘无束，那么你也姑且跟他一样无拘无束。慢慢地将他的思想疏通引入正轨，便可进一步达到没有过错的地步。

“你不了解那螳螂吗？奋起它的臂膀去阻挡滚动的车轮，不明白自己的力量全然不能胜任，还自以为才高智盛很有力量。警惕呀，谨慎呀！经常夸耀自己的才智而触犯了他，就危险了！你不了解那养虎的人吗？他从不敢用活物去喂养老虎，因为他担心扑杀活物会激起老虎凶残的怒气；他也从不敢用整个的动物去喂养老虎，因为他担心撕裂动物也会诱发老虎凶残的怒气。知道老虎饥饱的时刻，通晓老虎暴戾凶残的秉性。老虎与人不同类却向饲养人摇尾乞怜，原因就是养老虎的人能顺应老虎的性子，而那些遭到虐杀的人，是因为触犯了老虎的性情。

“爱马的人，以精细的竹筐装马粪，用珍贵的蛤壳接马尿。刚巧一只牛虻叮在马身上，爱马之人出于爱惜随手拍击，没想到马儿受惊便咬断勒口、挣断辔头、弄坏胸络。意在爱马却失其所爱，能够不谨慎吗！”（参阅卢永璘等编：《庄子全译》，团结出版社 2017 年版，第 63—64 页）

颜阖去做卫国太子的师傅，这个太子德行凶残嗜杀，颜阖可以说是面临一个高难度的通心对象。但蘧伯玉却精彩地解答了这个难题，可以理解为庄子在古代的通心的功力。所谓通心的黄金三要件是指：

1. 清晰自己

“要警惕，要谨慎，首先要端正你自己！”蘧伯玉说出了作为通心者首要的要求，也就是清晰自己。

2. 换位体验

颜阖说，太子“德行生来就凶残嗜杀。跟他朝夕相处如果不符合法度与规范，势必危害自己的国家；如果合乎法度和规范，那又会危害自身。他的智慧足以了解别人的过失，却不了解别人为什么会出现过错”。颜阖对卫灵公太子的描述，说明他把太子当作自己的通心对象，已经做了换位体验。它也许还缺乏深度，也许还不全面，但庄子并没有提出质疑，说明庄子是基本认可这一描述的，也就是认可了他的换位体验。

3. 有效影响

“形莫若就，心莫若和”。这是庄子在有效影响方面最精彩的告诫。它体现出了通心的特点：通心者有自己的立场，与对方却保持高度的亲和力，是在以对方能够接受，甚至可以接受的方式影响对方。

为了让颜阖消化、理解，蘧伯玉进一步举了螳螂挡车、养虎、养马的例子。这些例子讲得生动而具有说服力，实际上强化了通心的理念。

（二）庄子的广义通心力

前面已经讲过，通心分狭义和广义两种。庄子不仅是狭义通心大师，也是广义通心的鼻祖。在这方面，庄子为后人留下了光辉灿烂的遗产。

1. 从“庄周梦蝶”看广义通心

“昔者庄周梦为蝴蝶，栩栩然蝴蝶也，自喻适志与！不知周也。俄然觉，

则蘧蘧然周也。不知周之梦为蝴蝶与？蝴蝶之梦为周与？周与蝴蝶则必有分矣。此之谓物化。”（《庄子·齐物论》）

大意如下：

以前庄周梦见自己变成一只蝴蝶，飘飘然，十分轻松惬意。这时全然忘记了自己是庄周。一会儿醒来，对自己还是庄周十分惊奇疑惑。认真想一想，不知是庄周做梦变成了蝴蝶呢，还是蝴蝶做梦变成庄周？庄周与蝴蝶那必定是有区别的。这就可叫作人与物的相会与相通。

有不少学者把它解释为“人不可能确切地区分真实与虚幻”，“一种人生如梦的人生态度”，等等。对于这一类解释，我颇不以为然。它们没有抓住实质和精髓。

庄子说的“物化”，其实是指“广义通心”。所谓“物化”，简单说，就是人变成物。

人非物，何以能够物化、变成物？关键是，人能够做到共情、神入、换位体验、通心，就能够物化，就能够变成物。“周与蝴蝶则必有分矣。此之谓物化”。这说明庄子非常清楚自己的境遇，清楚他是他，蝴蝶是蝴蝶。并非“人不可能确切地区分真实与虚幻”。但正是由于“周与蝴蝶则必有分矣”，即他是他，蝴蝶是蝴蝶，或者说他是他，其他事物是其他事物，才谈得上变化。如果他与其他事物没有区别，又有什么变化可言呢？周本来不是蝴蝶，但可以变成蝴蝶，说明周能够进入蝴蝶的生命。所谓“此之谓物化”，指的正是周可以临时地变成蝴蝶。按照通心理论的说法，这是我们把蝴蝶当作通心对象后，可以发生的事情。庄周不是蝴蝶，却能够“物化”，与蝴蝶通心，这才是“庄周梦蝶”的精髓。

“庄周梦蝶”，载于《庄子·齐物论》。所谓“齐物”的含义，有点像肯·威尔伯说的“一体意识”。的确，醒是醒，梦是梦，二者是不相同的；庄周是庄周，蝴蝶是蝴蝶，二者也是不相同的。但无论是醒，还是梦；无论是庄周，还是蝴蝶，都只是一种现象，是“道”运行的体现。

2. 从“濠梁观鱼”看广义通心

《庄子·秋水》有一个有名的故事，叫“濠梁观鱼”，与“庄周梦蝶”异曲同工。庄子和惠施在濠水的一座桥梁上散步。

庄子看着水里的苍条鱼说："苍条鱼在水里悠然自得，这是鱼的快乐啊。"

惠子说："你不是鱼，怎么知道鱼的快乐呢？"

庄子说："你不是我，怎么知道我不知道鱼的快乐呢？"

惠子说："我不是你，固然不知道你；你不是鱼，无疑也没法儿知道鱼是不是快乐。"

庄子说："请回到我们开头的话题。你问'你怎么知道鱼快乐'这句话，这就表明你已经肯定了我知道鱼的快乐了。

惠施是先秦名家的代表人物，和庄子既是朋友，又是论敌。《庄子》一书，记载了他们之间的多次辩论，这只是其中之一。这次辩论究竟谁是谁非？谁输谁赢？有评论说："从逻辑上说，似乎惠施占了上风，因为人和鱼是不同类的，人怎么知道鱼的心理呢？但从审美体验上说，庄子也是有道理的，任何动物的动作、表情，痛苦或快乐，人是可以凭观察体验到的。"我以为，就是庄子在逻辑上也赢了！

这一段辩论，关键是最后一个回合。惠子说："我非子，故不知子也；子亦非鱼也，子之不知鱼之乐，全也。"庄子回答："请循其本。子曰：'汝安知鱼之乐'者，即已知吾知之而问我，我知之濠上也。"庄子的意思是：惠子其实是了解他的。当惠子说"你怎么知道鱼之乐"的时候，实际上已经知道了庄子知道（或者不知道）的情况。既然他能够知道庄子与鱼的情况，就说明他能够与庄子通心。

人之所以能够通心，是因为人能够进行换位体验。这一能力是上苍对人的恩赐。

庄子与鱼有通心，有换位体验，故知鱼乐。而惠子则拘泥于理性思维，无法深入鱼儿的状态。靠推理怎么能够真正体验到鱼儿的状态呢？

在这里"请循其本"是非常重要的一句话。所谓"本"应该理解为万物的本原，即"道"。正因为万事万物有一个共同的根源，所以人有条件能够换位体验。

庄子有"万物皆备于我"的境界，在他的内心，当然也有鱼的"子人格”。体验鱼之快乐，不是什么困难的事情。

庄周的影响远远超出了哲学领域，甚至影响了当今世界一些自然科学家。

四、庄子“逍遥游”的大智慧

我们可以进一步来总结庄子“逍遥游”的大智慧。庄子所在的时代，他可以自由地做出人生选择：有所不为有所为。在他的狭义通心关系中，他是放弃或者避免了第5“敌对关系中的通心”、第4“利益相争关系中的通心”，只保留了第1“和谐关系中的通心”例如，他与惠施的关系（或者包括他与自己的家人，尚无材料引证）。保留了第2“弱互利关系中的通心”以及第3“一般关系中的通心”（或者包括他的邻居，尚无材料引证）。

在广义通心关系中，正是由于他能够放弃或者避免第5“敌对关系中的通心”、第4“利益相争关系中的通心”，他才能够有大量的精力用于广义的通心。

五、霍金——轮椅上的“庄子”

霍金身患重疾，医学专家当时认为他活过不几年。虽然霍金被困在轮椅上，但他顽强地与病魔抗争了几十年，而且这几十年成果不断，帮助人类在认识宇宙方面有大大进展。后来，与他人联合提出了探索宇宙的最前沿的“突破摄星”计划。

霍金为何能够如此？他对庄子的喜爱，应该说透露了这个秘密，至少是部分秘密。他在新浪开通了微博之后，至少两次提到庄子，表达对庄子的喜爱。他甚至根据“庄周梦蝶”的意向设计了雕塑。他说，自己做梦，梦见了宇宙。但不知道是他梦见宇宙，还是宇宙梦见他。

霍金在《果壳中的宇宙》一书中，引用了莎士比亚戏剧《哈姆雷特》里一句著名的台词：“我即使被困在果壳中，仍以为自己是无限空间的主宰。”这句充满诗意的台词形象地道出了霍金的处境和他的精神力量。这也正是庄子的精神。霍金说："只要有智慧和精神在，没有什么能打倒自己。身体的健康固然重要，心灵的健康则给你带来无穷的力量。"

与霍金相比，当年庄子的处境不知道要好多少倍。霍金在一定意义上是庄子"逍遥游"的"代言人"，说明了人的超越性究竟有多大。

2016 年 5 月 2 日我写作了《写庄周之魂——赞霍金与"突破摄星"计划》一诗，赞曰：

对于上帝不愿轻易相信，
卓越头脑纵横宇宙太空。
造化开了一个玩笑平衡，
让其身体限制方寸之中。
轮椅怎能困住不羁灵魂？
非凡意志远去外星畅游！
也许就是转世逍遥庄子，
不然为何如此狂放做梦？

我还写了好几首赞美庄子的诗，现录《赞美不如接力》如下：

多少年前，你奋力腾空而起，
怒而飞，惊起巨浪滔天，飓风卷地……
翱翔长空，那垂天之云彩，[①]
是你的壮观的双翼……

那个时代战乱不断，尸横遍地，
这个大地何处能够栖息？
怎样生存才可以活出自己？
修炼、蜕变，终于先知先觉，像鲲鹏翱翔天际……

① 《庄子 · 逍遥游》："（鹏）怒而飞，其翼若垂天之云。"

蓝色的地球，在高空中是那样美丽，
环绕良久，你又变为人形，回到大地。
像蝴蝶一样，进入翩翩舞动的梦境，
与好友在濠梁，津津有味地观鱼：
“你不是鱼，怎能体验到鱼？”
“你不是我，怎能进入我的心里？”
——其实，不如干脆说：“鱼就是我，我就是鱼！”
你的前身，不正是遥远溟海中的那只鲲鱼？！

是的，大海，——人类的起源地，
若干亿年之前，我们也许是海中的鱼，
但我们都不知道自己的未来与过去，
并非至诚，所以无法奋力而起……
光阴荏苒，时而仍看见你飞翔在长空万里，
时而又回到大海，尽情地游戏，
为何海洋常常波浪滚滚，
那是你在某处晃动身躯……

时而，你又停立昆仑山顶……
仍然构思着，如何活，才得更有诗意?
如果银河系的河水也不够你畅游，
一千亿个河外星系，总有一个能留住你?

我如今也在大海里游弋，
前面常常惊起一群群小鱼，
是否看见我挥动双臂，想起能够跃出水面的飞鱼?
或者，只是对我这条大鱼感到恐惧?
我乐意小鱼们把我看成一条大鱼，

但再大，也大不到哪里，
比起那只巨大的“鲲”，
不过只是处于刚出生的婴儿期……

2021 年 1 月 8 日于惠东双月湾

第六章　王阳明：“知行合一”与“大我实现”

一、王阳明的“开悟”

王阳明，我国明代著名的思想家、哲学家、教育家和军事家，心学之集大成者，精通儒释道，能文能武。重要的是，他是中国历史上罕见的全能大儒。在王阳明的故居有一副楹联写着：“立德立功立言真三不朽，明理明知明教乃万人师。”他是历史上少有的做到了立德、立功、立言“三不朽”的圣人。

从全人需要层次论来看，王阳明堪称中国古代的大我实现的人。

王阳明不仅是“知行合一”的倡导者，也是“知行合一”的高度的体现者、践行者。一个人能够做到“知行合一”，说明他的“身、心、灵”状态有高度的整合，能量状态已经达到了相当高的级别。

说到王阳明的开悟，人们往往只重视“龙场开悟”。其实，王阳明早在 12 岁时就有一次重要的开悟。

蔽月山房

山近月远觉月小，便道此山大于月。
若有人眼大如天，当见山高月更阔。

这首诗的大意是：山离得近，月亮离得远，于是人们据以为山比月亮更大。如果有人眼界如天空一样广大，就会发现不仅只是山高而已，而且月亮更为广阔！据记载，《蔽月山房》一诗为王阳明 12 岁时所作。年仅 12 岁的少年的思想竟然有如此闪光之处，实在令人感到惊奇。

有人把此诗的境界与苏东坡的《题西林壁》的哲理相提并论。仔细品味，的确有共同之处。

横看成岭侧成峰，远近高低各不同。
不识庐山真面目，只缘身在此山中。

我们之所以不能够认识庐山真正的面目，是因为身处在庐山之中。这与“若有人眼大如天”的类似之处，正在于一种“超越”精神！即超越原来的视野和自我。

明武宗正德元年（1506）冬，宦官刘瑾擅政，逮捕南京给事中御史戴铣等二十余人。王阳明上疏论救，而触怒刘瑾，被施廷杖四十，谪贬至贵州龙场（贵阳西北七十里），任龙场驿驿丞。

王阳明被贬贵阳龙场，一路花费了漫长的两年时间。到达龙场之后，连房子都没有，只能够住在一个山洞里。王阳明在绝境之中，因祸得福。正是在这个山洞，王阳明完成了人生的重大转折。

为此，我想起一段话：

天若薄我以福，我则厚我德以迎之；
天若劳我以形，我则逸我心以补之；
天若厄我以遇，我则亨我道以通之；
天若择我以命，我则以价值转乾坤。

这段话的前三句出自我国明朝陈继儒《小窗幽记》[①]。后一句为香港培训师黄经国先生所加。

---

① 肯·威尔伯：《一味》，胡因梦译，先验文化事业有限公司 2000 年版，第 6 页。

这段话，堪称王阳明人生的写照。正是人生的重大挫折，使王阳明的生命迸发出耀眼的光芒。之所以有“龙场开悟”，是王阳明“厚我德”“逸我心”“亨我道”的结果。

龙场开悟后，他的人生从此进入崭新阶段，在思想、哲学、教育和军事上都有重大作为。他通过自身的成长，活出了自己最佳状态！

那么，王阳明“龙场开悟”，到底开悟了什么？

关于这一点，有诸多说法。主要有两种：

第一，参透生死。他 58 岁去世时，朋友问：有什么遗嘱？答：此心光明，亦复何言？（意思是这一生坦坦荡荡，还有什么可多说的呢？）显示他的确参透了生死。

第二，对“格物致知”透彻感悟。当然，这两点也并不矛盾，也许二者都有。现在的关键在这一点：他对格物致知的理解，有什么创新？

格物致知是中国古代儒家思想中的一个重要概念，源于《礼记·大学》中的八目——格物、致知、诚意、正心、修身、齐家、治国、平天下——所论述的“欲诚其意者，先致其知；致知在格物。物格而后知至，知至而后意诚；意诚而后心正；心正而后身修；身修而后家齐；家齐而后国治；国治而后天下平”。但《大学》中只有此段提及“格物致知”，却未在其后做出任何解释，也未有任何先秦古籍使用过“格物”与“致知”这两个词汇而可供参照，遂使“格物致知”的真正意义成为儒学思想的难解之谜。

那么究竟什么是格物致知？王阳明是如何理解的呢？

王阳明说：“格者，正也；正其不正，以归于正也。”（《传习录》）

这一段话，很像是佛教关于“正见”的概念。似乎可以这样理解：格物是我们在与万事万物交往的时候，取得正见的过程。

王阳明说：“无善无恶是心之体，有善有恶是意之动，知善知恶是良知，为善去恶是格物。”（《传习录》）这是王阳明著名的“四言教”。它把格物与修身联系起来了。格物有一个认识事物的过程。这一过程亦是修身。被小我、利益、情欲蒙蔽，决不可看清事物，也不会有正确行为。马斯洛曾经描述自我实现者的特质，其中“对现实更有效的洞察力”。意思是指自我实现的人对现实的事物看得清楚、准确，最少地受（甚至不受）小我、利益、情欲的影响，他们的行为总是有效的。在这里，圣人格物致知的本领，相当于有了这一点，一切就都顺了。

王阳明说："随时就事上致其良知，便是格物。"《传习录》

关于格物致知，把格物只理解为主体性的一个过程，一个修养的过程。这是不够的。格物致知也是主体间性的过程，也就是主体在做事情中的状态。"随时就事上致其良知"，就是说，做任何事情，都需要自己有一个关于事物的良知，处于"大我"状态，而不是受小我、利益、情欲支配而行动。而检验是否做到了这点，要靠与万事万物打交道的反馈。不错，心学是强调"向内求"，这是说"菩萨畏因，凡夫畏果"。这并不是否定有一个客体。

说到这里，用全人心理学的通心理论理解可以更加清晰。

通心理论讲人在对人处事中，必须遵循通心黄金三要件。即：

1. 清晰自己，即清晰自己的立场、情绪和状态。

2. 换位体验，即站在对方（或者通心对象）的立场上，体验对方的情绪与状态。

3. 有效影响，即用对方能够接受，甚至乐意接受的方式影响对方。

通心黄金三要件与王阳明的"知行合一"有什么关系呢？可以说，它是用现代心理学的语言对"知行合一"的表述。

俗话说："三岁小孩都知道，八十老头做不到。"这里指的就是"知行合一"难以做到，人们普遍地呈现出"知"与"行"的不一致。从通心理论看，这个不一致，不过是违背了通心黄金三要件而已。

前面所引的王阳明的三段话，说的主要是在对人处事时"清晰自己"的重要性。最清晰的状态，就是达到良知，即致良知。我理解，格物的"格"有区分、定位、吃透之义。"物"是指环境、他人以及要做之事。格物"格"好了，一切就容易顺了。"格物"要"格"好，除了清晰自己外，还要有切实的换位体验，也就是最好要通过变成对方来透彻了解对方。当然，一旦做到了彻底清晰，那么换位体验、有效影响就易如反掌。

王阳明的"知行合一"这一概念，可以说是把"通心黄金三要件"融为一体。或者说，做到了"通心黄金三要件"，即是做到了"知行合一"。

"知行合一"或者说"通心"为什么难以做到？

通心理论指出，不能够通心的主要原因有三个：不懂得以及没有掌握必要的方法，即通心黄金三要件。——当然，这不是说，只有学习了通心理论之后，才会有"通心"的行为。古往今来，已经有许许多多的人有通心的行为，有的堪称"通心大师"，包括王阳明。而通心的理论与方法，不过是对他们的理论和行为的一种概括和总结而已。

压力或者动力不够大。所谓压力，是指我们不去通心，会受到什么惩罚。动力是指如果去通心，会有什么样的回报。避苦趋乐，贪图舒适，是人的天性。有某些心理情结和心理障碍，妨碍去通心。（参阅许金声：《通心的理论与方法》，长春出版社 2019 年版，第 30 页）

举一个真实的案例。某心理咨询师快 40 岁，儿子 10 岁。他从事心理咨询工作，儿子每天都喊他"爸爸"，但他却不能够喊自己的父亲"爸爸"，明明知道不对，想去喊，但就是喊不出来。这是典型的"知""行"不合一，做不到通心。他来参加我主办的"全人心理学·通心工作坊"，我当场给他做个案，花了 50 分钟，疏解了他童年时候几个关于父亲的心结，他当时表情就发生了变化。我看见他有变化，就问："现在能够喊了吗？"他回答："是的。"我当场就请他掏出手机，给父亲打一个电话。他拨通了号码，一声"爸爸！"感动了全工作坊的学员。——之后，我又用了半个小时，顺藤摸瓜，处理了他的另外一些问题，取得了很好的效果。大概过了半年时间，我们对他进行了一次回访。他不仅与父亲的关系，与其他人的关系，都有明显改善……

回到王阳明，他之所以能够提出并且做到"知行合一"，是由于他能够不断打通自己，不断成长。

王阳明挨了 40 大板，被贬斥边远之地，途中还曾多次被追杀。走了将近两年才到贵州龙场。这漫长的时间，也是他消化、沉淀的过程。"痛则不通，通则不痛"。这段时间，他肯定也反思了以前的失误，为后来的龙场开悟做了铺垫。

王阳明的龙场开悟，关键点还有一个。住山洞，忍饥受寒，正是在这种艰难的困境里，他却从内心深处迸发出来："圣人处此，更有何道？"（意思是圣人在这种情况下，应该如何作为？）这是在与圣人通心，与圣人进行“换位体验”，以圣人来要求自己。

正如老子所说：“祸兮福之所倚。”（《老子》第五十八章）重大的挫折成就了王阳明！总的来说，为什么王阳明在到龙场之后，其路越走越顺，事业越来越成功？他不仅把自己搞通了，清晰了自己，而且还明白了什么是致知格物。如果要把“致知格物”解释为“通心”，难免有点牵强。但左想右想，却又不无关系。

2013 年 10 月 20 日我来到阳明洞，仔细参观后，仍感意犹未尽，在修文县住一晚，第二天上午又去了一次。设身处地，细细体验。我的一个感受是，这个山洞里面空间很大，里面又分成几个小山洞，面积相当于现在的“三室一厅”，住人还是不错的。此处夏天应该十分凉快，冬天虽然冷一些，却可以烤火，而且烤火不怕失火。对于王阳明，看来是更能够适应环境的，这个地方正好给他一个休整、调养自己的机会。

尽管王阳明对于我等十分重要，但有些人似乎并不在意。“龙场开悟”？什么开悟不开悟？与一般百姓没有关系。

作者在贵州龙场阳明洞的洞口，在这里坐了很久

相反，日本学者却高度重视“龙场开悟”。日本学者矢崎胜彦曾经五次来阳明洞参观，他认为，龙场开悟对王阳明一生至关重要。

16 世纪时，王阳明学说传到日本，对明治维新起了很大的推动作用。王阳明学说促使日本人思想解放，日本人从中国文化中获益了。

二、从王阳明的“除夕诗”看他的“大我”状态

孟子说：“故天将降大任于是人也，必先苦其心志，劳其筋骨，饿其体肤，空乏其身，行佛乱其所为，所以动心忍性，曾益其所不能。”（《孟子·告子下》），王阳明被流放龙场，身处逆境，却有了著名的“龙场开悟”。

怎么能够证明他的开悟质量呢？

这就是他的生命体现出来的“知行合一”！

还在贬谪期间，他就开始积极举办书院，讲学……

正德四年（1509），39 岁的王阳明复官江西庐陵县知县，结束了贬谪生涯，迎来人生又一大转折。在乘船赴任途中，恰逢除夕之夜，感慨万千，写下了下面的《舟中除夕二首》（其二）：

远客天涯又岁除，孤航随处亦吾庐。
也知世上风波满，还恋山中木石居。
事业无心从齿发，亲交多难绝音书。
江湖未就新春计，夜半樵歌忽起予。

这首诗仔细品味可体会到一种跃跃欲试的平静，有待发挥的无穷潜力。“远客天涯又岁除，孤航随处亦吾庐”二句平实、洒脱，坦然地走上新的征程的感觉。“也知世上风波满，还恋山中木石居”意指世上必然有风浪不断，即使是七品官，也陡然增加了一些风险。“还恋山中木石居”，还不如留在贵州继续讲学？这里的“木石居”代表一种简陋、朴实、稳定的生活。这两句，体现了王阳明的一个真实的心理过程。这是一种必要的心理调整。任何人面临生活的巨大变动，任何一个真实的人，哪怕是圣贤也难免有些许担忧与压

力感。

“事业无心从齿发，亲交多难绝音书”——我们说“事业心”，强调“事业心”，他却说“事业无心”，这是什么意思？王阳明复官上任，等待自己的是什么？这官究竟如何当？他在船上已经在酝酿，未雨绸缪。这里的“无心”是指“事业”还没有具体方案、着落，有点一切从零开始的感觉。当然，也可以理解为“放空”，不刻意。所谓“亲交多难绝音书”，是指他在内心寻找资源、支持、人脉。其实，也不一定完全没有支持。他只是提醒自己不要太依赖这些。从《传习录》中的“四言教”来看，颇有从“无善无恶心之体”到“有善有恶意之动”的过渡之意。

“江湖未就新春计，夜半樵歌忽起予”二句，是全诗精彩的总结。王阳明重新踏上官途，尽管具体怎么搞，还没有数，但“樵歌”给了他启示。所谓“樵歌”，是樵夫砍柴时唱的歌，樵夫砍柴一般都会早起。当然，这里歌者当时并不一定是在砍柴，大俗大雅的民歌，划破夜空，安静而悠长，却唤起他平时“静坐”时的愉悦，或者佛家所说的“平常心”提示。所谓“起予”，就是给自己启示的意思。源于《论语》中的子夏与孔子探讨《诗经》的典故。

> 子夏问曰：“‘巧笑倩兮，美目盼兮，素以为绚兮’。何谓也？”子曰：“绘事后素。”曰：“礼后乎？”子曰：“起予者商也，始可与言诗已矣。”
>
> （《论语·八佾》）

子夏问孔子：“‘美妙的笑容真好看啊，美丽的眼睛真明亮啊，洁白的素帛画着花卉。’这几句诗是什么意思呢？”孔子说：“先有白色，然后画花。）”子夏又问：“那么，是不是说礼是在仁之后产生的呢？”孔子说：“商，你真是能启发我的人，现在可以同你讨论《诗经》了。”子夏（前507—？），姓卜，名商，字子夏。后世亦称“卜子夏”，子夏比孔子小44岁，是孔子后期学生中之佼佼者，才思敏捷，以文学著称，是“孔门十哲”之一。

从王阳明的这首诗，我们可以感受到王阳明的生命的一种高能量的稳定状态，也可以说是参透了“儒、释、道”精神的“以无为治己，以有为应世”的要旨。

王阳明讲究“静坐”，这可以理解为他经常与自己通心，做清晰自己的功夫。王阳明的修炼，也体现了“知行合一”。王阳明讲究“事上练”，这类似道家提倡的所谓“以事练心”。

“知”必须用“行”来证明，只开悟，没有开悟后的行为，不过是假开悟而已。而有稳定的连续成功的行为，则可以反推曾经有过开悟。

王阳明到了庐陵县的第一天，就遇到千人来衙门告状的事件，这使得王阳明有些措手不及，十分震惊。但是王阳明很快就镇定下来，他把此事搁置起来，并不做处理。然后暗地深入调查，弄清楚了原因。原来是三年前，来了一个太监做县令。这个太监当官不为群众做事，而是天天花天酒地。为了搞钱，他巧立名目，增加各种税收，想方设法搜刮民财。了解清楚之后，王阳明就知道如何办了，他给上级写了一个有理有据的调查报告，请求免去苛捐杂税，结果成功了。王阳明重新出山上任之后第一件事就是为庐陵的老百姓做了一件好事。

第七章　大海与“大我”

一、人类的四大心理治疗师

大海、星空、高山、荒野，是上苍赐予人类的四大朋友和心理治疗师，它们永远在聆听我们，接纳我们所有的情感和状态，并且给我们含蓄的暗示，把信息输入我们的潜意识。追求心灵的成长，应该善于向它们寻求帮助，与它们通心，就是一种最佳的寻找治疗的方式……

我去过青岛崂山，海南的东方市，现在又发现了广东省惠东县的双月湾，我喜欢既有高山又有大海的景象，双月湾比较符合我的理想。要说是幻想，我所能够幻想的最壮美的景色：喜马拉雅山（或者其他什么高山）迁移到太平洋之中，背景是白云蓝天。如果爬到太平洋中的高山之巅，眺望大海，能够看多远？那地平线在什么地方呢？

如果您的心情不好，或者烦闷，或者痛苦，或者阴郁，或者绝望……那么，当您走向大海，登上高山，或者仰望星空，或者进入荒野，这时候，您会感觉自己的心情在不知不觉中发生改变。

大海的浩瀚，高山的巍峨，星空的深远，荒野的原始，将会以无与伦比的力量，直入您的心灵深处，激活那沉睡的“大我”。可以说，它们的存在是人类的幸运，人类所得的恩宠……

如果说大海、星空、高山、荒野是人类的四大心理治疗师，那么“大道”“上苍”就是它们的督导。或者是，它们是“大道”“上苍”最得力的四大助理，亲近它们就是亲近“大道”“上苍”，能够与它们通心，就能够天人合一。

二、唤醒“大我”潜能的有效方法——与大海通心

许多人都喜欢去海边旅游，看大海。浩瀚的大海，瞬间就能够使我们心旷神怡。

大海，是伟大、神奇的存在，如何从大海那里得到更多收益？

要从大海得到更多收益，最简单的道理，就是与大海要有更加深刻的交往。人与人的交往，乃至人与其他一切的交往，最好的状态都是“通心”。与大海通心，其重要的收益，就是请大海帮助我们调整心态，增加我们的心理能量。

面对大自然，道家有所谓“对练”的功法。通过“对练”调整自己的心态和身体。例如，与树对练，与动物对练。道家认为，与宇宙万事万物都可以“对练”。所谓“对练”，我理解，就是与其他事物交换能量、信息，帮助自己达到和提升身心灵健康。

如何与大海具体“对练”呢？

2015 年，我去三亚讲课，之后，停留下来旅游，天天去大海游泳，琢磨出了很好的角度和方法。与大海“对练”的方法，从调整心态来看，可以着重两个方面，两个功法：

（一）谦卑功

在大海中，尽量去感受大海之大。体会所谓“沧海之一粟”的含义。大海又只是地球一部分。地球乃茫茫宇宙一微尘。通过这一感受过程，认识自己的渺小和微不足道，进而把自己不能够放下的全都放下。通过大海来接纳自己。

这个功法，无论会不会游泳，都可以练。

对于不会游泳者，可以这样做：选择坡度小的沙滩。面朝大海，站在齐腰深的水中。然后弯曲膝盖，让海水齐自己的脖子。这样，就可以体会大海之大。眼前一片波澜壮阔的海面，光是如此景象，已经可以让你感觉人类的渺小，自己的渺小……

再进一步想象，大海只是地球一部分。地球只是太阳系的一颗行星。太阳只是银河系一颗恒星，而银河系的恒星据观察推算，大约有 4000 亿颗，宇宙中至少有 2000 亿个银河系这样的河外星系……

（二）自信功

要练这个功，当然必须首先学会游泳。

在大海中游泳，与在其他地方游完全不一样。首先要对大海感到亲切、亲近。游泳时，要感受自己在海水中的浮力。海水中由于溶解有盐等，比其他水有更大的比重，更容易浮起来。在风平浪静的时候，你可以放心地仰面躺在水面上，即使不游动，也不会下沉。这个时候，尽量感受海水对自己的接纳和支持。

游泳时，无论是蛙式、自由式，以及其他姿势，感受自己是与大海融合在一起的。大海在和你一起做游戏。她在密切地配合着自己。例如，游蛙式的时候，蹬腿的动作一有改进，立即能够体会到速度更快。游自由式的时候，呼吸时的抬头、划水的动作一改进，速度就不一样，在水里的感觉也有变化。

你可以进而体会你与大海的那种融合感，大海无比广大，大海的力量，就是你力量的源泉，进而你增强了自己的自信，发现自己的潜能，体会到一种“海纳百川”的胸怀。

如果你有兴趣，还可以采用与谦卑功法一样的联想路径：而大海只是地球的一部分，你通过大海与整个地球相连接，地球只是太阳系一颗行星……与谦卑功法不一样，你现在可以着重体会一种作为“万物之灵”的神奇感、幸运感。

从全人心理学的角度，“谦卑功”“自信功”也可以总称为“唤醒大我功”。

《易经》说：天行健，君子以自强不息；地势坤，君子以厚德载物。

古人之睿智，令人感叹，但也不妨进行一点演绎、变换：

物转星移，君子以自强不息；

海纳百川，君子以厚德载物。

三、两次九死一生体验

我从小喜爱游泳，在水中，经历了两次九死一生的体验。

（一）“天降好人”

第一次是在 19 岁，与一位好朋友去峨眉山等地旅游，路过乐山市，在乐山大佛附近的岷江游泳。在那之前，除了家乡成都的河流以外，我还没有在其他大河游过。成都的河流，大多不宽，水流平静，现在看见的是一条大河。但我兴致勃勃，决定冒险……我观察了一下，觉得其宽度也不太宽，游到对岸，应该是没有太大问题，但回来可能会有困难。如果太累，回来就坐船吧！——我决定了。于是，下水前，我还在自己的游泳裤里安放了一张纸币……

但是，一下水，立即遭遇重大挫折！至少有三种情况始料未及：（1）在岸上看起来风平浪静，一到水里却是波浪起伏，这与我以前在成都小河里游泳的感觉完全是不一样的。（2）水流极快，我从来没有在如此流速的水中游过，水流迅速地把我冲得很远。（3）站在岸上看对岸，似乎不太远，但一下水，却感觉不一样了。从水面抬头看对岸，忽然感觉宽了许多。这应该是两种看法的视差造成的。三种情况，都使我措手不及……

我很不适应，但既然已经下水，就要游过去……

我奋力游着，游着，逐渐向对岸接近了一些。但快到中间时，感觉波浪更大了。不一会儿，大浪无规则地打过来，我根本无法预料，连连呛水……

这一来，呼吸完全被打乱了，恐惧随之产生，肌肉也顿时紧张起来。很快，疲劳感就出现了！我开始感到了危险，不由得回头一看，已经游了一大半，原岸已经显得更遥远。回去？会更困难！于是，我继续坚持游下去，但越来越感觉疲倦，每游一下，都要付出极大努力！我感觉肌肉越来越僵硬，感觉整个人的大腿和双臂就像从人肉变成了木头，又从木头变成了石头，我控制不住地在往下沉……

但更强烈的还是一种求生的欲望！“我要活！我要活！！”——这种信念和希望在支撑着我，我仍然动作不断，对岸似乎又近了一些，已经不是太远，大概有 20 米，但就是这么一点点距离，还是那么遥远，每缩短一寸，都需竭力拼搏！“求生的欲望！”“求生的欲望！”这种内在的声音在不断冒出，但每冒一次，却在逐渐黯淡下去……

我仍然没有放弃，只要一息尚存，就仍然要坚持，我的手仍然在划动，腿依然在蹬……

但我的全身越来越僵硬，“像石头一样”在难以控制地下沉、下沉，又呛了数口水……死亡的念头数次闪过！

就在我几乎感到绝望之时，奇迹出现了！忽然看到一只小船在不远处出现，正在向我靠近！我刹那增加了坚持的勇气……

小船终于到了我面前，一位大概 50 岁的船夫从船上向我伸下来一根竹竿，但我似乎抱竹竿的力气都不够了，我差不多是全身紧紧地缠在竹竿上，船夫用竹竿把我拖了过去，我一抓住船沿，他就把我拉了上去……我得救啦！

（二）自助者天助

2020 年 4 月 28 日，我又经历了一次生死考验。这一天下午，我决定去双月湾一个海水比较透明的水域游泳。走到那里，已经快下午 6 点。还没有到海边，已经听到巨大的海潮声，感觉到空气非常潮湿，由于浪花飞溅，岸边形成了浓密的水雾，酷似在下毛毛雨。——走到海边，只见潮水一波高过一波，铺天盖地，气势磅礴。我不由得有点寒意，但是，更大的冲动，是一种迎战的兴奋感。随行的二位助手，异口同声 ：“老师，今天就算了吧？！”——此前，尽管从来没见过此阵势，但在相当的大风大浪里游泳，已经有过两次经历。那是在海南东方市的鱼鳞洲，当时也颇为惊心动魄，我对此记忆犹新，自以为已经有过一定相关的经验。我自以为摸索出了如何避免淹死的原理 ：那就是尽量抓住一切时机呼吸，只要能够呼吸，就死不了。

我在岸上略微做了一下压腿、绕臂等准备活动，就毫不犹豫向水中走去。此时一波高高的大浪正气势汹汹地扑来，犹如一堵厚厚的高墙迎面倒下。我很清楚，这不过是海浪而已，它会很快退下，没有恐惧，只有兴奋。我想乘此机会入水，毫不犹豫地迎浪一跳，却不料扑了一个空，仍然被留在了岸上。这是由于时机没有掌握好，潮水退下的速度也没有估计准确。没有想到潮水比以前所经历的都退得出奇迅速！我趴在沙滩上，想起以前经验，在潮水汹涌之时，是难以下海的，应侧身下去，才能够不被冲倒，走到水较深处……我侧身移动，无奈又是几次被冲倒。几经周折，终于成功，可以开游了……进入深水区，隔着护目镜，看着以前未曾见过的透明度极高的清澈、洁净的海水，感受着海水的巨大的波动，我感到非常舒适、亲近，一种长久可以游下去的自信又满满升起。尽管波浪仍然起伏很大，我仍然能够捕捉其节奏，一露出水面就猛吸一口气……这样游了一会儿，前进了一段距离，感觉体力尚可，居然也未呛水！还想继续前行……

继续游吗？忽然，一种警觉刹那间一闪而过 ：这种水况从来没见过，刚才下水那么困难，上岸呢？！显然不会更顺利，少不了更多折腾！不能够大意！不能图一时痛快！我立马克制住自己继续向前的冲动，毅然转身回游！果然！以前在鱼鳞洲，尽管风浪大，往回游还是比较容易的，这次就不一样了，感觉朝海岸接近很困难，速度要明显慢许多，似乎潮水是在把我往回冲，多了不少阻力！……以前在鱼鳞洲，上岸是很容易的，脚踩上沙滩后，即可慢悠悠顺利爬上去。此次却不一样了！好不容易游到岸边，刚站住，想走上去，回潮的水又很快猛烈把我冲回深水区。

毫不犹豫下水

侧身下水的情景

已经游走，消失在海浪中

上岸时的波浪

终于站稳了脚，惊魂未定。岩石近在咫尺!

几次都是这样！没有料到回潮的间隔时间竟然如此短！当又一次被冲下去时，我忽然想到了左边的岩石，扭头往左一看，不由得大吃一惊，毛骨悚然，离岩石已近在咫尺！危险啊！危险啊！如被冲那里，肯定会撞上岩石，那真是会头破血流，九死一生！——当然，我哪里愿意死，但我已经感到非常疲劳了，在严重受伤的情况下，还有足够的体力能够继续奋斗下去吗？

恐惧只是短暂掠过，我并没有慌乱，急中生智，闪电般进行了反思：刚才我没有活在当下，仍然活在以往鱼鳞洲上岸的经验里，现在情况完全不同了！我迅速、清晰地产生了一个方案……

我用尽全力往岸上游，往上游，终于又靠近岸边了！我刚刚脚一触到沙滩，就竭尽全力、拼命向前跑！非常幸运！我抓住机会尽力快跑了几步，成功了！脱离了危险区！——潮水此时再回潮，尽管仍然能够把我冲倒，但已经不足以把我冲回去了……

附：在许金声公众号发表该视频后的部分读者反响：

1. 这是怎样的惊心动魄！看着都感觉后怕，海浪一波接着一波，还未站起又被拍倒在沙滩上，这需要多强大的内心，多精准的判断力，才可在瞬间找到上岸的机会。看完视频，感觉冒险不是随时出发，而是时时在与大自然通心后顺势而为。每一秒都处于通心时刻，与大海、与自己的身体、与当下的天气……佩服许老师的勇气与危急时刻的冷静及处事不惊的能力。赞！

2. 体会到无论老师是在年轻的时候，还是已经成为心理学家的时候。都有冒险精神。是否这样一些特质，就是我们需要学习的地方。尤其是对于遇到危险的一刻，处理问题的能力，需要活在当下和敏锐的洞察力。而这种情况是需要强大的心理能量，智慧力，意志力，道德力充分发挥的自我调整。

3. 非常感动！很震撼！佩服许老师！反观自己，年纪轻轻却缺乏冒险精神，害怕失败，踌躇不前，是为惭愧！我要向许老师学习，学习危急时刻不慌张并找出路，学习迎难而上敢于冒险，学习亲近大自然循大道而行！

4. 作为旁观者看视频就已经感觉到胆战心惊，更不敢想象在大海里经历这种冒险及面临生死攸关的许老师，是怎么样的一种体验。海浪一波又一波的把老师卷入海里，游上岸已经非常困难，在生死危机关头，也面临着恐惧与危险，但是老师并没有失去理智，而是冷静地站在更大的系统迅速做出了判断，还考虑到了岩石对自己有可能造成的风险，然后奋力抗争游上岸。在这个过程中，体现了老师的强大人格力（智慧力、情感力、意志力），每一种人格力都缺一不可。只有三种人格力协同发展，才能活在当下完成一次又一次的冒险。自己每次在面对生活中的困境和挑战时，容易退缩、逃避，甚至破罐子破摔，老师的这种精神其实就是在告诉我们，我们的经历越痛苦，才越能体验到经历痛苦后的快乐、幸福感、意义感和丰富感。

5. 我看了几遍了，不仅是感动，也有很多感悟和启发。面对逆境如何清晰自己的状态，如何和大海通心，如何去有效影响逆境，如何在生死关头提升挫折超越力。

四、关于“天人合一”的一个新感悟

在那次历险后不久，有一位深圳某公司的老总到惠东双月湾的宾馆来见我，商谈有关在深圳举办全人心理学·通心工作坊事宜。他是听说我的工作坊效果好来找我的。由于深圳的培训市场竞争激烈，他以前还没有办过这种类型的培训，显得信心不足。所以，他在谈话快结束时，说到了“谋事在人，成事在天”。——这是一句名言。此言一出，我感觉到内心深处能量上升，忽然喷涌出一个新的理解！这个理解其实是这段时间我天天在大海游泳，经历了各种各样的天气、风浪，以及不同的海岸、礁石环境的新的领悟，尤其是那次在大风大浪中游泳，九死一生的体验……它们都还没有仔细消化和沉淀，他的话成了一个诱因，使我清晰了。

下面是对话的记录：

深圳某公司老总：……在深圳这么激烈的背景下，现在这个社会，并非你光是能力强就做得了的。所以，怎么说呢？这对每个人来说也算是修行。……我做这么多年，不能够在心理学界有自己的旗杆在那里。说白了，是有一些卡点在那里，没有去做好、修好。许老师刚才一针见血说地到超越自我的问题，没有超越自我，就很难让自己能量流动，很难具有包容的这部分。所以怎么说呢？也是要看一个人的机遇，每个人的造化，很多种因素的组合，所以我做这件事情，只能说尽自己有生之年的一己之力，至于达不达得成？只能说竭尽全力，做到自己无怨无悔，至于其他那些因素，有句话叫作“谋事在人，成事在天”。关键是自己谋的这部分，有没有尽到人事之力……

许金声：……说到“谋事在人，成事在天”。最近我有新的体会。这是我们常说的一句话，以前我理解并不深刻。按照一般的理解也没有什么问题。但我最近的经历，尤其是我在大海游泳，我对生命，以及生命与外界的关系，都有新的理解。“谋事在人，成事在天”这句话把“人”和“天”分开了。所谓“谋事在人，成事在天”，好像我“谋事”的时候与天是没有关系的，其实，我们与“天”原本就是一体的。也就是说，更好的情况是：“谋事”的时候就是在“天人合一”，“成事”的时候也是“天人合一”。你们知道我如何在大海游泳的吗？为什么我不怕大风大浪？没有恐惧感？我感觉自己跟大海本来就是一体的，所以我有不会淹死的自信。大海就是我，我就是大海。我自己还能淹死自己吗？——当然到这一步，是有一个探索过程的，也就是与大海通心的过程。首先是要把握在大风大浪中呼吸的规律。我感觉“谋事在人，成事在天”这句话不仅缺乏灵性健康和灵性状态，而且有可能沦为一种不去尽力的防御机制。更好的说法是：谋事天人合一，成事也就天人合一！我们做事情，能不能成功，就看有没有这个态度和境界。

你看那个视频了吗？发在“今日头条”上的。那一天的风浪那么大，以前从来没有见过。但是，我仍然毫不犹豫，一冲就进去了……

游泳是如此，做其他事情也可以如此。推广开去，做任何事情，只要你没有恐惧，放下了这样那样的包袱，轻装上阵，你不仅是“想要成功”，而且是自信“一定要成功”，你就会成功。尽管还不能够保证全部，但至少概率会大大增加。

附录

知行合一　明心见性

——许金声及其全人心理学思想之亲历

李　明

在知见与行动之间，常人往往会留些余地，以便遭人质疑的时候有所回旋。许金声先生不会——他是异于常人的。这种“异常”是褒义的，甚至有些让人嫉妒的。学者对于“知行合一”的境界，多半心向往之，又多数难以企及。究其缘由，学者多半缺乏足够的勇气，无法活出自我，遑论活出“大我”。诚如黄宗羲所言：“学问之事，析之者愈精，则逃之者愈巧。”(《留别海昌同学序》)《全人心理学丛书》，是一个纯粹的灵魂，赤裸裸的呈现；是一颗赤子之心，活脱脱的历险。如同《皇帝的新衣》中的稚子，为了揭示心性的真相，他不顾一切，一语道破。与许先生近20年的交往，对我来说也是莫大的恩典——得以亲历其全人心理学思想的萌芽、发展和初具规模的整个过程。

全人心理学思想源于许金声先生的生命体验。

近现代中国学术界有一条成名成家的捷径。那就是抓住一个西方的学派或者思想大师，先翻译，再研究，一生受用无穷。许先生的第一个大的学术贡献，就是翻译引介马斯洛（A. Maslow）的人本主义心理学思想。学习心理学的人，只要经过系统的训练，就应该读过许先生的书。循着人本主义心理学发展的脉络，自然会进一步引介罗杰斯（C. Rogers），乃至整合心理学的肯·威尔伯（Ken Wilber）。他在20世纪80年代就作为嘉宾在广播电台主持心理热线类节目，组织了最早的心理咨询和心理学应用相关学术研讨会，积极推动心理健康和心理咨询事业的本土化，发起成立了国内第一家以研究心理健康为宗旨的“北京市健康人格研究会”。他是国内心理咨询和心理健康领域当之无愧的先驱。

如果仅仅做一个学问家，许先生的引介工作已经足以让他在中国心理学思想史上留下浓墨重彩。但是他不满足于引介。从青少年时代，他就是一个坚持独立思考的人。他希望能够有自己独特的思想贡献，可以给时代带来改变。改革开放以后，“成功”与个人命运的改变，成了中华大地乃至整个大中华文化圈思想界的一个重要主题。各种激励人们奋斗的学说，如雨后春笋，层出不穷。许先生的《走向人格新大陆》(1988)、《活出最佳状态》(1998;2002)、《人格三要素改变命运》(2002;2006)应运而生。其中的健康人格思想，包括“人格三要素”的思想得到我国老一辈学者钟友彬先生、许又新先生、张岱年先生、高尔泰先生等的肯定。《人格三要素改变命运》这本书亦受到香港学界关注，黄经国先生将其中的思想发展成为一套培训课程，惠及大众。

中国心理健康事业的大发展是从2008年开始的。这一年被称为中国心理咨询发展元年。此后心理学各种流派粉墨登场，构建了中国心理学的一道独特的风景线。许先生在前十年，曾经得了一场重病。他曾表示尽管这场病使他错过了一些发展的机会，但促使他的思想更为深刻。他从“心理学”的境界,深入到触及灵魂的宗教的境界。他曾经做过一个梦，梦里有高鼻梁、蓝眼睛的牧师和剃光头、念佛号的和尚，他们分别邀请他加入自己的队伍。他在痛苦的两难抉择中惊醒。我感觉当时，各种思想和理论都不能帮助他从死亡恐惧中解脱。这种存在性的体验，让一切概念化的学问都变得那么苍白。学界的各种热闹，他都经历过，他深深地感到，这些东西并不能让人得到终极的救赎。他对于后人本心理学(transpersonal psychology，或译为超个人心理学)的兴趣与其说是延续着成名成家的路径，不如说是他生命体验转化的内明。指引他的不是外在的学术趋势，而是内在的精神之灵(spirit)。关于他的《唤醒大我》一书，在车文博先生主编的《中外心理学比较思想史》之中，有这样的评论：“他出版的《唤醒大我》(2007)既是研究‘心理学第四思潮’和‘意识领域爱因斯坦’——肯·威尔伯的专著，又是结合中国传统文化与现实生活解释精神心理学（超个人心理学）的专著。全书把人的成长扩展到整个生态来考虑，主张超越自我，深度开发潜能，构建全人心理学，实现‘身心灵’的大健康。”（车文博总主编:《中外心理学比较思想史》第三卷，上海教育出版社 2009 年版，第 342 页）

许金声先生的思想是在超越与兼容中累积递进的。

“咬定青山不放松，立根原在破岩中。千磨万击还坚劲，任尔东南西北风。”郑板桥的《竹石》诗，像极了许先生在全人心理学思想探索路径上的精神状态。他认准了“通心”这个关键，对各种心理技术和理论都做了精当的扬弃，既不全盘否定，也不盲目跟从。他对前人的思想兼收并蓄，积累递进，恰到好处地展示了什么是站在巨人的肩膀上“高瞻远瞩”。对于大家耳熟能详的理论和思想，他不会人云亦云地接受。比如，被引用率极高的马斯洛需要层次理论，依然能够引起他深入探索的学术兴趣。他对马斯洛研究超越性动机理论本身的内在动机亦十分着迷，对于问题提出的背后大师的心理机制有浓厚兴趣，为此，他准备在应邀主编的《马斯洛文集》中，组织翻译有两大厚本的《马斯洛日记》。

罗杰斯的共情理论（empathetic understanding，或译为神入、同理心等），无疑对许先生的心理治疗思想产生了深刻的影响。然而他在临床实践中发现罗杰斯的贡献在理论上有余，而实效不足。进一步根据自己的经验和研究提出了不同于共情的通心理论。关于通心理论，一共已经写出了四本，包括最新的《通心的理论与方法》，这既需要功底，又需要胆识。更为难能可贵的是，他不停留在西方心理学的语境中，不受西方心理学概念的限制。佛教关于通心的观念也在他考察之列。在整合前人关于主体间性的各种思想资源的基础之上，他还提出自己的“通心公式”“通心黄金三要件”“人的基本生存状态理论”等重要思想。

在整合心理学领域，肯·威尔伯是个集大成者，被誉为“美国的佛陀”。许先生对威尔伯的整合思想十分欣赏。可以从他谈到威尔伯时两眼放光的神态一览无余。他花了不少精力整理翻译威尔伯的思想，出版了一系列的译著。然而，他对《恩宠与勇气》中提到威尔伯殴打崔雅的一段耿耿于怀。我清楚地记得，他忧心忡忡地说自己不太理解一个修行那么好的人，怎么会打人。一方面他为威尔伯的坦诚而感到欣慰，另一方面他又为一个大修行人的失控而不安。关于这个问题，在《大我实现之路》中，也有他的思考。

许金声先生的全人心理学思想具有诗学的美感。

马斯洛曾经讲到自我实现的人具有独处的需要。这种独处不是神经质的逃避众人——那是破坏性的。这种独处，是建设性的独处，不是枯槁的孤独。这种独处的建设性，表现在它诗性的表达上。从许金声诗集《神奇》中可以看到一个旅人，以蓬勃的热情，独自走在精神的丛林。一路走来，有阳光和温暖，有孤寂和愤懑，有迟疑和忐忑，有洒脱与眷恋。诗的最高境界是让人心动，而不是文字的雕琢。有时候雕琢精细的文字，反而失去了灵魂，变成了空洞的死物。

许金声先生骨子里是个科学家。他坚信奥卡姆剃刀原理。如非必须，不必施设。理论和技术的简洁性，是他一直坚持的追求。他坚持把心理学推广到群众中去，推广到终极需要者那里。他以心理干预的实效性为基本评价标准，推演出了极富诗性简洁的理论。

如果要列举，要说的话还很多。不过，我会觉得最好的序言，应当鼓励读者自己去体验。我的亲历，相对许先生的思想而言还是挂一漏万。只要用一种通心的态度去阅读，相信读者会发现全人心理学书系独特的魅力。

蒙许先生抬爱，书系初稿既成，后学得以先睹为快。又承许先生之嘱，与诸君分享一些对全人心理学的感想，惴惴之余实难推辞，勉力而为，请教方家。

于印度尼西亚巴厘岛

2018 年 9 月 11 日

（李明　北京林业大学心理学副教授、医学博士、哲学博士后）